Dipl.-Betriebswirt

Jörg Hißnauer

BUCHFÜHRUNG
GESCHÄFTSFALL · BUCHUNG · ABSCHLUSS

3. Auflage

ORBIS VERLAG

IMPRESSUM

Autor: Jörg Hißnauer
Satz: Jörg Hißnauer
Druck u. Einband: Mohndruck, Graphische
                  Betriebe GmbH, Gütersloh

Sonderausgabe 1992
Orbis Verlag für Publizistik GmbH, München
© by WUTH-VERLAG, Lünen 1987/1991
Alle Rechte vorbehalten

1. Auflage - 1987
2. Auflage - 1989
3. Auflage - 1991
ISBN 3-572-00569-8

Inhaltsverzeichnis

Lesenswertes Vorwort

Das System der Buchführung gilt allgemein als unübersichtlich, langweilig und schwer erlernbar. Das dem nicht so ist, soll das vorliegende Werk dokumentieren.

Es behandelt die Stoffgebiete Buchführung, Jahresabschluß und Kostenrechnung in einer aufbereiteten Form, die sich in vielen Veranstaltungen bewährt hat. Seien es beispielsweise berufsbegleitende Veranstaltungen, Unternehmensseminare oder ordentliche Vorlesungen an Hochschulen.

Bei der Erstellung bemühte ich mich, die Geschäftsfälle selbst und auch deren buchmäßige Erfassung praxisgerecht zu gestalten. Dort, wo es möglich und sinnvoll war, wurden verschiedene praxisgerechte Möglichkeiten der Erfassung und des Abschlusses aufgezeigt. Dabei wurden die sich aufgrund der Transformation von EG-Recht in deutsches Recht ergebenden Gesetzesänderungen berücksichtigt.

Die Übungsaufgaben und Fragen wurden so gewählt, daß diese zwar ein gehobenes Niveau haben, sich jedoch nicht in unwesentliche Einzelheiten verästeln.

Obwohl in diesem Buch auch der Jahresabschluß und die Kostenrechnung angesprochen werden, bleibt der Hauptzweck die Erlernung des Systemes Buchführung.

Zur Erreichung dieses Hauptzieles sollte die Leserin/der Leser das Buch als Arbeitsbuch betrachten. Es können Textpassagen, die wichtig sind, durch Unterstreichungen oder ähnliche Tätigkeiten hervorgehoben werden. Auch können auf den Randseiten bei Bedarf Notizen und Anmerkungen gemacht werden.

Sollten Leserinnen oder Leser Anregungen und Vorschläge zur Gestaltung der Folgeauflagen haben, würde ich mich darüber freuen.

Für das übernommene Lektorat bedanke ich mich bei Herrn Steuerberater Renè Kiel, Dortmund.

Herrn Ingo Eppmann, Unna, danke ich für die technische Unterstützung.

Mein weiterer Dank gilt meiner Frau Ulrike, die mit vielen Anregungen und Vorschlägen die Arbeit an diesem Buch wesentlich unterstützt hat.

im März 1987   Jörg Hißnauer

Vorwort zur 2. Auflage / 3. Auflage

Die vorliegende Auflage ist die konsequente Fortsetzung der vor einem Jahr erschienenen ersten Auflage. Die Erfahrungen, die ich mit meinem Buch in Lehrveranstaltungen machte, sind hier mit eingeflossen.

Die Kürze der Zeit zwischen dem Erscheinen der ersten und der zweiten Auflage legt die Vermutung nahe, daß dieses Buch die richtige Linie verfolgt. Ein weiteres Indiz dafür ist auch die Tatsache, daß dieses Buch von Schülern zusätzlich zu den gestellten Lehrmitteln gekauft wird.

Mein Dank gilt diesmal denselben Personen wie auch bei der ersten Auflage, jedoch außerdem den Käufern der Bücher. Keine Danksagung geht an die Leser, die mein Buch kopiert haben. Mögen diese glücklich werden mit ihren Kopien und hoffen, daß ich sie nie erwischen werde.

im Oktober 1988 / im April 1991

Jörg Hißnauer

1. Heranführung

In einem Unternehmen sind sehr viele Aufgaben zu bewältigen, die sich zu drei Hauptaufgaben zusammenfassen lassen. Gleichzeitig sind diese die drei Grundfunktionen des Unternehmens:

- die Beschaffung
- die Leistungserstellung
- der Absatz

Diese Dreiteilung findet, wenn auch in verschiedener Zusammensetzung, auf jedes Unternehmen Anwendung.

Bei der <u>Beschaffung</u> handelt es sich um jede Form des Einkaufens. Seien es nun Fertigwaren für Handelsbetriebe oder Roh-, Hilfs- und Betriebsstoffe für Fertigungsunternehmen, wie Industrie- oder Handwerksbetriebe. Bei Dienstleistungsunternehmen versteht man hierunter die Beschaffung des notwendigen Arbeitsmaterials zur Leistungserbringung.

Die <u>Leistungserstellung</u> sieht dagegen schon sehr viel differenzierter aus. Ist es im Handel die Zurverfügungstellung einer Einkaufsmöglichkeit, ist es in einem Industrie- oder Handwerksbetrieb hingegen die reine Herstellung von Waren. In ihrer reinsten Form finden wir die Leistungserstellung bei Dienstleistungsunternehmen. Hier nimmt sie naturgemäß den breitesten Raum ein.

Der <u>Absatz</u> ist wieder bei allen erwähnten Unternehmen sehr ähnlich. Sind es bei Handels- und Fertigungsunternehmen Waren, die abgesetzt werden müssen, sind es bei den Dienstleistungsunternehmen entsprechend Dienstleistungen.

Zur Erfüllung der oben erwähnten Aufgaben sind in jedem Unternehmen sehr viele Arbeiten nötig. Jede dieser Arbeiten löst einen Vorgang im Unternehmen aus, der sich als Zahl niederschlägt. Diese Vorgänge heissen Geschäftsfälle. Die Erfassung dieser Geschäftsfälle geschieht letztendlich in der Buchhaltung des Unternehmens.

Typische Geschäftsfälle sind:

- Einkauf von Waren
- Bezahlung von Lieferanten
- Einsatz von Rohstoffen
- Lohn- und Gehaltszahlungen
- Warenverkäufe
- Zinszahlungen an Banken

All diese Geschäftsfälle bestimmen über den Erfolg eines Unternehmens. Ihre Aufzeichnung ist daher sehr wichtig. Je größer ein Unternehmen ist, desto umfangreicher ist der Aufwand hierfür. Nachfolgend soll verdeutlicht werden, warum Unternehmen einen solchen Aufwand betreiben.

Dabei wollen wir zunächst außer acht lassen, daß die Aufzeichnung der Geschäftsfälle eines Unternehmens auch aufgrund gesetzlicher Vorschriften geschieht, auf die an anderer Stelle noch eingegangen wird.

Alles, was aufwendig ist, aber trotzdem durchgeführt wird, hat einen bestimmten Sinn. So ist es auch bei der Buchführung, der gewisse Aufgaben zukommen. Man spricht in diesem Zusammenhang von den **Aufgaben der Buchführung.**

2. Aufgaben und Bestimmungen

2.1 Aufgaben der Buchführung

Die Gründe für eine Buchführung stellen gleichzeitig die Aufgaben derselben dar.

1. **Feststellung des Standes der Unternehmung durch den Vergleich von Vermögen und Schulden.**
   Die erste Feststellung dieser Art findet bei der Gründung eines Unternehmens statt. Ohne eine solche Feststellung wird sich kein Geldgeber bereit erklären, Kapital zu investieren. Weitere Feststellungszeitpunkte sind die Geschäftsjahresenden. In modernen Unternehmen geschieht diese Feststellung aus Gründen der Aktualität bereits monatlich.

2. **Ständige wertmäßige Erfassung der Vermögensveränderungen im Unternehmen.**
   Jeder der bereits erwähnten Geschäftsfälle löst im Unternehmen eine Vermögensveränderung aus. Diese alle zu erfassen, fällt mit in den Aufgabenbereich.

3. **Feststellung des Erfolges.**
   Nicht nur die oben erwähnte Erfassung der Vermögensveränderungen ist wichtig. Noch wichtiger ist die Erfassung der Erträge und Aufwendungen eines Unternehmens. Mittelbar treten natürlich durch die Einnahmen und Ausgaben auch Auswirkungen auf das Vermögen eines Unternehmens auf.

4. **Lieferung der Grundlagen für die Berechnung der Kalkulationszuschläge.**
   Durch die Auswertung der Aufwands- und Ertragsbuchungen ergeben sich Möglichkeiten einer genauen Preiskalkulation. Eine genaue Berechnung des Verkaufspreises nimmt aufgrund der verschärften Konkurrenzlage einen immer höheren Stellenwert ein.

5. **Lieferant der Besteuerungsgrundlage.**
   Die Höhe der Steuerlast eines Unternehmens richtet sich nach den Zahlen der Buchführung. Daher rührt auch das Interesse des Finanzamtes an "sporadischen" Überprüfungen der Bücher in den Unternehmen.

6. **Beweismittel Buchführung.**
   Die Buchführung eines Unternehmens hat, bei ordnungsgemäßer Bearbeitung, vor Behörden, wie z.B. Gerichten und Finanzämtern, Beweiskraft. Die Beweiskraft erlischt jedoch bei Widerlegung oder Unglaubwürdigkeit der Aufzeichnungen.

7. **Lieferung von Zahlenmaterial für Unternehmensvergleiche.**
   Durch die Auswertung der Zahlen der Buchhaltung lassen sich diese Zahlungsflüsse für Ausgaben und Einnahmen nachvollziehen. Dabei besteht die Möglichkeit, Schwachstellen aufzudecken und zu beheben.

MERKE:

Die Buchführung stellt ein Instrument der Unternehmens-
leitung zur Kontrolle des Unternehmens und zur Information
über das Unternehmen dar. Während Informationen entnommen
werden können, die Entscheidungen hervorrufen, lassen sich
die Einhaltung der Entscheidungen sowie deren Erfolg kon-
trollieren.

2.2 Gesetzliche Bestimmungen

Die gesetzlichen Bestimmungen über die Pflicht zur Führung von Büchern
finden sich sowohl im Handelsrecht als auch im Steuerrecht.

Handelsrechtlich ist die Pflicht im Handelsgesetzbuch (HGB) festgelegt. Bestimmungen zur Buchführung finden sich dort in den §§ 238 ff.
Demnach ist nur ein Kaufmann buchführungspflichtig.
In § 238 Abs. 1 HGB heißt es: *"Jeder Kaufmann ist verpflichtet, Bücher
zu führen und in ihnen seine Handelsgeschäfte und die Lage seines Vermögens nach den Grundsätzen ordnungsmäßiger Buchführung ersichtlich zu
machen..."*

Für das Steuerrecht agiert auf diesem Gebiet an erster Stelle die
Abgabenordnung (AO). In den §§ 140/141 AO legt der Gesetzgeber einen
anderen Maßstab an. Während § 140 AO festlegt, daß all diejenigen, die
nach Handelsrecht Bücher führen müssen, diese auch für die Besteuerung
führen müssen, geht § 141 AO darüber hinaus und sagt, daß alle die
Bücher führen müssen, die folgende Grenzen überschreiten:

- Umsatz   >   500 000 DM (360 000 DM) pro Jahr
- Gewinn   >   36 000 DM pro Jahr
- Betriebsvermögen   >   125 000 DM (100 000 DM)

Die Werte in Klammern galten bis 31.12.86.

Diese Bedingungen müssen nicht gleichzeitig erfüllt sein. Für die
Buchführungspflicht reicht es aus, wenn nur eine Bedingung zutrifft.

4

Weitere Bestimmungen zur Buchführung finden sich in den folgenden Gesetzen:

- für die GmbH im GmbH-Gesetz
- für Genossenschaften im Genossenschaftsgesetz
- für Aktiengesellschaften im Aktiengesetz
- übergreifende Vorschriften im Publizitätsgesetz

Daneben existieren noch Empfehlungen und Richtlinien, die jedoch nicht rechtlich verbindlich sind.

MERKE:
Zur Klärung der Frage der Buchführungspflicht sind in erster Linie das Handelsgesetzbuch und die Abgabenordnung heranzuziehen. Wer aufgrund handelsrechtlicher Vorschriften Bücher führt, muß diese auch für die Besteuerung führen. Gleiches gilt, wenn freiwillig Bücher geführt werden.

Während der Rahmen der Buchführungspflicht klar definiert ist, sieht es bei den Regeln, _wie_ eine Buchführung aussehen muß, etwas anders aus. Das hat aber keineswegs zu bedeuten, daß hier eine Rechtsunsicherheit herrscht. Die Regeln sind nur nicht als Gesetz vorgeschrieben. Sie finden sich vielmehr in verschiedenen Gesetzen. Die Zusammenfassung dieser Regeln nennt man

Grundsätze ordnungsmäßiger Buchführung

2.3 Grundsätze ordnungsmäßiger Buchführung (GoB)

Wenn die Frage der Buchführungspflicht geklärt ist, stellt sich die Frage der Art und Weise, wie eine Buchführung aufgebaut sein muß. Zur Klärung dieser Frage hat der folgende Grundsatz Gültigkeit:

Eine Buchführung muß so beschaffen sein, daß sich eine entsprechend vorgebildete Person innerhalb einer angemessenen Zeit einarbeiten kann (vergleiche § 238 Abs. 1 HGB).

Hauptsächlich in § 239 HGB, aber auch in anderen Gesetzen finden sich Regelungen, wie Bücher zu führen sind. Zusammengefaßt ergeben sie die Grundsätze ordnungsmäßiger Buchführung. Daß eine Buchführung nicht auf Straßenbahnfahrscheinen geführt wird, ist dem Leser bestimmt auch bekannt. Die GoB gehen aber noch etwas weiter:

1. **Klarheit und Übersichtlichkeit**
   Jederzeit müssen einzelne Buchungen nachvollziehbar sein. Der Stand des Vermögens muß ebenfalls stets gut ermittelbar sein.

2. **Lebende Sprache und Inlandswährung**
   Die Aufzeichnungen sind in einer lebenden Sprache zu führen und die Zahlenwerte sind in Inlandswährung aufzuzeichnen. Bei Führung der Bücher in einer lebenden Fremdsprache ist eine deutsche Übersetzung beizubringen.

3. **Fortlaufende, vollständige und richtige Buchungen**
   Die Erfassung der Geschäftsfälle muß in zeitlicher (chronologischer) Reihenfolge geschehen. Es dürfen keine Geschäftsfälle ausgelassen werden (Vollständigkeit). Eine Verfälschung des Inhalts oder die Verbuchung auf falsche Konten ist ebenfalls auszuschließen.

4. **Keine Radierungen, Bleistifteintragungen oder Unleserlichkeit**
   Einmal gemachte Buchungseintragungen sind nicht mehr zu entfernen oder unleserlich zu machen (Radierung oder Überschreibung). Wenn Korrekturen von Buchungen erforderlich sind, müssen diese durch "Stornobuchungen" erfolgen. Was man darunter versteht, wird an späterer Stelle noch erklärt werden.

5. **Keine Buchung ohne Beleg**
   Es ist nicht möglich, einen Buchungsinhalt später nachzuvollziehen, wenn kein Beleg vorgelegen hat. Es kann auch ein Unternehmensbeleg sein. Die sogenannten Eigenbelege ermöglichen zumindest die spätere Nachvollziehbarkeit. Ihre Beweiskraft ist geringer als die von Fremdbelegen. Die Belege sind systematisch abzulegen, damit ihre Wiederauffindbarkeit gewährleistet ist. Gleiches gilt für die Buchführung auf Datenträgern und bei der Belegverfilmung.

6. Entwertung leerer Zwischenräume
Zwischenräume zwischen Buchungssätzen sind durch Striche zu entwerten (Buchhalternase).

7. Aufbewahrungspflichten
Für die Aufbewahrungsfristen gelten folgende Vorschriften:
Bücher, Inventare und Bilanzen   =   10 Jahre
Belege und sonstige Aufzeichnungen =   6 Jahre
Die Aufbewahrung hat geordnet zu erfolgen.

8. Tägliche Aufzeichnung der Kassenbewegungen im Kassenbuch und der Warenkreditbewegungen im Kontokorrentbuch
Die Bargeldbewegungen eines Unternehmens sind täglich fortlaufend in einer eigenständigen Unterlage aufzuzeichnen. Zumeist handelt es sich dabei um ein Kassenbuch. Die Warenbewegungen, für die keine Gelder fließen, heißen Zielgeschäfte. Auch diese Bewegungen sind aufzuzeichnen. Hierzu verwendet man ein Kontokorrentbuch. Es hat auch den Namen Geschäftsfreundebuch.

9. Fortlaufende Seitennumerierung
Die Seiten der Handelsbücher müssen fortlaufend durchnumeriert sein. Das Herausreißen von Seiten ist untersagt.

10. Inventar- und Bilanzpflicht
Zu Beginn der Geschäftstätigkeit sind jeweils ein Inventar und eine Bilanz zu erstellen (Zur Erklärung, was das ist, siehe Kapitel 3). Diese Verpflichtung wiederholt sich am Ende eines jeden folgenden Geschäftsjahres. Die Bilanz ist vom Inhaber zu unterschreiben.

MERKE:

Nur eine Buchführung, die nach den Grundsätzen ordnungsmässiger Buchführung (GoB) erstellt wurde, hat auch die notwendige Beweiskraft bei Behörden.

Werden die Grundsätze ordnungsmäßiger Buchführung nicht beachtet, kann das unter Umständen schwerwiegende Folgen haben.

Als Definition für Buchführung gilt:

Buchführung ist die zeitnahe, vollständige und richtige Erfassung aller Vorgänge in einem Unternehmen.

2.4 Folgen bei Nichtbeachtung der GoB

Abgesehen von dem Verlust der Glaubwürdigkeit einer Buchführung sind noch schwerwiegendere Folgen möglich, wenn die GoB nicht beachtet wurden.

Ist davon auszugehen, daß ein Steuerpflichtiger durch den Verstoß ungerechtfertigte Vorteile hat, kann eine Schätzung erfolgen. Das ist zum Beispiel in bezug auf den Umsatz oder den Gewinn möglich. Eine Schätzung kann vereinzelt vorteilhaft für den Steuerpflichtigen sein. Im Normalfall ist eine Schätzung jedoch nicht vorteilhaft.

Bei Konkurs des Buchführungspflichtigen zieht ein Verstoß gegen die GoB ein Strafverfahren nach sich. Freiheitsstrafe ist möglich.

MERKE:

Die Folgen eines Verstoßes gegen die Grundsätze ordnungsmäßiger Buchführung können die Vorteile des Verstoßes unter Umständen bei weitem übertreffen.

Fragen zu den Kapiteln 1 + 2

1. Erklären Sie den Begriff Geschäftsfälle.
2. Nennen Sie (eigene) Beispiele für Geschäftsfälle.
3. Die Buchführung ist in einem Unternehmen eine mehr oder weniger aufwendige Angelegenheit.
   Wovon hängt der Grad des Aufwands ab ?
4. Warum wird, trotz des hohen Aufwands, Buch geführt ?
5. Welche der erwähnten Aufgaben der Buchführung würden Sie als die wichtigsten ansehen ?
6. Welche Gesetze regeln die Pflicht zur Buchführung ?
7. Welche Grenzen gelten für die Buchführungspflicht nach AO ?
8. Lesen Sie die §§ 1 – 7 HGB über die Kaufmanneigenschaft.
9. Wie muß eine Buchführung beschaffen sein ?
10. Welches Gesetz weist die GoB aus ?
11. Welches sind, nach Ihrer Meinung, die wichtigsten GoB ?

3. Inventur — Inventar — Bilanz

3.1 Die Inventur

Damit eine Buchführung den Grundsätzen ordnungsmäßiger Buchführung entspricht, muß zum Ende eines jeden Geschäftsjahres eine Bestandsaufnahme erfolgen. Dabei sollen alle Vermögensgegenstände und Schulden in ein Verzeichnis aufgenommen werden. Die Bestandsaufnahme als Tätigkeit heißt **Inventur**.
Das dabei entstehende Verzeichnis heißt **Inventar**.

MERKE:
Inventur ist die körperliche Bestandsaufnahme aller Vermögensgegenstände und Schulden eines Unternehmens. Die Werte der körperlichen Gegenstände werden durch Zählen, Messen, Wiegen oder Berechnung ermittelt.

Nach § 240 HGB und § 140 AO ist eine Inventur bei folgenden Anlässen vorgeschrieben:

- bei Gründung eines Unternehmens
- am Ende eines jeden Geschäftsjahres
- bei Geschäftsaufgabe

Die Durchführung einer Inventur ist eine etwas schwierige und auch ungeliebte Aufgabe. Es bedarf einiger Planung und Vorbereitung. Bei der Durchführung der körperlichen Bestandsaufnahme ist folgendes zu beachten:

- Es müssen alle Gegenstände erfaßt werden
- Doppelzählungen müssen vermieden werden
- Die Unternehmensabläufe dürfen nicht gestört werden

Der Leser kann sich vorstellen, daß eine Erreichung der obigen Punkte sehr schwer ist. Stellt man sich nur einmal eine Inventur in einem Warenhaus, einem Stahlwerk oder einer Automobilfabrik vor. Während die Bestände der Forderungen und Schulden auf dem Wege der Buchinventur ermittelt werden können, geschieht die körperliche Bestandsaufnahme "vor Ort".

9

Der Leser kann sich die Unmöglichkeit einer Inventur vorstellen, wenn das Geschäftsjahresende auf den 31.12. fällt. An diesem Tag hat das Personal ab 14:00 Uhr frei und am 02.01. des Folgejahres erscheinen schon wieder die ersten Kunden mit Umtäuschen. Wegen dieser und ähnlicher Schwierigkeiten hat der Gesetzgeber verschiedene Möglichkeiten des Inventurzeitpunktes geschaffen.

3.1.1 Die Stichtagsinventur

Die Erfassung der Vermögensgegenstände soll nach § 240 Abs. 2 HGB am Ende eines Geschäftsjahres erfolgen. Als angemessene Zeit sieht der Gesetzgeber hier einen Zeitraum von 10 Tagen vor und 10 Tagen nach dem Bilanzstichtag, dem letzten Tag im Geschäftsjahr, an.

Für den Fall, daß auch diese Frist zu kurz ist, existieren noch weitere Möglichkeiten.

3.1.2 Die permanente Inventur

Diese Form der Inventur ermöglicht es, die Inventur den betrieblichen Gegebenheiten anzupassen. Die gesetzliche Grundlage findet sich in § 241 Abs. 2 + 3 Nr. 2 HGB.

Voraussetzung ist, daß für jede Artikelart, die sich lagermäßig im Unternehmen befindet, ein Bestandsverzeichnis angelegt wird. Dies kann in Form einer Karteikarte geschehen oder auch durch elektronische Speichermedien.
In diesem Bestandsverzeichnis sind alle Ein- und Ausgänge des Artikels zu erfassen. Das allein reicht jedoch noch nicht aus.
Mindestens einmal im Jahr muß überprüft werden, ob die Bestände übereinstimmen. Ob also der Sollbestand in dem Verzeichnis mit dem Istbestand im Unternehmen übereinstimmt. Abweichungen sind zu vermerken. Die Kontrolle ist schriftlich zu protokollieren und in das Verzeichnis einzutragen.
Wie eine solche Lagerkarteikarte aussehen kann, zeigt die folgende Abbildung.

Beispiel für den Aufbau einer Lagerkarteikarte

Scholand Reifenwerke, Quickborn							
Artikel: _____				1. Lieferant: _____			
Art.-Nr.: _____				2. Lieferant: _____			
Lagerort: _____				Einheit: ____			
Datum	Menge	+/-	Bestand	Bemerkung	Zchn	Bestandskontrolle

Neben den gezeigten Möglichkeiten existiert noch eine weitere Möglichkeit:

3.1.3 Die verlegte Inventur

In § 241 Abs. 3 Nr. 2 HGB gestattet der Gesetzgeber die Verlegung des
Inventurzeitpunktes auf einen Zeitraum von drei Monaten vor oder zwei
Monaten nach dem Bilanzstichtag. Wird die Inventur in diesem Zeitraum
durchgeführt, sind einige Rechnungen notwendig.

Vorverlegte Inventur:
Zu dem ermittelten Inventurwert müssen alle Warenzugänge addiert und
alle Warenabgänge subtrahiert werden. Der sich dann ergebende Wert ist
der zu bilanzierende Wert.

Zurückverlegte Inventur:
Hierbei müssen zu den Inventurwerten die Warenabgänge addiert und die
Warenzugänge subtrahiert werden. Es ergibt sich dann ebenfalls der zu
bilanzierende Wert. Siehe Beispielrechnungen auf den Folgeseiten.

11

Möglicher Zeitraum für eine Inventur lt. § 241 Abs. 3 Nr. 1 HGB

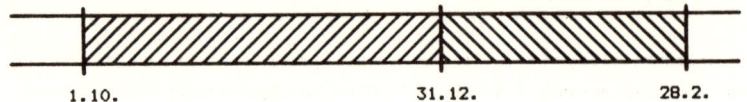

        1.10.   31.12.   28.2.

Die schraffierten Flächen geben den Zeitraum an.

Wie muß nun vorgegangen werden, wenn einer dieser beiden Zeiträume für die Inventur gewählt wird ?

Vorverlegung:

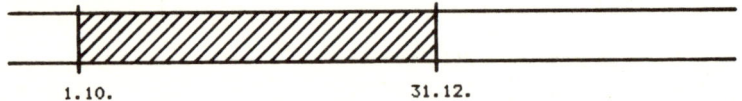

        1.10.   31.12.

Inventurzeitpunkt soll der 15. Oktober sein.

Ermittelter Bestand: 50 Stück

Zwischen dem 15.10. und dem Geschäftsjahresende, das in diesem Beispiel am 31.12. ist, liegen die folgenden Warenbewegungen:

20.10.	Zugang	125	Stück
28.10.	Abgang	55	Stück
12.11.	Abgang	12	Stück
18.11.	Zugang	100	Stück
28.11.	Abgang	105	Stück
14.12.	Zugang	250	Stück
18.12.	Abgang	53	Stück
27.12.	Abgang	105	Stück
30.12.	Abgang	20	Stück

Aus diesen Werten ergibt sich die folgende Rechnung:

Inventurbestand am 15.10.   50 Stück
zuzüglich Summe der Zugänge   475 Stück
abzüglich Summe der Abgänge   350 Stück
Menge am Bilanzstichtag   175 Stück

Zum Bilanzstichtag läge folglich ein Lagerbestand von 175 Stück vor.
Wenn der Einkaufspreis je Stück 6,00 DM beträgt, ergäbe sich ein Wert
von 175 * 6,00 DM = 1.050,00 DM.

Zurückverlegung:

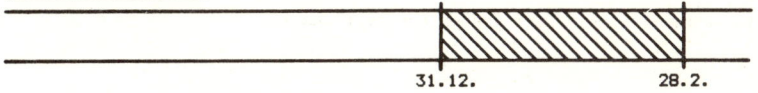

                          31.12.   28.2.

Inventurzeitpunkt soll der 23.02. sein.

Ermittelter Bestand: 228 Stück

Zwischen dem Geschäftsjahresende und dem Inventurzeitpunkt liegen die
folgenden Warenbewegungen:

    3.1.   Zugang   245 Stück
    19.1.   Abgang   107 Stück
    23.1.   Zugang   95 Stück
    12.2.   Abgang   110 Stück
    20.2.   Abgang   70 Stück

Aus diesen Werten ergibt sich die folgende Rechnung:

Inventurbestand am 23.02.   228 Stück
abzüglich Summe der Zugänge   340 Stück
zuzüglich Summe der Abgänge   287 Stück
Menge am Bilanzstichtag   175 Stück

Zum Bilanzstichtag würde sich folglich ein Bestand von 175 Stück ergeben. Bei einem angenommenen Einkaufspreis von 6,00 DM je Stück ergäbe
sich ein Wertansatz von 1.050,00 DM.

13

3.2 Das Inventar

Alle Werte, die bei der Inventur festgestellt wurden, müssen anschliessend noch einmal in zusammengefaßter Form dargestellt werden. Zusammengefaßt darum, weil die Inventuraufzeichnungen eines mittleren Unternehmens leicht die Ausmaße eines Telefonbuches annehmen können. Diese zusammengefaßte Aufstellung heißt Inventar.

Ein Inventar setzt sich aus folgenden drei Teilen zusammen:

A) Vermögen   B) Schulden   C) Reinvermögen/Eigenkapital

3.2.1 Vermögen

Das Vermögen unterteilt sich in zwei Hauptgruppen.

3.2.1.1 Anlagevermögen

Zum Anlagevermögen gehören alle Vermögensteile, die zu einem längerfristigen Verbleib im Unternehmen vorgesehen sind. Das sind in der Regel Gebäude, Maschinen, Betriebs- und Geschäftsausstattung, Fahrzeuge u. a.

3.2.1.2 Umlaufvermögen

Hier finden sich alle Vermögensteile, die dem Unternehmen nur kurzfristig zur Verfügung stehen sollen. Es sind dies Rohstoffe, Hilfsstoffe, Betriebsstoffe, Fertigerzeugnisse, Bargeldbestände, Bankguthaben u. a.

Der Leser kann sich vorstellen, daß die Zahl der Veränderungen im Umlaufvermögen wesentlich höher ist als im Anlagevermögen.

3.2.2 Schulden

Wie schon beim Vermögen unterteilen sich auch die Schulden in zwei Hauptgruppen. Die Bezeichnungen lauten langfristiges Fremdkapital und kurzfristiges Fremdkapital.

3.2.2.1 Langfristiges Fremdkapital

Zum langfristigen Fremdkapital gehören alle Schulden eines Unternehmens, die eine Laufzeit von mehr als 4 Jahren haben. Es sind dies zumeist Hypotheken und Darlehen.

3.2.2.2 Kurzfristiges Fremdkapital

Hierzu gehören die Schulden des Unternehmens, die in der Laufzeit unter 5 Jahren liegen. Es sind dies zumeist Schulden bei Lieferanten für Lieferungen und Leistungen (Verbindlichkeiten) oder Bankkredite. In diese Kategorie gehören aber auch die "durchlaufenden Posten", wie die Umsatzsteuer oder die einbehaltenen Lohnabzüge der Angestellten. Durchlaufend deshalb, weil diese später an die entsprechenden Institutionen abgeführt werden müssen.

Wenn an dieser Stelle von Laufzeiten die Rede ist, gelten die vertraglich vereinbarten Gesamtlaufzeiten. Eine dreißigjährige Hypothek wird also nach 26 Jahren Laufzeit nicht von langfristigem Fremdkapital zu kurzfristigem Fremdkapital.

Der Begriff Fremdkapital ist eine andere, besser klingende Bezeichnung für den Begriff Schulden.

Im Anschluß an die Aufzählung der Vermögens- und Schuldenposten erfolgt eine Gegenüberstellung der erwähnten Posten zur Ermittlung des Reinvermögens.

3.2.3 Reinvermögen/Eigenkapital

Das Reinvermögen ist die Differenz aus Vermögen abzüglich Schulden. Es ist der die Schulden übersteigende Betrag und dokumentiert im ersten Jahr das vom Gründer/Inhaber eingebrachte Kapital. Im Vergleich mit anderen Geschäftsjahren läßt sich feststellen, ob sich das eingesetzte Kapital gemehrt oder gemindert hat.
Für den Begriff Reinvermögen findet auch der Begriff Eigenkapital Verwendung. Es besteht jedoch kein inhaltlicher Unterschied.

Beispiel:
	Summe des Vermögens	2 280 000,- DM
./.	Summe der Schulden	1 750 000,- DM
=	Reinvermögen/Eigenkapital	530 000,- DM

15

Beispiel:

Inventar der Schuhfabrik Meise & Kornfeld, Boostedt, zum 31.12...

Gliederung	Einzelwert	Summe
A Vermögen		
I. Anlagevermögen		
1. Gebäude Koldingstraße 16	280 200,-	
2. Gebäude Am Kalkberg 10	232 400,-	512 600,-
3. Maschinen lt. Verz. A.I.M		125 400,-
4. Fahrzeuge lt. Verz. A.I.F		83 200,-
5. Betriebs- und Geschäfts-		
ausstattung lt. Verz. A.I.BGA		58 800,-
II. Umlaufvermögen		
1. Rohstoffe lt. Verz. A.II.RS		205 450,-
2. Hilfsstoffe lt. Verz. A.II.HS		87 705,-
3. Betriebsstoffe lt. Verz. A.II.BS		28 945,-
4. Unf. Erzeugnisse lt. Verz. A.II.UE		108 750,-
5. Fertigerzeugnisse lt. Verz. A.II.FE		209 250,-
6. Forderungen		
Fa. Nilsson KG, Neumünster	42 000,-	
Fa. Grothkop, Wasbeck	69 950,-	
lt. Verz. A.II.Fo	38 950,-	150 900,-
7. Bargeldbestand		7 035,-
8. Bankguthaben		
Volksbank NMS, Nr. 1040.102.726	27 830,-	
Deutsche Bank NMS, Nr. 350.7134067	22 235,-	50 065,-
Summe des Vermögens		1 628 100,-
B Schulden		
I. Langfristiges Fremdkapital		
1. Hypothek Volksbank Unna		375 000,-
2. Darlehen Sparkasse Hamburg		276 000,-
II. Kurzfristiges Fremdkapital		
Verbindlichkeiten lt. Verz. B.II.V		245 000,-
Summe der Schulden		896 000,-
C Reinvermögen/Eigenkapital		
Summe des Vermögens		1 628 100,-
./. Summe der Schulden		896 000,-
= Reinvermögen/Eigenkapital		732 100,-

MERKE:

Das Inventar ist die Auflistung der Werte, die bei der Inventur ermittelt wurden. Aus dem Inventar ist das Reinvermögen/Eigenkapital ersichtlich.
Die Aufbewahrungsfrist beträgt 10 Jahre. Das Inventar wird nicht unterschrieben.

Die Posten in einem Inventar werden nicht ungeordnet aufgelistet. Hierbei herrschen folgende Gesetzmäßigkeiten:

Anlagevermögen wird nach dem Grad der Liquidität aufgelistet.
Es ist für den Leser sicher gut vorstellbar, daß sich ein Kraftfahrzeug leichter verkaufen läßt als etwa ein Gebäude. Die Posten, deren Umwandlungen in Bargeld am schwersten sind, sind an höherer Stelle im Anlagevermögen angesiedelt.

Umlaufvermögen wird in gleicher Weise wie das Anlagevermögen nach dem Liquiditätsgrad gegliedert.
Hierbei zeigt sich dem Leser zunächst eine kleine Ungereimtheit. Zwar ist der Bargeldbestand naturgemäß liquider als ein Bankguthaben, wird jedoch vor dem Posten Bank eingereiht. Diese Vereinbarung beruht darauf, daß ein Bankkonto meist ergiebiger ist als ein Barguthaben. Auch trägt man damit dem zunehmenden Gewicht des Buchgeldes Rechnung.

Fremdkapital wird stets nach der Fälligkeit der Schulden gegliedert. Dabei sind die Schuldenposten mit einer längeren Gesamtlaufzeit auch im oberen Bereich des Gesamtpostens Fremdkapital angesiedelt.

Aufgaben zu Kapitel 3.2

1. Bestimmen Sie für die folgenden Posten deren jeweilige "Adresse" im Inventar:

Forderungen	Rohstoffe
Maschinen	Verbindlichkeiten
Betriebsstoffe	Fahrzeuge/Fuhrpark
Barguthaben	Postgiroguthaben
Hypotheken	Fertigerzeugnisse
Darlehen	Betriebs- und Geschäftsausstattung
Unf. Erzeugnisse	Gebäude
Grundstücke	

2. Das Industrieunternehmen M. Brune, Lübeck, ermittelt in zwei aufeinanderfolgenden Jahren die folgenden Inventurwerte:

31.12.19 A:

Rohstoffe 145 000,-; Maschinen 125 600,-; Forderungen 129 000,-; Hypo-
thekenschulden 280 000,-; Bankguthaben 89 090,-; Fuhrpark 46 000,-; Be-
triebs- und Geschäftsausstattung 37 000,-; Darlehen 198 000,-; Verbindlichkeiten 289 500,-; Kasse 12 870,-; Betriebsstoffe 54 700,-; Fertigerzeugnisse 138 500,-; Gebäude 309 600,-; und unf. Erzeugnisse 109 000,-.

31.12.19 B:

Unfertige Erzeugnisse 56 260,-; Bankguthaben 104 520,-; Kasse 8 690,-;
Gebäude 317 000,-; Verbindlichkeiten 201 700,-; Rohstoffe 141 800,-;
Fuhrpark 74 000,-; Forderungen 182 080,-; Betriebs- und Geschäftsausstattung 53 000,-; Hypotheken 282 800,-; Betriebsstoffe 52 900,-; Maschinen 146 800,-; Darlehen 216 200,-.

a) Erstellen Sie die beiden Inventare.
b) Vergleichen Sie die beiden Inventare und erklären Sie die Veränderungen.
c) Wie war nach Ihrer Meinung der Geschäftsverlauf 19 B ?
d) Wieviel Prozent der Summe des Vermögens entfallen jeweils auf das
Anlagevermögen und das Umlaufvermögen ?

3. Ordnen Sie die folgenden Posten nach ihrer

   Liquidität: Fristigkeit:

   a) Fuhrpark   a) Verbindlichkeiten
   b) Grundstücke   b) Hypotheken
   c) Maschinen   c) Darlehen
   d) Gebäude
   e) Geschäftsausstattung

   a) Bargeld
   b) Forderungen
   c) Betriebsstoffe
   d) Fertigerzeugnisse
   e) Hilfsstoffe
   f) Bankguthaben
   g) Unfertige Erzeugnisse
   h) Rohstoffe

4. und 5.

Die Schuhfabrik Werner & Co, Dortmund, ermittelt in zwei aufeinanderfolgenden Jahren die folgenden Inventurwerte:

	4.	**5.**
Hypothekenschulden	205 600,-	345 290,-
Grundstücke	750 000,-	806 000,-
Bankguthaben	84 650,-	68 980,-
Rohstoffe	111 210,-	119 890,-
Summe der Forderungen	302 580,-	274 360,-
Maschinen	378 900,-	405 500,-
Summe der Verbindlichkeiten	489 700,-	527 400,-
Hilfsstoffe	54 600,-	48 500,-
Fertigerzeugnisse	124 500,-	102 300,-
Bargeld	24 369,-	19 546,-
Darlehen	489 080,-	518 600,-
Gebäude	452 700,-	430 065,-
Betr.- und Geschäftsausstattung	57 400,-	198 600,-
Fuhrpark	87 400,-	183 900,-
Unfertige Erzeugnisse	47 700,-	76 800,-

Übernehmen Sie die Aufgabenstellung aus Aufgabe 2.

3.3 Die Bilanz

Im Inventar sind alle Vermögens- und Schuldenposten verzeichnet. Der Nachteil eines Inventars besteht in der mangelnden Übersichtlichkeit. In § 242 HGB verlangt der Gesetzgeber daher eine weitere Auflistung, eine Bilanz. In der Bilanz werden die Werte aus dem Inventar noch weiter zusammengefaßt. Außerdem wird die Bilanz in Form eines T-Kontos aufgestellt. Interessierte Personen ersehen dann wesentlich schneller den Stand des Unternehmens. Auf einen Blick wird die Abdeckung des Anlagevermögens durch Eigenkapital und langfristiges Fremdkapital ersichtlich. Außerdem wird offenkundig, welchen Anteil das Eigenkapital an der Bilanzsumme hat. Es sind noch weitere Feststellungen zu treffen, auf die an späterer Stelle noch eingegangen werden soll.

Außer der anderen Form der Aufstellung ändert sich auch der Begriff Reinvermögen. Es ist nur noch vom Eigenkapital die Rede.

Beispiel:

Bilanz zum Inventar der Schuhfabrik Meise & Kornfeld, Boostedt

Aktiva	Bilanz zum 31. Dezember 19..	Passiva	
I. Anlagevermögen		I. Eigenkapital	732 100,-
1. Gebäude	512 600,-	II. Fremdkapital	
2. Maschinen	125 400,-	langfristiges FK	
3. Fuhrpark	83 200,-	1. Hypothek	375 000,-
4. Betriebs- und		2. Darlehen	276 000,-
Geschäftsausst.	58 800,-	kurzfristiges FK	
II. Umlaufvermögen		3. Verbindlichkeiten	
1. Rohstoffe	205 450,-	aus L+L	245 000,-
2. Hilfsstoffe	87 705,-		
3. Betriebsstoffe	28 945,-		
4. Unf. Erzeugnisse	108 750,-		
5. Fertigerzeugnisse	209 250,-		
6. Forderungen	150 900,-		
7. Kasse	7 035,-		
8. Bank	50 065,-		
	1 628 100,-		1 628 100,-

Boostedt, den 6. April 19..   Unterschriften

Die Bilanz unterteilt sich in zwei Seiten, die Aktivseite und die Passivseite. Für das, was die beiden Seiten jeweils verkörpern, existieren mehrere Definitionen. Am treffendsten erscheinen die folgenden:

a) Die Aktivseite zeigt die Vermögens**arten** eines Unternehmens auf, während die Passivseite die Vermögens**quellen** aufzeigt.

b) Während die Passivseite die Mittel**herkunft** aufzeigt, zeigt die Aktivseite die Mittel**verwendung** auf.

Während die Aktivseite nun die Posten aufzählt, die das Vermögen eines Unternehmens darstellen, zeigt die Passivseite, woher die Mittel für die Vermögensposten stammen. Auch zeigt die Passivseite den Anteil an der Vermögensfinanzierung, den der Unternehmer selbst aufgebracht hat. Dieser Betrag ist dem Passivposten Eigenkapital zu entnehmen. Daraus ergibt sich auch der Umstand, daß beide Seiten der Bilanz die gleiche Summe aufweisen. Die Vermögensposten, die nicht fremdfinanziert wurden, muß der Unternehmer folglich selbst finanziert haben. Die Veränderungen des Eigenkapitals zeigen auch den Unternehmenserfolg der abgelaufenen Rechnungsperiode (Geschäftsjahr) auf. Dazu genügt jedoch nicht nur ein einfacher Vergleich. Es bedarf schon einer gewissen Aufbereitung. Dabei findet das folgende Schema Anwendung:

Eigenkapital am Ende einer Rechnungsperiode
./. Eigenkapital am Anfang der Rechnungsperiode
= vorläufiger Gewinn oder Verlust

Dieses Schema soll anhand der Eigenkapitalveränderungen zweier aufeinanderfolgender Geschäftsjahre in einem Unternehmen verdeutlicht werden.

Eigenkapitalveränderungen 19 A:
    Eigenkapital am Jahresanfang: 1 759 000,- DM
    Eigenkapital am Jahresende: 1 809 500,- DM

Es ergibt sich die folgende Rechnung:

    Eigenkapital am Jahresende: 1 809 500,- DM
./. Eigenkapital am Jahresanfang: 1 759 000,- DM
    = vorläufiger Gewinn   50 500,- DM

Folgejahr:

Eigenkapital am Jahresanfang: 1 809 500,- DM

Eigenkapital am Jahresende: 1 724 300,- DM

Hieraus ergibt sich die folgende Rechnung:

Eigenkapital am Jahresende:	1 724 300,- DM
./. Eigenkapital am Jahresanfang:	1 809 500,- DM
= vorläufiger Verlust	85 200,- DM

Soweit ist diese Rechnung problemlos. Auf die Höhe des Eigenkapitals wirken sich jedoch auch die Entnahmen für private Zwecke des Inhabers aus. Da Entnahmen das Eigenkapital mindern, Einlagen das Eigenkapital mehren, ohne daß der Unternehmenserfolg berührt wird, müssen diese in die Berechnung mit einfließen.

Liegt ein vorläufiger Verlust vor, müssen Privatentnahmen subtrahiert und Privateinlagen addiert werden.

Im Falle eines vorläufigen Gewinns müssen Privatentnahmen addiert und Privateinlagen subtrahiert werden.

Wenn der Inhaber des Unternehmens aus obigem Beispiel 40 000,- DM im ersten Jahr und 48 000,- DM im Folgejahr für private Zwecke entnommen hätte, ergäben sich die folgenden Rechnungen:

	19 A	19 B
Eigenkapital am Jahresende	1 809 500,- DM	1 724 300,- DM
./. Eigenkapital am Jahresanfang	1 759 000,- DM	1 809 500,- DM
= vorläufiger Gewinn/Verlust	+50 500,- DM	-85 200,- DM
Privatentnahmen	+40 000,- DM	+48 000,- DM
= Gewinn/Verlust	90 500,- DM	-37 200,- DM

Dieses Beispiel verdeutlicht die Gemeinsamkeit einer Bilanz mit einem Bikini: Es wird viel gezeigt, jedoch das Wesentliche bleibt verborgen. Der angemessen erscheinende Gewinn von 50 500,- DM entwickelt sich als ein Gewinn von 90 500,- DM, während der im Folgejahr erwirtschaftete Verlust bei näherer Betrachtung nicht mehr so gravierend ist.

Aufgaben zu Kapitel 3.3

6. Erstellen Sie zu den Aufgaben 4 und 5 die Bilanzen.

7. Die Bilanz der Möbelfabrik Franz, Kiel, weist zu Beginn des Geschäftsjahres ein Eigenkapital von 2 589 890,- DM aus.

Am Jahresende betragen die Vermögenswerte 4 587 400,- DM und die Summe der Fremdkapitalien 1 912 800,- DM. Der Inhaber hat für seinen privaten Lebensunterhalt 84 690,- DM entnommen. Aus einer Erbschaft wurden vom Inhaber 120 000,- DM eingebracht.
Berechnen Sie den vorläufigen und den endgültigen Gewinn/Verlust.

8. Die Maschinenfabrik Jackat, Holzwickede, hat am Ende eines Geschäftsjahres einen Vermögensbestand von 1 467 830,- DM. Die Schulden belaufen sich auf 632 600,- DM.

Am Ende des folgenden Geschäftsjahres beläuft sich die Summe des Vermögens auf 1 512 960,- DM und die Summe der Schulden auf 638 890,- DM.
Es wurden für private Zwecke 54 000,- DM entnommen. Einlagen wurden nicht getätigt.
Bestimmen Sie die Eigenkapitalien der beiden Jahre und berechnen Sie den Gewinn/Verlust.

9. Die Motorenfabrik Eckert, Hohenwestedt, verfügt am Jahresanfang über einen Vermögensbestand von 1 500 000,- DM. Das Eigenkapital lautet auf 730 000,- DM.

Am Geschäftsjahresende beläuft sich das Vermögen auf 1 580 000,- DM.
Es wurden vom Inhaber 35 000,- DM entnommen. Die Summe der Schulden beläuft sich auf 800 000,- DM.
Errechnen Sie den Gewinn im abgelaufenen Geschäftsjahr.

10. Erstellen Sie die Bilanz zum Inventar auf Seite 16.

11. Das Industrieunternehmen W. Henke, Arnsberg, Fabrik für Hotel- und Gaststättenbedarf, weist zu Beginn des Geschäftsjahres folgende Werte in seiner Bilanz aus: Summe des Anlagevermögens 498 700,- DM, Summe des Umlaufvermögens 608 590,- DM, Summe der Schulden 587 980,- DM.
Am Ende des Geschäftsjahres ergeben sich die folgenden Werte: Summe des Vermögens 1 113 480,- DM, Summe des kurzfristigen Fremdkapitals 208 800,- DM, Summe des langfristigen Fremdkapitals 362 000,- DM, Privatentnahmen 36 790,- DM, Privateinlagen lagen nicht vor.
Berechnen Sie den Gewinn des abgelaufenen Geschäftsjahres.

MERKE:

Die Bilanz ist die kontenmäßige Gegenüberstellung des zusammengefaßten Inventars. Für den Aufbau ist § 266 HGB maßgebend. Dort ist der Aufbau einer Bilanz dargestellt. Die
4. EG-Richtlinie über den handels- und steuerrechtlichen
Jahresabschluß stellt für bestimmte Unternehmen noch weitergehende Anforderungen. Die Bilanz ist mit dem Erstellungsdatum zu versehen und eigenhändig vom Inhaber zu unterschreiben.

Die beiden Seiten der Bilanz werden mit Aktiva und Passiva
bezeichnet. Während die Aktivseite das Vermögen aufzählt,
zeigt die Passivseite Höhe und Struktur der Schulden eines
Unternehmens. Weiterhin findet sich auf der Passivseite das
Eigenkapital. Es dokumentiert den Grad der Eigenfinanzierung eines Unternehmens. An der Veränderung des Eigenkapitals läßt sich, unter Berücksichtigung einiger Faktoren,
der Erfolg eines Unternehmens in einer Rechnungsperiode erkennen.

Da beide Seiten der Bilanz gleich groß sind, ergeben sich die folgenden
Gleichungen: a) Vermögen ./. Schulden = Eigenkapital

b) Schulden + Eigenkapital = Vermögen

c) Vermögen ./. Eigenkapital = Schulden

d) Anlagevermögen + Umlaufvermögen = Bilanzsumme Aktivseite

e) Eigenkapital + Fremdkapital = Bilanzsumme Passivseite

f) Bilanzsumme Aktivseite ./. Bilanzsumme Passivseite = 0

Fragen zu Kapitel 3

12. Erklären Sie mit Ihren Worten den Begriff Inventur.

13. Worauf ist bei einer Inventur zu achten ?

14. Welche Gründe sprechen für Inventar und Bilanz ?

15. Erklären Sie Anlagevermögen, Umlaufvermögen und Fremdkapital.

16. Welche Aufgabe hat das Konto Eigenkapital ?

17. Nach welchem Schema wird der Unternehmenserfolg errechnet ?

3.3.1 Veränderungen in der Bilanz

Der Begriff Bilanz wurde aus dem italienischen bilancia (= Waage) abge-
leitet. In den bisherigen Beispielen hielten sich die Summen der Aktiv-
und der Passivseite auch stets die Waage. Es gab keine Unterschiede.
Alle bisherigen Beispiele waren aber Momentaufnahmen. Wie verhält es
sich nun mit der Bilanzsumme und der Gleichwertigkeit der beiden Seiten der Bilanz im täglichen Geschäftsgeschehen?

Um das zu verdeutlichen, soll von der folgenden vereinfachten Bilanz
ausgegangen werden:

Aktiva		Passiva	
Gebäude	450 000,-	Eigenkapital	655 000,-
Rohstoffe	200 000,-	Darlehen	148 500,-
Forderungen	150 000,-	Verbindlichkeiten	81 500,-
Bank	85 000,-		
	885 000,-		885 000,-

3.3.1.1 Aktivtausch

Ein Aktivtausch liegt dann vor, wenn bei einem Geschäftsfall nur
Posten der Aktivseite berührt werden. Die Bilanzsumme bleibt hierbei
unverändert.
Als Beispiel soll der folgende Geschäftsfall dienen:
Ein Kunde begleicht eine Forderung über 5 500,- DM, die gegen ihn be-
steht, durch Überweisung auf das Bankkonto.
Daraus folgt, daß sich der Bilanzposten Forderungen um 5 500,- DM ver-
mindert. Gleichzeitig erhöht sich das Bankguthaben um 5 500,- DM.
Es ergibt sich folgende Bilanz:

Aktiva		Passiva	
Gebäude	450 000,-	Eigenkapital	655 000,-
Rohstoffe	200 000,-	Darlehen	148 500,-
Forderungen	144 500,-	Verbindlichkeiten	81 500,-
Bank	90 500,-		
	885 000,-		885 000,-

Die Bilanzsumme bleibt unverändert.

3.3.1.2 Passivtausch

Bei einem Passivtausch werden nur Posten der Passivseite berührt. Auch hierbei bleibt die Bilanzsumme unverändert. Hier soll der folgende Geschäftsfall als Beispiel dienen:

Ein Lieferant, bei dem Verbindlichkeiten in Höhe von 28 500,- DM bestehen, gewährt die Umwandlung dieser Verbindlichkeiten in ein Darlehen.

Daraus folgt, daß sich der Posten Verbindlichkeiten um 28 500,- DM vermindert und der Posten Darlehen sich um 28 500,- DM erhöht.

Es ergibt sich die folgende auf das vorhergehende Beispiel aufbauende Bilanz:

Aktiva		Passiva	
Gebäude	450 000,-	Eigenkapital	655 000,-
Rohstoffe	200 000,-	Darlehen	177 000,-
Forderungen	144 500,-	Verbindlichkeiten	53 000,-
Bank	90 500,-		
	885 000,-		885 000,-

Auch hierbei bleibt die Bilanzsumme unverändert.

3.3.1.3 Aktiv—Passivmehrung

In diesem auch als Bilanzverlängerung bezeichneten Fall werden Posten beider Bilanzseiten berührt, wobei sich die Bilanzsumme erhöht. Dies soll das folgende Beispiel verdeutlichen:

Einkauf von Rohstoffen auf Rechnung für 12 900,- DM.

In diesem Fall erhöhen sich die beiden Bilanzposten Rohstoffe und Verbindlichkeiten um je 12 900,- DM.

Es ergibt sich nun die folgende auf das vorhergehende Beispiel aufbauende Bilanz:

Aktiva		Passiva	
Gebäude	450 000,-	Eigenkapital	655 000,-
Rohstoffe	212 900,-	Darlehen	177 000,-
Forderungen	144 500,-	Verbindlichkeiten	65 900,-
Bank	90 500,-		
	897 900,-		897 900,-

Hier erhöht sich die Bilanzsumme.

26

3.3.1.4 Aktiv-Passivminderung

Dieser Fall wird auch als Bilanzverkürzung bezeichnet. Es werden Posten beider Seiten der Bilanz berührt. Die Bilanzsumme vermindert sich. Folgendes Beispiel soll dies verdeutlichen:

Es werden Verbindlichkeiten in Höhe von 24 300,- DM durch Banküberweisung beglichen.

Die Posten Bank und Verbindlichkeiten werden um jeweils 24 300,- DM verringert.

Es ergibt sich die folgende auf das vorhergehende Beispiel aufbauende Bilanz:

Aktiva			Passiva
Gebäude	450 000,-	Eigenkapital	655 000,-
Rohstoffe	212 900,-	Darlehen	177 000,-
Forderungen	144 500,-	Verbindlichkeiten	41 600,-
Bank	66 200,-		
	873 600,-		873 600,-

In diesem Fall vermindert sich die Bilanzsumme.

MERKE:

Bei jedem Geschäftsfall werden stets mindestens zwei Konten berührt. Die Auswirkungen lassen sich zu den oben erwähnten zusammenfassen und wie folgt unterteilen:

Ohne Änderung der Bilanzsumme:
Aktivtausch   Es werden nur Aktivkonten berührt
Passivtausch   Es werden nur Passivkonten berührt

Mit Erhöhung der Bilanzsumme:
Aktiv-Passivmehrung   Beide Bilanzseiten erhöhen sich

Mit Verminderung der Bilanzsumme:
Aktiv-Passivminderung   Beide Bilanzseiten vermindern sich

Während sich die Bilanzsumme verändern kann, ändert sich jedoch nie das Gleichgewicht der Bilanz. Stets bleibt die Summe der Aktivseite gleich der Summe der Passivseite.

3.3.2 Auflösung der Bilanz

Wie auf den Seiten 25 bis 27 gezeigt, ergibt jeder Geschäftsfall in einem Unternehmen eine Änderung in der Bilanz. In den Beispielen wurden sehr vereinfachte Bilanzen verwendet. In der Praxis sind Bilanzen in der Regel auch nicht so kurz und übersichtlich, wie das Beispiel auf Seite 19 in diesem Buch. Der Leser kann sich sicher vorstellen, daß es vollkommen praxisfern wäre, nach jedem Geschäftsfall eine neue Bilanz zur Erfassung der Veränderungen zu erstellen. Auch im Zeitalter der EDV, die die Bilanzerstellung wesentlich vereinfacht, wäre eine nicht zu bewältigende Arbeitsfülle die Folge. Abgesehen davon, daß es Geschäftsfälle gibt, die erst über Umwege ihren Weg in die Bilanz finden, auf die noch eingegangen werden wird.

Zur schnelleren und genaueren Erfassung der Geschäftsfälle wird die Bilanz aufgelöst. Die Werte werden auf Konten übertragen, die die gleiche Bezeichnung führen wie die Bilanzpositionen.

Ein Konto hat, wie auch die Bilanz, zwei Seiten, auf denen die Geschäftsfälle erfaßt werden. Sie werden mit

Soll und **Haben**

bezeichnet.

Die Konten, auf die Bezeichnung und Wert aus der Aktivseite der Bilanz übertragen werden, heißen **Aktivkonten**.

Die Konten, auf die Bezeichnung und Wert aus der Passivseite der Bilanz übertragen werden, heißen **Passivkonten**.

Diese Unterscheidung ist sehr wichtig, weil eine grundlegende Vereinbarung in der Buchführung auf dieser Unterscheidung beruht.

Es sollen zunächst die Aktivkonten betrachtet werden:

Soll Aktivkonto	Haben
Anfangsbestand	Minderungen
Mehrungen	Saldo/Schlußbestand

Das obige Beispiel zeigt die Veränderung des Bilanzbestandes auf einem Aktivkonto.

Während der Bilanzwert und die Bestandsmehrungen auf der Sollseite erfaßt werden, werden Minderungen auf der Habenseite erfaßt. Dies ist bei allen Aktivkonten gleich. Es besteht nur die Möglichkeit, daß der

Saldo auf dem Konto Bank nicht auf der Habenseite, sondern auf der Sollseite steht. Das hängt damit zusammen, daß sich ein Bankkonto durch Überziehung über seinen in der Bilanz ausgewiesenen Bestand hinaus vermindern kann.

Die Geschäftsfälle auf den Passivkonten werden nach dem folgenden Schema erfaßt:

Soll	Passivkonto	Haben
Minderungen		Anfangsbestand
Saldo/SB		Mehrungen

Der aus der Bilanz stammende Anfangsbestand eines Passivkontos wird auf der Habenseite eingetragen. Auf der Habenseite werden auch die Mehrungen erfaßt. Minderungen werden auf der Sollseite erfaßt. Der Saldo/Schlußbestand ergibt sich auf der Sollseite. Diese Vereinbarung ist bei allen Passivkonten gleich.

MERKE:

Zur schnelleren und genaueren Erfassung der Geschäftsfälle wird eine Bilanz in Konten aufgelöst. Die Konten erhalten Bezeichnung und Anfangsbestand aus der Bilanz. Die beiden Seiten eines Kontos werden Soll und Haben genannt.
Es wird in Aktiv- und Passivkonten unterschieden. Die der Aktivseite der Bilanz entstammenden Posten werden zu Aktivkonten, die der Passivseite werden zu Passivkonten.

Da die Konten einen Bestand aus der Bilanz übernehmen, werden die Aktiv- und Passivkonten auch als Bestandskonten bezeichnet.

Auf den Aktivkonten stehen der Anfangsbestand und die Mehrungen im Soll und die Minderungen sowie der Schlußbestand im Haben.

Auf den Passivkonten stehen der Anfangsbestand und die Mehrungen im Haben und die Minderungen sowie der Schlußbestand im Soll.

Diese Vereinbarungen liegen der Buchführung zugrunde.

29

Aufgaben zu Kapitel 3

12., 13. und 14.

In der Maschinenfabrik Eppmann, Schönberg, weist die Lagerbestandskartei für den Artikel "Elektrospulen" folgende Veränderungen aus:

		12.	**13.**	**14.**
13.10.	Zugang	200 Stück	250 Stück	180 Stück
28.10.	Abgang	120 Stück	140 Stück	90 Stück
2.11.	Zugang	200 Stück	190 Stück	230 Stück
8.11.	Zugang	180 Stück	210 Stück	175 Stück
12.11.	Abgang	204 Stück	196 Stück	365 Stück
18.11.	Abgang	23 Stück	106 Stück	98 Stück
27.11.	Zugang	105 Stück	150 Stück	203 Stück
6.12.	Abgang	103 Stück	36 Stück	108 Stück
27.12.	Zugang	100 Stück	204 Stück	180 Stück

Ermitteln Sie die Stichtagsbestände zum 31.12., wenn die Inventur am 18.10. durchgeführt wurde und sich ein Inventurbestand von 893 Stück (12.)   753 Stück (13.)   903 Stück (14.)   ergab.

15., 16. und 17.

In der Schuhfabrik Schenk, Neumünster, weist die Lagerbestandskartei für den Artikel "PU-Sohlen" folgende Veränderungen aus:

		15.	**16.**	**17.**
8.01.	Abgang	2 120 Stück	1 340 Stück	390 Stück
15.01.	Zugang	1 200 Stück	1 490 Stück	2 340 Stück
18.01.	Zugang	3 180 Stück	2 510 Stück	2 175 Stück
22.01.	Abgang	2 204 Stück	1 696 Stück	2 837 Stück
28.01.	Abgang	323 Stück	1 177 Stück	198 Stück
7.02.	Zugang	1 105 Stück	1 508 Stück	2 203 Stück
10.02.	Abgang	2 103 Stück	936 Stück	1 108 Stück
18.02.	Abgang	250 Stück	582 Stück	980 Stück
27.02.	Zugang	1 100 Stück	2 047 Stück	1 180 Stück

Ermitteln Sie die Stichtagsbestände zum 31.12., wenn am 21.02. die folgenden Inventurwerte ermittelt wurden:
4 839 Stück (15.)   5 131 Stück (16.)   5 560 Stück (17.)

18., 19. und 20.

Die Drahtseilerei Rabelt, Dortmund, erzielt in drei aufeinanderfolgenden Jahren die folgenden Werte:

	18.	19.	20.
Anlagevermögen	859 987,- DM	647 923,- DM	731 983,- DM
Langfr. Fremdkapital	464 250,- DM	316 843,- DM	406 138,- DM
Umlaufvermögen	978 269,- DM	1 056 782,- DM	994 876,- DM
Kurzfr. Fremdkapital	512 873,- DM	493 847,- DM	582 983,- DM

Bestimmen Sie zu den obigen Angaben jeweils die Höhe der Bilanzsumme
und die Höhe des Eigenkapitals.

21.

Bestimmen Sie für die folgenden Posten deren jeweilige "Adresse" im Inventar:

Grundstücke	Gebäude
Unf. Erzeugnisse	Betriebs- und Geschäftsausstattung
Darlehen	Fertigerzeugnisse
Hypothek	Rohstoffe
Forderungen	Verbindlichkeiten
Maschinen	Fuhrpark
Betriebsstoffe	Postgiroguthaben
Kasse	

22.

Die Sportartikelfabrik Broszeit, Einfeld, ermittelte in zwei aufeinanderfolgenden Jahren die folgenden Inventurwerte:

_31.12.19 A:_

Rohstoffe 156 100,-; Maschinen 136 300,-; Forderungen 139 700,-; Hypo-
thekenschulden 290 550,-; Bankguthaben 99 790,-; Fuhrpark 56 700,-; Be-
triebs- und Geschäftsausstattung 47 300,-; Darlehen 199 850,-; Verbindlichkeiten 300 200,-; Kasse 23 570,-; Betriebsstoffe 65 400,-; Fertigerzeugnisse 149 300,-; Gebäude 320 300,-; unf. Erzeugnisse 119 600,-.

31.12.19 B:

Unfertige Erzeugnisse 66 060,-; Bankguthaben 123 020,-; Kasse 9 790,-;
Gebäude 327 700,-; Verbindlichkeiten 211 500,-; Rohstoffe 151 600,-;
Fuhrpark 83 800,-; Forderungen 181 880,-; Betriebs- und Geschäftsausstattung 61 900,-; Hypotheken 294 100,-; Betriebsstoffe 62 700,-; Maschinen 156 600,-; Darlehen 224 500,-; Fertigerzeugnisse 88 900,-.

a) Erstellen Sie die beiden Inventare.
b) Vergleichen Sie die beiden Inventare und erklären Sie die Veränderungen.
c) Wie war nach Ihrer Meinung der Geschäftsverlauf 19 B ?

23., 24. und 25.

Die Textilfabrik Schuster, Pinneberg, ermittelt in drei aufeinanderfolgenden Jahren die folgenden Inventurwerte:

	23.	24.	25.
Betr.- und Geschäftsausstattung . .	67 700,-	77 650,-	82 900,-
Unfertige Erzeugnisse	58 000,-	67 950,-	73 200,-
Hilfsstoffe	64 900,-	74 700,-	80 100,-
Grundstücke	760 300,-	771 100,-	775 500,-
Verbindlichkeiten	503 500,-	519 800,-	515 200,-
Fertigerzeugnisse	134 800,-	144 600,-	150 000,-
Gebäude	463 000,-	492 800,-	478 200,-
Kasse	34 669,-	48 475,-	49 869,-
Rohstoffe	121 510,-	131 310,-	136 710,-
Bankguthaben	94 950,-	108 755,-	110 150,-
Hypothekenschulden	215 900,-	225 700,-	231 100,-
Forderungen	312 880,-	323 690,-	328 080,-
Maschinen	389 200,-	399 600,-	404 400,-
Fuhrpark	97 700,-	107 580,-	112 900,-
Darlehen	499 380,-	502 160,-	514 580,-

a) Erstellen Sie nach diesen Werten die drei Bilanzen.
b) Wieviel Prozent der Bilanzsumme entfallen jeweils auf das Anlagevermögen und das Umlaufvermögen ?
c) Zu wieviel Prozent ist das Anlagevermögen durch langfristiges Fremdkapital abgedeckt ?

26., 27. und 28.

Die Eigenkapitalien des Industrieunternehmens Baader, Echtrop, weisen in verschiedenen, nicht aufeinanderfolgenden Jahren folgende Veränderungen auf:

	26.	27.	28.
Eigenkapital am Jahresanfang: .	1 381 960,-	1 612 830,-	982 390,-
Eigenkapital am Jahresende: . .	1 412 780,-	1 599 725,-	996 940,-
Privatentnahmen:	35 995,-	43 327,-	35 810,-
Privateinlagen:	11 270,-	8 000,-	62 705,-

Ermitteln Sie schrittweise den jeweiligen Gewinn des Unternehmens.

29., 30. und 31.

Bei dem Zementwerk B. Busemann, Lünen, wies das Eigenkapital in den gleichen Jahren folgende Veränderungen auf:

	29.	30.	31.
Eigenkapital am Jahresanfang: .	1 612 489,-	1 464 285,-	726 460,-
Eigenkapital am Jahresende: . .	1 711 280,-	1 395 812,-	728 177,-
Privateinlagen:	21 346,-	14 000,-	2 685,-
Privatentnahmen:	37 884,-	57 428,-	41 367,-

Ermitteln Sie schrittweise den jeweiligen Gewinn des Unternehmens.

32.

Das Industrieunternehmen W. Henke, Arnsberg, Fabrik für Hotel- und Gaststättenbedarf, weist zu Beginn des Geschäftsjahres folgende Werte in seiner Bilanz aus: Summe des Anlagevermögens 512 890,- DM, Summe des Umlaufvermögens 732 780,- DM, Summe der Schulden 789 990,- DM.
Am Ende des Geschäftsjahres ergeben sich die folgenden Werte: Summe des Vermögens 1 356 670,- DM, Summe des kurzfristigen Fremdkapitals 288 800,- DM, Summe des langfristigen Fremdkapitals 412 600,- DM.
Privatentnahmen 35 870,- DM, Privateinlagen lagen nicht vor.

Berechnen Sie den Gewinn des abgelaufenen Geschäftsjahres.

33.

Erstellen Sie zu der Aufgabe 22 die Bilanz.

34.

Welche Konten werden bei den folgenden Geschäftsfällen berührt ?

a) Barkauf eines Lastkraftwagens.

b) Banküberweisung an Lieferanten zum Ausgleich von Verbindlichkeiten.

c) Einkauf von Rohstoffen gegen Bankscheck.

d) Umwandlung einer Liefererschuld in ein Darlehen.

e) Verkauf eines gebrauchten Firmenwagens gegen Bankscheck.

f) Zielkauf einer Schreibmaschine für das Büro.

g) Einkauf von Hilfsstoffen auf Ziel.

h) Verkauf eines Grundstückes gegen Bankscheck.

i) Postüberweisung eines Kunden.

j) Ein Kunde kauft eine gebrauchte Schreibmaschine auf Ziel.

k) Der Inhaber tätigt eine Privateinlage in bar.

l) Kauf einer Produktionshalle gegen Bankscheck.

m) Barverkauf einer gebrauchten Produktionsmaschine.

n) Banküberweisung für die Schreibmaschinenrechnung aus f).

o) Aufnahme einer Hypothek bei der Bank. Der Betrag wird auf dem Bankkonto gutgeschrieben.

p) Zielkauf einer Drehmaschine.

q) Kauf einer Additionsmaschine auf Ziel.

r) Barkauf von Hilfsstoffen.

s) Bareinzahlung auf das Bankkonto.

t) Tilgung eines Darlehens durch Banküberweisung.

u) Kauf eines Schreibtisches gegen Barzahlung.

v) Ein Kunde begleicht eine Rechnung bar.

w) Barkauf einer Fräsmaschine.

x) Barzahlung der Drehmaschinenrechnung aus p).

y) Darlehensgewährung durch die Bank. Der Betrag wird auf dem Bankkonto gutgeschrieben.

z) Zielverkauf einer alten Maschinenhalle.

35.

Bestimmen Sie zu den einzelnen Geschäftsfällen aus Aufgabe 34 die Form
der Bilanzveränderung. Kennzeichnen Sie

einen Aktivtausch mit einer 1

einen Passivtausch mit einer 2

eine Aktiv-Passivminderung mit einer . 8

eine Aktiv-Passivmehrung mit einer . . 9

36.

Bestimmen Sie zu jedem Konto, das in Aufgabe 34 berührt wird, ob die Erfassung im Soll oder im Haben erfolgt. Beachten Sie, daß hierzu die Unterteilung in Aktiv- und Passivkonten nötig ist.

Fragen zu Kapitel 3

18. Erklären Sie mit Ihren Worten den Begriff Aktivtausch.
19. Nennen Sie Geschäftsfälle, die einen Aktivtausch zur Folge haben.
20. Warum verändert sich bei einem Aktivtausch die Bilanzsumme nicht ?
21. Was ist unter einer Bilanzverkürzung zu verstehen ?
22. Nennen Sie Geschäftsfälle, die eine Bilanzverkürzung zur Folge haben.
23. Welcher Fall von Bilanzveränderung liegt vor, wenn sich die Bilanz-summe erhöht ?
24. Bei welchen Geschäftsfällen tritt dieser Fall ein ?
25. Welche Bezeichnung hat der Unterschiedsbetrag zwischen der Bilanz-summe und dem Fremdkapital ?
26. Erklären Sie, warum es sinnvoll ist, eine Bilanz in Konten aufzulö-sen.
27. Warum haben Aktivkonten die Bezeichnung Aktivkonten ?
28. Auf welcher Seite stehen auf Aktivkonten der Anfangsbestand, die Mehrungen, die Minderungen und der Schlußbestand ?
29. Auf welcher Seite stehen auf Pasivkonten der Anfangsbestand, die Mehrungen, die Minderungen und der Schlußbestand ?
30. Nennen Sie ein Beispiel für einen Passivtausch.

BEMERKUNG:

An dieser Stelle sollte dem Leser deutlich sein, worin der Unterschied zwischen Aktiv- und Passivkonten besteht. Da diese Unterscheidung im System der Buchführung zu den wichtigsten Vereinbarungen gehört, sollte der Leser, der an dieser Stelle noch nicht zwischen diesen beiden Kontengruppen zu unterscheiden vermag, noch einmal ab Seite 25 im Kapitel 3.3.1 "Veränderungen in der Bilanz" nachlesen.

4. Erfassung der Geschäftsfälle

4.1 Erfassung auf Konten

Wie in Kapitel 3.3.1 erklärt, wird eine Bilanz in Konten aufgelöst.
Wie diese Auflösung geschieht, zeigt das folgende Beispiel:

```
Aktiva              Bilanz              Passiva

Gebäude        50 000,-  Eigenkapital     80 000,-
Rohstoffe      10 000,-  Verbindlichkeiten 30 000,-
Forderungen    40 000,-
Bank           10 000,-
              ─────────                  ─────────
              110 000,-                  110 000,-
              ═════════                  ═════════
```

```
 Soll   Gebäude   Haben      Soll   Eigenk.   Haben
AB 50 000,-|                        |AB 80 000,-


 Soll  Rohstoffe  Haben      Soll   Verbindl.  Haben
AB 10 000,-|                        |AB 30 000,-


 Soll   Forder.   Haben
AB 40 000,-|


 Soll    Bank     Haben
AB 10 000,-|
```

(AB = Anfangsbestand)

Das obige Beispiel veranschaulicht die Übertragung der Bestände auf
die Konten.

Anfangsbestände stehen auf den Aktivkonten im Soll und auf den Passivkonten im Haben.

Das obige Schema zeigt nur die Übertragung der Zahlenwerte aus der Bilanz auf die Konten. Die buchungstechnischen Voraussetzungen hierfür
sollen noch erklärt werden.

Nachdem die Werte aus der Bilanz auf die Konten übertragen wurden, kann mit der Erfassung der Geschäftsfälle begonnen werden. In diesem Beispiel sollen die folgenden Geschäftsfälle auf den Konten erfaßt werden:

a) Einkauf von Rohstoffen auf Ziel 3 000,- DM.
b) Forderungsausgleich eines Kunden durch Banküberweisung 2 500,- DM.
c) Ausgleich einer Liefererrechnung durch Banküberweisung 5 050,- DM.
d) Kauf einer Fertiggarage auf Ziel 8 003,- DM.

Bei der kontenmäßigen Erfassung des Geschäftsfalles a) werden die Konten Rohstoffe und Verbindlichkeiten berührt.
Es tritt eine Mehrung des Rohstoffbestandes ein. Da das Konto Rohstoffe ein Aktivkonto ist, auf dem die Mehrungen im Soll erfaßt werden, wird der Betrag von 3 000,- DM im Soll erfaßt.
Bei den Verbindlichkeiten tritt ebenfalls eine Mehrung auf. Verbindlichkeiten ist ein Passivkonto und die Mehrungen werden hier auf der Habenseite erfaßt.

Nach der Erfassung des Geschäftsfalles a) weisen die Konten folgende Bestände aus:

Soll	Gebäude	Haben		Soll	Eigenk.	Haben
AB 50 000,-						AB 80 000,-

Soll	Rohstoffe	Haben		Soll	Verbindl.	Haben
AB 10 000,-						AB 30 000,-
3 000,-						3 000,-

Soll	Forder.	Haben
AB 40 000,-		

Soll	Bank	Haben
AB 10 000,-		

Bei der Erfassung des Geschäftsfalles b) werden die Konten Forderungen

37

und Bank berührt.

Der Bestand der Forderungen mindert sich und im Bankbestand tritt eine Mehrung auf.

Forderungen ist ein Aktivkonto und die Minderungen stehen dort im Haben.

Bank ist ebenfalls ein Aktivkonto und die Mehrungen werden dort im Soll erfaßt.

Nach der Erfassung weisen die Konten folgende Bestände aus:

Soll	Gebäude	Haben		Soll	Eigenk.	Haben
AB 50 000,-						AB 80 000,-

Soll	Rohstoffe	Haben		Soll	Verbindl.	Haben
AB 10 000,-						AB 30 000,-
3 000,-						3 000,-

Soll	Forder.	Haben
AB 40 000,-	2 500,-	

Soll	Bank	Haben
AB 10 000,-		
2 500,-		

Bei der Erfassung des Geschäftsfalles c) werden die Konten Verbindlichkeiten und Bank berührt.

Die Verbindlichkeiten mindern sich. Verbindlichkeiten ist ein Passivkonto. Die Minderungen werden dort auf der Sollseite erfaßt.

Das Konto Bank mindert sich ebenfalls. Da es sich hierbei um ein Aktivkonto handelt, werden die Minderungen im Haben erfaßt.

Nach Erfassung des Geschäftsfalles c) weisen die Konten folgende Bestände aus:

```
Soll    Gebäude   Haben          Soll    Eigenk.   Haben
AB 50 000,-|                              |AB 80 000,-


Soll    Rohstoffe  Haben         Soll    Verbindl.  Haben
AB 10 000,-|                      5 050,-|AB 30 000,-
    3 000,-|                              |    3 000,-


Soll    Forder.   Haben
AB 40 000,-|  2 500,-


Soll     Bank     Haben
AB 10 000,-|  5 050,-
    2 500,-|
```

Bei der Erfassung des Geschäftsfalles d) werden die Konten Gebäude und
Verbindlichkeiten berührt.

Auf dem Aktivkonto Gebäude tritt eine Mehrung ein, die dort im Soll erfaßt wird.

Auf dem Passivkonto Verbindlichkeiten tritt ebenfalls eine Mehrung
ein, die dort im Haben erfaßt wird.

Nach Erfassung des Geschäftsfalles d) weisen die Konten folgende
Bestände aus:

```
Soll    Gebäude   Haben          Soll    Eigenk.   Haben
AB 50 000,-|                              |AB 80 000,-
    8 003,-|


Soll    Rohstoffe  Haben         Soll    Verbindl.  Haben
AB 10 000,-|                      5 050,-|AB 30 000,-
    3 000,-|                              |    3 000,-
                                          |    8 003,-


Soll    Forder.   Haben
AB 40 000,-|  2 500,-


Soll     Bank     Haben
AB 10 000,-|  5 050,-
    2 500,-|
```

Nach Erfassung der Geschäftsfälle sollen die Konten abgeschlossen und saldiert werden.

Die Saldierung eines Kontos vollzieht sich in folgenden Schritten:

1. Ermittlung und Addition der größeren Seite eines Kontos.

2. Übertragung der Summe auf die andere Kontenseite.

3. Ermittlung der Differenz der Kontensumme und dem Bestand der kleineren Seite des Kontos.

Die nachfolgenden 6 Beispiele verdeutlichen die Vorgehensweise.

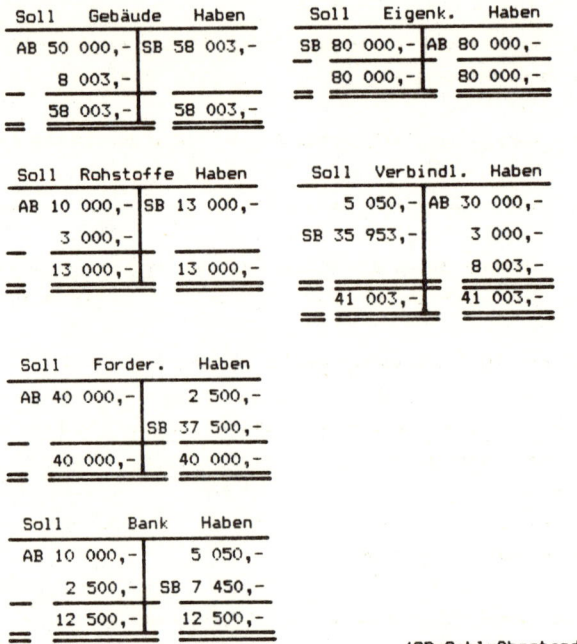

Soll	Gebäude	Haben		Soll	Eigenk.	Haben
AB 50 000,-	SB 58 003,-			SB 80 000,-	AB 80 000,-	
8 003,-				80 000,-	80 000,-	
58 003,-	58 003,-					

Soll	Rohstoffe	Haben		Soll	Verbindl.	Haben
AB 10 000,-	SB 13 000,-			5 050,-	AB 30 000,-	
3 000,-				SB 35 953,-	3 000,-	
13 000,-	13 000,-				8 003,-	
				41 003,-	41 003,-	

Soll	Forder.	Haben
AB 40 000,-	2 500,-	
	SB 37 500,-	
40 000,-	40 000,-	

Soll	Bank	Haben
AB 10 000,-	5 050,-	
2 500,-	SB 7 450,-	
12 500,-	12 500,-	

(SB=Schlußbestand)

Aus den ermittelten Schlußbeständen wird anschließend die neue Bilanz erstellt:

Aktiva	Bilanz	Passiva	
Gebäude	58 003,-	Eigenkapital	80 000,-
Rohstoffe	13 000,-	Verbindlichkeiten	35 953,-
Forderungen	37 500,-		
Bank	7 450,-		
	115 953,-		115 953,-

Fragen zu Kapitel 4.1

31. Wie hoch wäre der Saldo des Kontos Verbindlichkeiten, wenn die ausgeglichene Liefererrechnung 6 500,- DM betragen hätte ?

32. Wie hoch wäre die Kontensumme des Kontos Forderungen, wenn dort ein Anfangsbestand von 45 000,- DM bestanden hätte ?

33. Wie hoch wäre der Saldo des Kontos Rohstoffe, wenn der Rohstoffeinkauf nicht auf Ziel, sondern gegen Bankscheck erfolgt wäre ?

34. Welche Auswirkungen hätte dies (Frage 33) auf die Kontensumme des Kontos Verbindlichkeiten ?

35. Wie hoch wäre in dem Fall (Frage 33) der Saldo des Kontos Bank ?

36. Welche Auswirkungen hätte dies (Frage 33) auf die Bilanzsumme ?

37. Wie hoch wäre der Saldo des Kontos Gebäude, wenn für die neue Garage eine alte zum Preis von 4 000,- DM verkauft worden wäre ?

38. Auf welcher Seite des Kontos Bank stand hier der Saldo ?

39. Erklären Sie die Möglichkeit, daß der Saldo des Kontos Bank auch auf der Sollseite stehen kann.

40. Warum wäre es falsch gewesen, den Rohstoffzugang auf dem Konto Rohstoffe im Haben zu erfassen ?

41. Wäre es auch falsch gewesen, die Gegenbuchung (Frage 40) auf dem Konto Verbindlichkeiten im Soll vorzunehmen ?

42. Welche Auswirkung hätte eine (falsche) Erfassung des Wertes aus dem Geschäftsfall a) auf dem Konto Verbindlichkeiten auf die Summe der Bilanz ?

43. Welche Konten wurden in den Geschäftsfällen b) und c) auf welchen Seiten und nach welchen Gesetzmäßigkeiten berührt ?

Nachfolgend soll ein Beispiel für einen kompletten Geschäftsgang das Gesagte verdeutlichen. Es soll von folgenden Werten ausgegangen werden:

I. Anfangsbestände:

Beb. Grundstücke	127 900,-	Verbindlichkeiten	87 322,-
Rohstoffe	57 000,-	Darlehen	105 022,-
Forderungen	38 090,-	Hilfsstoffe	18 000,-
Maschinen	64 000,-	Hypothekenschulden	65 200,-
Bankguthaben	28 756,-	Kasse	2 398,-
Fuhrpark	25 500,-		

II. Geschäftsfälle:

1. Verkauf eines PKW gegen Bankscheck   2 500,- DM
2. Bareinzahlung auf das Bankkonto   1 000,- DM
3. Kauf von Rohstoffen auf Ziel   5 000,- DM
4. Kunde begleicht eine Forderung bar   3 500,- DM
5. Barabhebung vom Bankkonto   8 000,- DM
6. Teilrückzahlung eines Darlehens bar   2 400,- DM
7. Banküberweisung an Lieferer   3 000,- DM
8. Verkauf einer Maschine auf Ziel   5 000,- DM
9. Kauf von Hilfsstoffen auf Ziel   3 980,- DM
10. Banküberweisung eines Kunden   834,- DM

Aus den Anfangsbeständen wird die Bilanz erstellt.

Aktiva	Bilanz zum 31. Dezember 19..		*Passiva*
I. Anlagevermögen		**I. Eigenkapital**	104 100,-
1. Beb. Grundstücke	127 900,-	**II. Fremdkapital**	
2. Maschinen	64 000,-	1. Hypothek	65 200,-
3. Fuhrpark	25 500,-	2. Darlehen	105 022,-
II. Umlaufvermögen		3. Verbindlichkeiten	
1. Rohstoffe	57 000,-	aus L+L	87 322,-
2. Hilfsstoffe	18 000,-		
3. Forderungen	38 090,-		
4. Kasse	2 398,-		
5. Bank	28 756,-		
	361 644,-		361 644,-

Aus der Bilanz heraus werden die Konten eröffnet, auf denen die Geschäftsfälle erfaßt werden.

```
Soll    Beb. Grundst.   Haben      Soll      Eigenk.      Haben
AB 127 900,- │ SB 127 900,-        SB 104 100,- │ AB 104 100,-
     127 900,- │    127 900,-           104 100,- │    104 100,-
   ═════════   ═════════               ═════════   ═════════
```

```
Soll     Maschinen     Haben        Soll    Hypotheken    Haben
AB 64 000,- │     5 000,-           SB 65 200,- │ AB  65 200,-
            │ SB 59 000,-                65 200,- │     65 200,-
   64 000,- │    64 000,-              ═════════   ═════════
 ═════════    ═════════
```

```
Soll      Fuhrpark     Haben        Soll     Darlehen     Haben
AB 25 500,- │     2 500,-                 2 400,- │ AB 105 022,-
            │ SB 23 000,-           SB 102 622,- │
   25 500,- │    25 500,-              105 022,- │    105 022,-
 ═════════    ═════════               ═════════   ═════════
```

```
Soll     Rohstoffe     Haben        Soll     Verbindlichk  Haben
AB 57 000,- │ SB 62 000,-                3 000,- │ AB  87 322,-
     5 000,- │                      SB 93 302,- │      5 000,-
   62 000,- │    62 000,-                       │      3 980,-
 ═════════    ═════════                 96 302,- │     96 302,-
                                      ═════════   ═════════
```

```
Soll     Hilfsstoffe   Haben        Soll     Forderungen   Haben
AB 18 000,- │ SB 21 980,-           AB 38 090,- │     3 500,-
     3 980,- │                           5 000,- │       834,-
   21 980,- │    21 980,-                        │ SB 38 756,-
 ═════════    ═════════                 43 090,- │    43 090,-
                                      ═════════   ═════════
```

```
Soll       Kasse       Haben        Soll       Bank        Haben
AB  2 398,- │     1 000,-           AB 28 756,- │     8 000,-
     3 500,- │     2 400,-               2 500,- │     3 000,-
     8 000,- │ SB 10 498,-               1 000,- │ SB 22 090,-
    13 898,- │    13 898,-                 834,- │
  ═════════    ═════════                33 090,- │    33 090,-
                                      ═════════   ═════════
```

43

Nach Erfassung aller Geschäftsfälle einer Rechnungsperiode (z. B. Geschäftsjahr) werden alle Konten abgeschlossen und saldiert. Dies geschieht stets nach folgendem Schema:

1. Ermittlung der größeren Seite eines Kontos.
2. Eintragung der Summe unter der größeren Seite.
3. Übertragung der Summe auf die andere, kleinere Seite.
4. Errechnung der Differenz aus Kontosumme und den eingetragenen Werten der kleineren Seite, des Saldos.

Die so ermittelten Salden stellen die Endbestände der jeweiligen Bilanzposten dar. Da diese Posten Bestände ausweisen, tragen sie auch die Bezeichnung Bestandskonten. In dem obigen Beispiel weist das Konto Kasse einen Bestand von 10 498,- DM aus.

Aus den einzelnen Beständen läßt sich auch die neue Bilanz erstellen.

Aktiva	Bilanz zum 31. Dezember 19..		Passiva
I. Anlagevermögen		I. Eigenkapital	104 100,-
1. Beb. Grundstücke	127 900,-	II. Fremdkapital	
2. Maschinen	59 000,-	1. Hypothek	65 200,-
3. Fuhrpark	23 000,-	2. Darlehen	102 622,-
II. Umlaufvermögen		3. Verbindlichkeiten	
1. Rohstoffe	62 000,-	aus L+L	93 302,-
2. Hilfsstoffe	21 980,-		
3. Forderungen	38 756,-		
4. Kasse	10 498,-		
5. Bank	22 090,-		
	365 224,-		365 224,-

Da die zuerst erstellte Bilanz zu Beginn eines Geschäftsjahres erstellt wird, hat sie auch die Bezeichnung "Eröffnungsbilanz". Analog dazu erhält die Bilanz am Geschäftsjahresende die Bezeichnung "Schlußbilanz".

Der Bilanzposten Bebaute Grundstücke stellt eine Zusammenfassung der Gebäude und Grundstücke in einem Unternehmen dar. Eine solche Zusammenfassung ist in der Praxis unüblich und geschieht hier nur zu Übungszwecken.

MERKE:

Zur richtigen Erfassung eines Geschäftsfalles muß überlegt werden,

1. welche Konten berührt werden,

2. ob es sich dabei um Aktiv- bzw. Passivkonten handelt,

3. ob auf den Konten eine Mehrung oder eine Minderung statt-findet und

4. auf welcher Seite die Konten entsprechend der Gesetzmäs-sigkeit berührt werden.

Fragen zu Kapitel 4.1

44. In welcher Weise verändert sich das Konto Fuhrpark, wenn ein neu-es Kraftfahrzeug angeschafft wird und wo wird die Veränderung auf dem Konto dokumentiert ?

45. Warum heißen in der Bilanz vertretene Konten auch Bestandskonten ?

46. Warum wird bei einem Barkauf von Rohstoffen auf dem Konto Kasse im Haben gebucht ?

47. Wie gehen Sie bei Saldierung eines Kontos vor ?

48. Woher stammen die Anfangsbestände auf den Bestandskonten ?

49. Nach welcher Gesetzmäßigkeit erfolgt die Erfassung von Geschäfts-fällen auf Aktiv- bzw. Passivkonten ?

50. Wie werden die beteiligten Konten berührt, wenn ein Rohstoffein-kauf teilweise mit Bankscheck und Bargeld beglichen wird?

51. Welche Seite des Kontos Kasse ist in der Regel stets die größere ?

52. Warum wird bei einem Zieleinkauf von Rohstoffen auf dem Konto Ver-bindlichkeiten im Haben gebucht ?

53. Warum wird bei einem Zielverkauf eines gebrauchten Kraftfahrzeuges auf dem Konto Forderungen im Soll gebucht ?

54. Warum wird bei einer Barabhebung vom Bankkonto auf dem Konto Bank im Haben gebucht ?

55. Wann besteht die Möglichkeit, daß die Kassenentnahmen höher sind als die Einnahmen zusammen mit dem Anfangsbestand ?

56. Welche Überlegungen müssen zur richtigen Erfassung von Geschäfts-fällen angestellt werden ?

Aufgaben zu Kapitel 4.1

Gehen Sie bei den Aufgaben 37 bis 42 folgendermaßen vor:

Ermitteln Sie die Höhe des Eigenkapitals.

Erstellen Sie aus diesen Angaben die Eröffnungsbilanz.

Erstellen Sie die Bestandskonten.

Übertragen Sie die Anfangsbestände aus der Bilanz auf die Konten.

Buchen Sie die folgenden Geschäftsfälle auf den Konten.

Schließen Sie anschließend die Konten ab.

Erstellen Sie aus den Salden die Schlußbilanz.

37. und 38.

Anfangsbestände

Grundstücke	135 000,-	Hypotheken	103 000,-
Forderungen	86 400,-	Bankguthaben	109 980,-
Bargeld	12 700,-	Verbindlichkeiten	112 760,-
B G A *	68 800,-	Darlehen	45 900,-
Rohstoffe	138 009,-		

Geschäftsfälle	37.	38.
1. Barkauf einer Rechenmaschine	220,-	418,-
2. Zielkauf von Rohstoffen	13 201,-	11 001,-
3. Bareinzahlung auf das Bankkonto	2 000,-	4 500,-
4. Barverkauf einer gebr. EDV-Anlage	9 350,-	7 150,-
5. Kunde begleicht eine Rechnung bar	1 430,-	2 420,-
6. Bareinzahlung auf das Bankkonto	10 000,-	12 000,-
7. Banküberweisung an einen Lieferer	64 900,-	46 890,-

* BGA = Betriebs- und Geschäftsausstattung

39. und 40.

Anfangsbestände

Grundstücke	185 000,-	Hypotheken	133 500,-
Gebäude	125 000,-	Forderungen	76 500,-
Bankguthaben	54 670,-	Bargeld	8 900,-
Verbindlichkeiten	134 890,-	Rohstoffe	99 800,-
B G A	58 700,-	Darlehen	65 700,-
Maschinen	85 600,-		

Geschäftsfälle	39.	40.
1. Verkauf einer Drehmaschine auf Ziel	11 000,-	12 100,-
2. Rückzahlung eines Darlehens durch Banküberw.	12 700,-	9 700,-
3. Banküberweisung zu 1.	11 000,-	11 000,-
4. Barkauf eines Personal-Computers	7 480,-	5 280,-
5. Zielkauf von Rohstoffen	10 880,-	14 080,-
6. Tilgung einer Hypothek durch Banküberweisung	25 000,-	24 000,-
7. Verkauf eines Grundstückes gegen Bankscheck	30 500,-	24 000,-

41. und 42.

Anfangsbestände

Grundstücke	. . . . 146 000,-	Hypotheken.	. . . . . .	118 900,-
Hilfsstoffe	. . . . 29 000,-	Gebäude	. . . .	108 200,-
Forderungen	. . . . 96 600,-	Bankguthaben	. . . . .	65 430,-
Bargeld	. . . . . . 12 300,-	B G A	. . . .	58 700,-
Verbindlichkeiten	. . 84 980,-	Rohstoffe	. . . .	99 800,-
Darlehen	. . . . . . 76 900,-	Maschinen	. . . .	85 600,-
Fuhrpark	. . . . . . 25 000,-			

Geschäftsfälle	41.	42.
1. Zielkauf einer Fräsmaschine	35 200,-	36 300,-
2. Barkauf von Hilfsstoffen	4 400,-	2 200,-
3. Ausgleich einer Liefererrechnung durch		
überweisung durch die Bank 13 200,-		14 300,-
4. Kauf eines Lagerplatzes		
Der Kauf vollzieht sich in zwei Schritten.		
a) Aufnahme einer Hypothek bei der Bank.		
Gutschrift des Betrages auf dem Bankkonto	80 000,-	70 000,-
b) überweisung des Kaufpreises und Umschrei-		
bung des Grundstückes 110 000,-		102 000,-
5. Ein Kunde begleicht eine Rechnung durch		
Banküberweisung	11 400,-	13 430,-
6. Barabhebung vom Bankkonto	2 000,-	1 500,-
7. Barverkauf eines gebrauchten Kraftfahrzeuges	6 380,-	7 480,-
8. Zielverkauf einer gebr. Schreibmaschine . .	1 100,-	1 210,-
9. Kunde überweist auf das Bankkonto	3 300,-	5 500,-

4.2 Der Buchungssatz

4.2.1 Der einfache Buchungssatz

Im betrieblichen Alltag ist es häufig an der Tagesordnung, daß über die buchmäßige Erfassung von Geschäftsfällen gesprochen wird. Auch dafür gibt es eine Gesetzmäßigkeit, ohne die solche Gespräche unendlich kompliziert wären. Wie diese Gesetzmäßigkeit aussieht, soll in diesem Kapitel erklärt werden.

Wie bereits erwähnt, werden bei der Erfassung von Geschäftsfällen die beteiligten Konten auf der Soll- und auf der Habenseite berührt. Dabei sind die Werte der Sollbuchungen gleich denen der Habenbuchungen. Diese Tatsache bildet die Grundlage für die Bildung von sogenannten Buchungssätzen. Es wird vereinbarungsgemäß zuerst das Konto erwähnt, welches im Soll berührt wird.
Die Vereinfachung soll an dem folgenden Geschäftsfall verdeutlicht werden:

Barkauf eines Kraftfahrzeuges für 23 100,- DM

Hier wird das Konto Fuhrpark mit einer Mehrung im Soll und das Konto Kasse mit einer Minderung im Haben berührt. Bezogen auf die erwähnte Gesetzmäßigkeit ergibt sich hieraus der Buchungssatz:

Fuhrpark 23 100,- DM   an   Kasse 23 100,- DM

Die Bildung von Buchungssätzen erleichtert nicht nur die themenbezogene Kommunikation, sondern ist auch eine wertvolle Vorbereitung auf die endgültige Erfassung der Geschäftsfälle auf den Konten. Es sollte stets vor Beginn der Erfassung ein sogenanntes Grundbuch erstellt werden, in dem alle Buchungssätze erfaßt werden.
In der Praxis ergibt sich bei zeitlich geordneter Erfassung der Buchungssätze eine weitere Unterlage mit bedeutender Dokumentationskraft.
Für den Buchführungsanfänger stellt diese Tätigkeit eine weitere Erleichterung dar, weil dadurch alle Tätigkeiten geblockt und konzentriert ausgeführt werden können und somit Fehlerquellen vermieden werden.

48

Die Erstellung eines Grundbuches sollte stets nach folgendem Schema erfolgen:

Nr.*	Buchungssatz	Soll	Haben
1	Fuhrpark an Kasse	23 100	23 100

* Für Lernzwecke sollte in dieser Spalte stets die Nummer des zugehörigen Geschäftsfalles eingetragen werden. In der Praxis ist es zweckmäßiger, das Datum und/oder die Nummer des Beleges, nach dem gebucht wurde, einzutragen.

Letzteres erinnert noch einmal an den 5. Grundsatz ordnungsmäßiger Buchführung von Seite 6 dieses Buches: Keine Buchung ohne Beleg!

Aufgaben zu Kapitel 4.2.1

43.
Erstellen Sie zu nachfolgenden Geschäftsfällen die Buchungssätze:
1) Postüberweisung eines Kunden.
2) Ein Kunde begleicht eine Rechnung bar.
3) Barkauf einer Fräsmaschine.
4) Barzahlung der Rohstoffrechnung.
5) Barkauf von Hilfsstoffen.
6) Bareinzahlung auf das Bankkonto.
7) Darlehensgewährung durch die Bank. Der Betrag wird auf dem Bankkonto gutgeschrieben.
8) Ein Kunde kauft eine gebrauchte Schreibmaschine auf Ziel.
9) Kauf einer Produktionshalle.
10) Barverkauf einer gebrauchten Produktionsmaschine.
11) Tilgung eines Darlehens durch Banküberweisung.
12) Banküberweisung an Lieferanten zum Ausgleich von Verbindlichkeiten.
13) Einkauf von Rohstoffen gegen Bankscheck.

14) Umwandlung einer Liefererschuld in ein Darlehen.

15) Kauf eines Schreibtisches gegen Barzahlung.

16) Banküberweisung für die Schreibmaschinenrechnung aus 8).

17) Barkauf eines Lastkraftwagens.

18) Verkauf eines gebrauchten Firmenwagens gegen Bankscheck.

19) Zielkauf einer Schreibmaschine für das Büro.

20) Einkauf von Hilfsstoffen auf Ziel.

21) Verkauf eines Grundstückes.

22) Aufnahme einer Hypothek bei der Bank. Der Betrag wird auf dem Bankkonto gutgeschrieben.

23) Zielkauf einer Drehmaschine.

24) Kauf einer Additionsmaschine auf Ziel.

44. und 45.

Erstellen Sie zu nachfolgenden Geschäftsfällen das Grundbuch:

	44.	**45.**
1. Barkauf einer Schreibmaschine	2 200,-	3 300,-
2. Kauf von Rohstoffen auf Ziel	34 200,-	45 100,-
3. Aufnahme eines Darlehens bei der Bank. Der Betrag wird dem Bankkonto gutgeschrieben . .	40 000,-	45 700,-
4. Tilgung einer Hypothek durch Banküberweisung	8 000,-	9 000,-
5. Ausgleich einer Liefererrechnung durch Banküberweisung	12 100,-	9 900,-
6. Kunde überweist auf das Bankkonto	8 580,-	7 480,-
7. Banküberweisung einer Liefererschuld	4 180,-	12 100,-
8. Zielkauf von Hilfsstoffen	11 000,-	10 450,-
9. Barabhebung vom Bankkonto	5 000,-	1 500,-
10. Zielverkauf eines gebrauchten Kraftfahrzeuges	4 290,-	5 280,-
11. Kauf einer neuen Fräsmaschine	25 300,-	26 400,-

Da sowohl die Sollseite als auch die Habenseite betragsmäßig stets gleich angesprochen werden, ergibt sich eine erste Möglichkeit, die Buchungssätze auf ihre Richtigkeit hin zu überprüfen.

Diese Kontrollmöglichkeit besteht darin, daß Soll- und Habenspalte separat addiert werden. Sind beide Werte gleich groß, ist dies ein Anhaltspunkt dafür, daß betragsmäßig richtig gebucht wurde. Es ist jedoch nur ein Anhaltspunkt, denn wie so oft steckt auch hier häufig der Teufel im Detail.

4.2.2 Der zusammengesetzte Buchungssatz

In den bisherigen Geschäftsfällen wurden stets zwei Konten berührt. Eines mit einer Sollbuchung und das andere mit der entsprechenden Habenbuchung. Dies ist jedoch keineswegs die Regel, sondern eher die Ausnahme. Die Zahl der Geschäftsfälle, bei deren Erfassung mehr als zwei Konten benötigt werden, überwiegt eindeutig. Es ist dann die Rede vom "zusammengesetzten Buchungssatz".

Das folgende Beispiel soll seine Entstehung verdeutlichen:

Geschäftsfall: Einkauf von Rohstoffen gegen bar   2 000,- DM
                          und gegen Bankscheck 7 900,- DM

Es wurden Rohstoffe im Werte von 9 900,- DM eingekauft und zu einem Teil bar und der restliche Betrag mit einem Scheck bezahlt.

Es werden folgende Konten berührt:
    Kasse mit einer Minderung von 2 000,- DM, die auf der Habenseite
       gebucht werden, da es sich hierbei um ein Aktivkonto handelt.
    Bank mit einer Minderung von 7 900,- DM, die auf der Habenseite
       gebucht werden, da es sich hierbei um ein Aktivkonto handelt.
    Rohstoffe mit einer Mehrung von 9 900,- DM, die auf der Sollseite
       gebucht werden, da es sich hierbei um ein Aktivkonto handelt.

Entsprechend der Vereinbarung, daß im Buchungssatz immer zuerst das Konto mit der bzw. den Sollbuchung(en) genannt wird, ergibt sich der Buchungssatz

        Rohstoffe 9 900,- DM   **an**   **Kasse 2 000,- DM**
                                                       Bank 7 900,- DM

Ausgesprochen lautet dieser Buchungssatz:
    "Rohstoffe 9 900 DM an Kasse 2 000 DM und Bank 7 900 DM"

Bei dem Geschäftsfall

        Kunde begleicht Rechnung bar 1 400,- DM
                durch Bankscheck 3 880,- DM

begleicht ein Kunde eine Rechnung und zahlt dafür einen Teil bar ein und den Rest durch Bankscheck. Hieraus ergibt sich der Buchungssatz

Kasse 1 400,- DM

Bank 3 880,- DM an **Forderungen 5 280,-**

Dieser Buchungssatz lautet ausgesprochen:

"Kasse 1 400 DM und Bank 3 880 DM an Forderungen 5 280 DM"

In das zumindest zu übungszwecken stets zu erstellende Grundbuch wird ein zusammengesetzter Buchungssatz nach folgendem Muster eingetragen:

Nr.	Buchungssatz			Betrag	
				Soll	Haben
1	Rohstoffe	an	Kasse	9 900,-	2 000,-
			Bank		7 900,-
2	Kasse			1 400,-	
	Bank	an	Forderungen	3 880,-	5 280,-

Aufgaben zu Kapitel 4.2.2

46.
Erstellen Sie zu nachfolgenden Geschäftsfällen das Grundbuch.

1) Ausgleich einer Liefererrechnung
durch Banküberweisung 4 800,- DM
bar 4 000,- DM

2) Einkauf von Hilfsstoffen gegen Bankscheck . . . . 2 900,- DM
bar . . . . 1 100,- DM
auf Ziel . . . . 400,- DM

3) Verkauf einer gebrauchten Produktionsmaschine
gegen Bankscheck . . 3 000,- DM
bar . . 800,- DM
auf Ziel . . 1 700,- DM

4) Ein Kunde begleicht eine Rechnung

durch Banküberweisung   3 900,- DM

durch Bankscheck . . .   1 490,- DM

5) Kauf eines neuen Lastkraftwagens. Wert: 137 500,- DM

   Die Bezahlung erfolgt

        a) durch Inzahlunggabe des alten LKW   13 200,- DM

        b) durch Bankscheck . . . .   80 000,- DM

        c) bar . . . .   9 000,- DM

        d) Restbetrag auf Ziel

6) Zieleinkauf bei einem Lieferanten für Rohstoffe   23 890,- DM

Hilfsstoffe   6 810,- DM

und Betriebsstoffe   2 300,- DM

7) Einkauf eines neuartigen Rohstoffes.

   Der Lieferant gewährt einen Teil des Kaufpreises

als Darlehen . . .   30 000,- DM

auf Ziel . . . . .   14 000,- DM

gegen Bankscheck   4 400,- DM

8) Tilgung einer Hypothek   durch Bankscheck . . .   12 005,- DM

durch Banküberweisung   24 050,- DM

durch Barzahlung . . .   14 500,- DM

9) Kauf einer EDV-Anlage   auf Ziel . . . . 205 600,- DM

gegen Bankscheck . . .   44 300,- DM

bar . . . .   3 100,- DM

10) Darlehensrückzahlung aus Nr. 7

durch Banküberweisung   24 000,- DM

durch Rückgabe nicht benötigter Rohstoffe   6 000,- DM

11) Es werden Rohstoffe zurückgegeben. Der Lieferant sendet dafür

Hilfsstoffe . . .   3 400,- DM

Bankscheck . . . .   1 000,- DM

12) Verkauf einer gebrauchten Fakturiermaschine

gegen Bankscheck   4 590,- DM

bar . . . .   690,- DM

47.

Nachfolgend finden Sie ein Grundbuch mit diversen Buchungssätzen. Bestimmen Sie, welche Geschäftsfälle diesen zugrunde gelegen haben.

Nr.	Buchungssatz	Betrag Soll	Haben
1	Kasse an Bank	2 000,-	2 000,-
2	Fuhrpark an Verbindlichkeiten	25 700,-	25 700,-
3	B G A an Kasse	1 670,-	1 670,-
4	Kasse Bank an Forderungen	13 200,- 17 800,-	 31 000,-
5	Rohstoffe Hilfsstoffe an Verbindlichkeiten	13 000,- 4 000,-	 17 000,-
6	Verbindlichkeiten an Kasse Bank	23 200,-	12 000,- 11 200,-
7	Bank an Kasse	3 000,-	3 000,-
8	Bank an Darlehen Hypotheken	90 000,-	40 000,- 50 000,-
9	B G A an Bank Kasse	10 890,-	10 000,- 890,-
10	Bank an Postgirokonto	20 000,-	20 000,-

11	Verbindlichkeiten an Darlehen
	                          Bank
	                          Kasse
		45 000,-	30 000,-
			10 000,-
			5 000,-

12	Postgirokonto Bank Kasse an Forderungen	3 900,- 12 000,- 2 100,-	 18 000,-

4.3 Buchung auf Konten

Nach der Erstellung des Grundbuches erfolgt die Buchung im Hauptbuch.
Das Hauptbuch stellt das "Herzstück" einer jeden Buchführung dar und
besteht aus den Konten, auf denen die Geschäftsfälle erfaßt werden.
Dabei geschieht nichts anderes als bei der in Kapitel 4.1 gezeigten
Erfassung der Geschäftsfälle.
Nur reicht es nicht aus, nur die Beträge auf die entsprechenden Konten-
seiten zu buchen. Zur Übersichtlichkeit ist auch noch das "Gegenkonto"
zu vermerken. Dadurch läßt sich sofort verfolgen, ob auf dem richtigen
Konto "gegengebucht" wurde.
Würde das "Gegenkonto" nicht genannt, müßten zu einem späteren Zeit-
punkt alle Konten nach der "Gegenbuchung" durchforscht werden. Wenn
dann noch ein zusammengesetzter Buchungssatz vorgelegen hat, ist eine
Rekonstruktion nahezu unmöglich.

Zur Verdeutlichung sollen die Geschäftsfälle

    a) Barverkauf einer gebrauchten Rechenmaschine 209,- DM

    b) Banküberweisung eines Kunden zum Rechnungsausgleich 4290,- DM

auf Konten erfaßt werden.

Buchungssätze:

a	Kasse	an	Betriebs- und Geschäftsausstattung	209	209
b	Bank	an	Forderungen	4 290	4 290

Buchung auf Konten:

Fall a)

Soll	B G A	Haben		Soll	Kasse	Haben
	Kasse 209			BGA 209		

Fall b)

Soll	Bank	Haben		Soll	Forderungen	Haben
Fo 4 290					Bank 4 290	

 Fo = Forderungen

BEMERKUNG:
Zur Festigung dieser Buchungstechnik sollten alle Aufga-
ben auf den nächsten Seiten gebucht werden.

Aufgaben zu Kapitel 4.3

Gehen Sie bei den Aufgaben 48 bis 53 in folgenden Schritten vor:

1. Erstellen Sie die Eröffnungsbilanz.
2. Errichten Sie die Konten des Hauptbuches.
3. Übertragen Sie die Anfangsbestände aus der Bilanz auf die Konten.
4. Erstellen Sie die Buchungssätze des Grundbuches.
5. Buchen Sie nach den Buchungssätzen des Grundbuches auf den Konten des Hauptbuches stets unter Angabe des Gegenkontos.
6. Saldieren Sie die Konten.
7. Erstellen Sie die Schlußbilanz.

48. und 49.

Anfangsbestände

Grundstücke	249 000,-	Gebäude	140 000,-
Verbindlichkeiten	109 214,-	Rohstoffe	87 900,-
Hilfsstoffe	23 690,-	Betriebsstoffe	7 500,-
Darlehen	179 900,-	Bank	54 780,-
Fuhrpark	78 400,-	Hypothek	145 000,-
Fertigerzeugnisse	98 240,-	Unfertige Erzeugnisse	23 800,-
Maschinen	128 760,-	Forderungen	69 300,-
Kasse	2 214,-	Betriebs- und Geschäftsausstattung	39 500,-

Geschäftsfälle	48.	49.
1. Ein Kunde überweist auf das Bankkonto	31 900,-	29 700,-
2. Rohstoffeinkauf auf Ziel	14 300,-	15 400,-
3. Verkauf einer Produktionsmaschine.		
Der Käufer zahlt bar	5 000,-	4 500,-
per Bankscheck	11 500,-	12 000,-
4. Zielkauf eines neuen Kraftfahrzeuges	27 500,-	34 100,-
5. Aufnahme eines Darlehens bei der Bank	30 000,-	35 000,-
6. Kauf eines Grundstückes mit Bankscheck	44 050,-	31 900,-
7. Umwandlung einer Liefererschuld in ein Darlehen	42 900,-	49 500,-
8. Banküberweisung einer Verbindlichkeit	12 100,-	9 680,-
9. Bareinzahlung auf das Bankkonto	1 500,-	1 800,-

50. und 51.

Anfangsbestände

Grundstücke	357 400,-	B G A	83 200,-
Gebäude	142 600,-	Verbindlichkeiten	165 412,-
Rohstoffe	108 009,-	Fertigerzeugnisse	100 000,-
Hilfsstoffe	52 960,-	Betriebsstoffe . . .	17 600,-
Darlehen	216 700,-	Bank	54 780,-
Fuhrpark	109 760,-	Hypothek	245 000,-
Unfertige Erzeugnisse	56 700,-	Maschinen	177 650,-
Forderungen	99 600,-	Kasse	5 412,-

Geschäftsfälle	**50.**	**51.**
1. Zieleinkauf von Rohstoffen	49 500,-	52 800,-
Betriebsstoffen	5 390,-	6 380,-
Hilfsstoffen	17 600,-	14 300,-
2. Zielverkauf eines gebr. Kfz	9 735,-	7 194,-
3. Banküberweisung eines Kunden	14 960,-	13 794,-
4. Tilgung einer Hypothek durch Banküberweisung .	30 000,-	40 000,-
Bareinzahlung .	2 000,-	1 200,-
5. Kauf einer neuen Fräsmaschine durch Bankscheck	13 250,-	15 972,-
6. Verkauf der alten Fräsmaschine gegen Bankscheck	2 090,-	1 765,-
7. Zielkauf einer EDV-Anlage	85 800,-	75 130,-

52. und 53.

Anfangsbestände

Grundstücke	205 500,-	Forderungen	88 900,-
B G A	45 600,-	Maschinen	97 780,-
Verbindlichkeiten . . .	85 662,-	Rohstoffe	48 860,-
Gebäude	125 700,-	Bank	44 550,-
Hypothek	125 000,-	Darlehen	121 500,-
Kasse	4 330,-		

Geschäftsfälle	**52.**	**53.**
1. Barverkauf eines Grundstückes	25 000,-	28 000,-
2. Barzahlung einer Liefererschuld	8 000,-	7 000,-
3. Barkauf von Rohstoffen	15 450,-	13 240,-
4. Bareinzahlung auf das Bankkonto	3 000,-	4 000,-
5. Umwandlung einer Liefererschuld in ein Darlehen	12 000,-	23 000,-
6. Zielverkauf einer gebrauchten Rechenmaschine .	275,-	363,-

4.4 Die Bilanzkonten

In den ersten Kapiteln dieses Buches wurde gesagt, daß die Bilanz aus den Werten der Inventur erstellt wird. Obwohl dieser Grundsatz in den letzten Übungen vernachlässigt wurde, behält er Gültigkeit. Dabei verhält es sich so, daß die Bilanz zum Ende eines Geschäftsjahres unbedingt der Eröffnungsbilanz des Folgejahres entsprechen muß. Die Bilanzen sind folglich ein Instrumentarium, welches sich außerhalb des buchmäßigen Erfassungssystems befindet. Trotzdem ist die Eröffnungsbilanz Grundlage für die Erfassung der laufenden Geschäftsjahresbuchungen, da die Bilanz Lieferant für die Anfangsbestände der Bestandskonten ist. Zur Übermittlung der Bilanzwerte bedarf es folglich eines weiteren Instruments, dem

4.4.1 Eröffnungsbilanzkonto (EBK

Das Eröffnungsbilanzkonto wird aus der Eröffnungsbilanz heraus erstellt und dient der Übertragung der Bilanzwerte auf die Bestandskonten. Aufgrund des Aufbaus des Eröffnungsbilanzkontos besteht die Möglichkeit, die Anfangsbestände auf die entsprechenden Konten zu buchen. Wie bereits gesagt, beruht das System der doppelten Buchführung darauf, daß einer Sollbuchung stets eine Habenbuchung gegenüberstehen muß und daß umgekehrt zu jeder Habenbuchung eine Sollbuchung erfolgen muß.

Da auf allen Aktivkonten die Anfangsbestände im Soll gebucht werden, muß auf dem Eröffnungsbilanzkonto eine Gegenbuchung im Haben erfolgen. Analog gilt, daß für die Anfangsbestände der Passivkonten, die im Haben gebucht werden, eine Gegenbuchung im Soll des Eröffnungsbilanzkontos erfolgen muß.

Aus dem Gesagten ergibt sich, daß das Eröffnungsbilanzkonto ein Spiegelbild zur Eröffnungsbilanz ist. Auch ist das Eröffnungsbilanzkonto nicht unterteilt, wie es die Bilanz ist.

Auch sind Buchungssätze für die Eröffnung der Konten zu bilden. Beispielsweise lautet der Eröffnungsbuchungssatz für das Konto Gebäude stets

Gebäude an Eröffnungsbilanzkonto

und für das Konto Eigenkapital stets

Eröffnungsbilanzkonto an Eigenkapital.

Da die Konten auch abgeschlossen werden müssen, existiert noch ein weiteres Bilanzkonto. Es wird zum Ende einer Rechnungsperiode erstellt und entspricht der Schlußbilanz. Dieses Konto heißt

4.4.2 Schlußbilanzkonto (SBK)

So, wie das Eröffnungsbilanzkonto das Bindeglied zwischen Buchungskreislauf und Eröffnungsbilanz ist, ist das Schlußbilanzkonto das Bindeglied zwischen Buchungskreislauf und Schlußbilanz.
Alle Konten werden in das Schlußbilanzkonto abgeschlossen. Auch das geschieht im Wege der doppelten Buchführung. Die Salden, die auf den Bestandskonten im Haben erscheinen, werden im Schlußbilanzkonto im Soll gegengebucht. Es ergibt sich, daß das Schlußbilanzkonto seitengleich mit der Schlußbilanz ist. So lautet der Buchungssatz zum Abschluß des Kontos Gebäude stets

Schlußbilanzkonto an Gebäude

und für das Konto Eigenkapital stets

Eigenkapital an Schlußbilanzkonto.

Laut GoB dürfen keine inhaltlichen Unterschiede zwischen Bilanzen und den entsprechenden Bilanzkonten bestehen.

MERKE
- **Die Bilanz wird stets aus den Inventurwerten erstellt.**
- **Als Bindeglieder zwischen Buchführung und Bilanz fungieren die Bilanzkonten.**
- **Die Bilanzkonten haben nicht Aktiv- und Passivseite, sondern Soll- und Habenseite.**
- **Nur das Eröffnungsbilanzkonto stellt sich spiegelbildlich zur Eröffnungsbilanz dar.**
- **Bilanzkonten werden nicht bilanzmäßig unterteilt.**
- **Inhaltlich entsprechen beide Konten stets den Bilanzen.**

```
Aktiva              Bilanz zum 31.12.19a           Passiva

Gebäude           50 000,-   Eigenkapital        4C 000,-
Rohstoffe         10 000,-   Verbindlichkeiten   30 000,-
Bank              10 000,-
                  70 000,-                       70 000,-
```

```
Soll            Eröffnungsbilanzkonto  19b            Haben

Eigenkapital        40 000,-   Gebäude           50 000,-
Verbindlichkeiten   30 000,-   Rohstoffe         10 000,-
                               Bank              10 000,-
                    70 000,-                     70 000,-
```

```
Soll   Gebäude   Haben      Soll   Eigenk.   Haben
AB 50 000,-|  8 003,-       SB 40 000,-|AB 40 000,-
           | SB 41 997,-       40 000,-|   40 000,-
   50 000,-|   50 000,-
```

```
Soll  Rohstoffe  Haben      Soll   Verbindl.  Haben
AB 10 000,-|SB 13 000,-       5 050,-|AB 30 000,-
    3 000,-|               SB 27 950,-|    3 000,-
   13 000,-|   13 000,-       33 000,-|   33 000,-
```

```
Soll      Bank      Haben
AB 10 000,-|  5 050,-
    8 003,-|SB 12 953,-
   18 003,-|  18 003,-
```

```
Soll            Schlußbilanzkonto 19b               Haben

Gebäude           41 997,-   Eigenkapital        40 000,-
Rohstoffe         13 000,-   Verbindlichkeiten   27 950,-
Bank              12 953,-
                  67 950,-                       67 950,-
```

```
Aktiva              Bilanz zum 31.12.19b           Passiva

Gebäude           41 997,-   Eigenkapital        40 000,-
Rohstoffe         13 000,-   Verbindlichkeiten   27 950,-
Bank              12 953,-
                  67 950,-                       67 950,-
```

5. Erfolgswirksame Geschäftsfälle

Bis zu dieser Stelle dieses Buches wurde bereits eine Reihe von kompletten Geschäftsfällen gebucht und auch abgeschlossen. Bei allen Geschäftsgängen konnte jedoch weder ein Verlust noch ein Gewinn ausgewiesen werden. Der Grund hierfür ist darin zu sehen, daß keine Geschäftsfälle vorlagen, die sich in irgendeiner Form auf den Erfolg eines Unternehmens ausgewirkt hätten. Alle Geschäftsfälle hatten lediglich eine Veränderung der Vermögensstruktur im Unternehmen zur Folge. Zum Beispiel hat der Einkauf von Rohstoffen keine Auswirkung auf den Unternehmenserfolg. Diese tritt erst ein, wenn die Rohstoffe verarbeitet werden. Diese Auswirkung ist auch dann nur vorläufig. Eine endgültige Auswirkung tritt erst ein, wenn die hergestellten Waren verkauft wurden.

Es soll noch einmal auf die Auswirkungen eines Rohstoffeinkaufes eingegangen werden. In der Regel erfolgt ein solcher Einkauf auf Ziel. Folglich mehrt sich das Vermögen eines Unternehmens. Die Schulden mehren sich jedoch ebenfalls. Wenn nun die Schulden beglichen werden, was in der Regel durch eine Banküberweisung erfolgt, mindern sich die Schulden wieder. Dadurch, daß das Bankguthaben geringer wird, vermindert sich jedoch auch das Vermögen eines Unternehmens.
Aus diesem Beispiel wird ersichtlich, daß der bloße Einkauf keine Erfolgsauswirkungen hat. Erst dann, wenn Rohstoffe aus dem Lager entnommen und in der Produktion verbraucht werden, entsteht ein Aufwand.

Auf der anderen Seite entstand kein Gewinn, da alle Einnahmen einen gleichwertigen Abgang aus dem Anlagevermögen zum Anlaß hatten. Erst dann, wenn dieser Abgang aus dem Anlagevermögen geringer als die Einnahme ist, entsteht ein Gewinn.

Aufwendungen und Erträge lassen sich nicht auf den Konten erfassen, die bis hier benutzt wurden. Es bedarf dazu einer neuen Kontenart, den

5.1 Erfolgskonten

Auf den Erfolgskonten werden die Geschäftsfälle erfaßt, die den Erfolg eines Unternehmens ausmachen. Zumeist haben Erfolgskonten die Bezeichnung des Aufwands oder Ertrages, der auf ihnen gebucht wird.

Erfolgskonten sind z. B. :
- Löhne   - Gehälter
- Mietaufwand   - Umsatzerlöse
- Zinserträge   - Außerordentliche Aufwendungen
- Abschreibungen   - Rohstoffaufwand
- Hilfsstoffaufwand   - Transportaufwand
- Kfz-Kosten   - Mieterträge
  usw.

Die erwähnten Konten unterscheiden sich auf den ersten Blick in zwei
Gruppen.

5.1.1 Aufwandskonten

Auf den Aufwandskonten werden die Geschäftsfälle erfaßt, die sich negativ auf den Unternehmenserfolg auswirken. Es sind z. B.
- Lohnaufwendungen   - Mietaufwendungen
- Zinskosten   - Abschreibungen
  usw.

5.1.2 Erlöskonten

Auf den Erlöskonten werden jene Geschäftsfälle erfaßt, die sich positiv auf den Unternehmenserfolg auswirken. Es sind z. B.
- Umsatzerlöse   - Mieteinnahmen
- Zinserträge   - Außerordentlicher Gewinn
  usw.

5.2 Abschluß der Erfolgskonten

Nach Ablauf einer Rechnungsperiode (z. B. des Geschäftsjahres) werden
die Konten in der gleichen Weise abgeschlossen und saldiert wie die Bestandskonten. Nur werden die Salden nicht in die Bilanz übertragen,
sondern auf ein speziell dafür geschaffenes Konto.

Dieses Konto trägt die Bezeichnung

"Gewinn und Verlust" (GuV)

Auf diesem Konto erscheinen nach Abschluß der Erfolgskonten alle Aufwendungen und Erträge der abgelaufenen Rechnungsperiode. Die Salden der Aufwandskonten stehen dort alle im Soll und die der Erlöskonten im Haben. Ist nun die Summe der Aufwandssalden größer als die Summe der Erlössalden, wurde im abgelaufenen Geschäftsjahr ein Verlust erwirtschaftet. Ist hingegen die Habenseite mit den Salden der Erlöskonten größer, erwirtschaftete das Unternehmen einen Gewinn in der abgelaufenen Rechnungsperiode.

Aus dem eben Gesagten geht hervor, daß die Bezeichnung Gewinn- und Verlustkonto eigentlich verkehrt ist. Es wird entweder ein Verlust oder ein Gewinn ermittelt. Nie jedoch beides. Die Bezeichnung "Gewinn oder Verlust" konnte sich jedoch nicht durchsetzen und so soll auch in diesem Buch von "Gewinn- und Verlustkonto" gesprochen werden.

Der Saldo wird vom Gewinn- und Verlustkonto auf das Konto Eigenkapital übertragen.

Die Buchungstechniken für Erfolgskonten sollen im folgenden Kapitel besprochen werden.

5.3 Erfolgsbuchungen

Obwohl die Erfolgskonten nicht in Aktiv- und Passivkonten unterschieden werden, lassen sie sich lückenlos in das Buchführungssystem eingliedern. Die Regel hierfür lautet

Aufwendungen werden auf Erfolgskonten im Soll gebucht,
Erlöse werden auf Erfolgskonten im Haben gebucht.

Mit anderen Worten:

Aufwandskonten mehren sich im Soll,
Erlöskonten mehren sich im Haben.

Das Gesagte geht auch aus der folgenden Darstellung hervor:

Soll	Erfolgskonto	Haben
Aufwendungen		Erträge/Erlöse

Diese Regel paßt sich lückenlos in das Buchungssystem auf den Bestandskonten ein, was die folgenden Beispiele verdeutlichen sollen.

5.3.1 Aufwandsbuchungen

Es sollen zunächst einige Beispiele für die Buchung von Aufwänden folgen.

Beispiel 1:
   Barzahlung der Telefonkosten 200,- DM

Es werden die Konten Telefonkosten und Kasse berührt.
In der Kasse tritt eine Minderung ein, die auf dem Konto Kasse im Haben erfaßt wird, weil es sich hier um ein Aktivkonto handelt.
Bei dem Konto Telefonkosten handelt es sich um ein Erfolgskonto. Telefonkosten stellen einen Aufwand dar. Daher wird dieser Aufwand auf dem
Konto Telefonkosten im Soll erfaßt. Es ergibt sich daraus der Buchungssatz

| Telefonkosten an Kasse | 200 | 200 |

Beispiel 2:
   Gehaltszahlung durch Banküberweisung 4 000,- DM

Es werden die Konten Gehälter und Bank berührt.
Auf dem Bankkonto tritt eine Minderung ein, die dort im Haben erfaßt
wird, weil es sich auch hier um ein Aktivkonto handelt. Die
Zahlung von Gehältern stellt einen Aufwand dar, der auf dem
Erfolgskonto Gehälter im Soll erfaßt wird.
Der Buchungssatz für dieses Beispiel lautet folglich

| Gehälter an Bank | 4 000 | 4 000 |

Beispiel 3:
   Rechnungseingang für die Instandsetzung einer
            Produktionsmaschine 318,- DM

Da in diesem Fall die Kosten nicht sofort bezahlt wurden, entsteht
eine Verbindlichkeit. Da sich die Verbindlichkeiten mehren und es sich
hier um ein Passivkonto handelt, erfolgt die Buchung im Haben des Kon-
64

tos Verbindlichkeiten. Das Konto Instandhaltungen ist ein Erfolgskonto und die Instandhaltungen stellen einen Aufwand dar. Vereinbarungsgemäß erfolgt die Erfassung von Aufwendungen im Soll. Es ergibt sich folglich der Buchungssatz

Instandhaltungen an Verbindlichkeiten	318	318

In den vorangegangenen Beispielen wurden die jeweiligen Sollbuchungen auf den Erfolgskonten dadurch erklärt, daß es sich um einen Aufwand handelt, der im Soll erfaßt wird. Die Sollbuchungen lassen sich auch noch anders begründen.

Die angesprochenen Konten gehören zu den Erfolgskonten, die sich, wie erwähnt, in die Gruppen Aufwandskonten und Erlöskonten unterteilen.

Da sich Aufwandskonten im Soll mehren, mußte die Buchung im Soll erfolgen. Daraus läßt sich ableiten, daß Aufwandskonten stets im Soll berührt werden.

Es sei noch gesagt, daß einige Ausnahmen von dieser Schlußfolgerung existieren. Diese sind selten und werden an späterer Stelle besprochen.

5.3.2 Erlösbuchungen

Die folgenden Beispiele sollen einige Erfassungen von Erlösen veranschaulichen.

Beispiel 4:

    Verkauf von Fertigerzeugnissen auf Ziel 9 900,- DM

In diesem Beispiel werden Fertigerzeugnisse verkauft, die erst zu einem späteren Zeitpunkt bezahlt werden. Es wird das Konto Forderungen berührt. Da hier eine Mehrung vorliegt und das Konto Forderungen ein Aktivkonto ist, erfolgt dort eine Buchung im Soll.

Auf der anderen Seite wird das Konto Umsatzerlöse berührt. Wie aus der Bezeichnung bereits hervorgeht, handelt es sich hier um einen Erlös, der auf der Habenseite des Kontos Umsatzerlöse erfaßt wird. Der sich ergebende Buchungssatz lautet demzufolge

Forderungen an Umsatzerlöse	9 900	9 900

Bei einem solchen Geschäftsfall erfolgt keine Buchung auf dem Konto

Fertigerzeugnisse. Generell gilt, daß die Konten Fertigerzeugnisse und Unfertigerzeugnisse nur am Jahresende berührt werden. Es gibt keinen Geschäftsfall im laufenden Geschäftsjahr, der zu einer Buchung auf beiden oder einem der Konten führt.

Beispiel 5:

Ein Mieter zahlt seine Mietschulden bar 560,- DM

Hier werden die Konten Kasse und Mieterträge berührt. Die Kasse mehrt sich um 560,- DM. Diese Mehrung wird auf dem Aktivkonto Kasse im Soll erfaßt. Das Gegenkonto hierzu stellt das Konto Mieterträge dar. Hierbei handelt es sich um ein Erfolgskonto. Die Mieterträge stellen einen Erlös dar. Der Regel entsprechend erfolgt deren Erfassung im Haben. Daher lautet der Buchungssatz

Kasse an Mieterträge	560	560

Beispiel 6:

Zinsgutschrift der Bank auf dem Bankkonto 120,- DM

Die Erfassung dieses Buchungssatzes erfolgt auf den Konten Bank und Zinserträge.

Auf dem Bankkonto tritt eine Mehrung ein, die dort im Soll erfaßt wird, weil es sich um ein Aktivkonto handelt. Bei dem Konto Zinserträge handelt es sich um ein Erfolgskonto, auf dem Erlöse erfaßt werden. Die Erlöse finden ihre Erfassung auf der Habenseite, woraus sich der folgende Buchungssatz ergibt

Bank an Zinserträge	120	120

In den vorangegangenen Beispielen wurden die jeweiligen Habenbuchungen auf den Erfolgskonten dadurch erklärt, daß es sich um Erlöse handelt, die im Haben erfaßt werden. Die Habenbuchungen lassen sich auch auf anderem Wege begründen. Die angesprochenen Konten gehören zu den Erfolgskonten, die sich, wie erwähnt, in die Gruppen Aufwandskonten und Erlöskonten unterteilen. Da sich Erlöskonten im Haben mehren, mußte die Buchung im Haben erfolgen. Daraus läßt sich ableiten, daß Erlöskonten stets im Haben berührt werden.

Es sei noch gesagt, daß es einige Ausnahmen von dieser Regel gibt. Diese fließen an späterer Stelle mit ein.

66

5.3.3 Erfassung auf Konten

Das nachfolgende Schaubild zeigt die Erfassung der Beispiele auf den jeweiligen Konten:

Soll	Telefonkosten	Haben
1)Ka	200,-	

Soll	Kasse	Haben
5)Me	560,-	1)Tk 200,-

Soll	Gehälter	Haben
2)Ba	4 000,-	

Soll	Bank	Haben
6)Ze	120,-	2)Ge 4 000,-

Soll	Instandhaltung	Haben
3)Vb	318,-	

Soll	Verbindlichk.	Haben
		3)In 318,-

Soll	Umsatzerlöse	Haben
		4)Fo 9 900,-

Soll	Forderungen	Haben
4)Ue	9 900,-	

Soll	Mieterträge	Haben
		5)Ka 560,-

Soll	Zinserträge	Haben
		6)Ba 120,-

Abkürzungen:

Ba = Bank; Fo = Forderungen; Ge = Gehälter; In = Instandhaltung;
Ka = Kasse; Me = Mieterträge; Ue = Umsatzerlöse; Ze = Zinserträge;
Tk = Telefonkosten; Vb = Verbindlichkeiten.
Die Ziffern vor den Gegenkontenangaben geben die jeweiligen Beispiel-
nummern an.

Wenn alle Geschäftsfälle einer Rechnungsperiode erfaßt worden sind,
müssen die Erfolgskonten abgeschlossen und saldiert werden. Wie sich
dies vollzieht, zeigt das folgende Kapitel.

5.3.4 Abschluß der Erfolgskonten

Abschluß und Saldierung der Erfolgskonten vollzieht sich nach dem von den Bestandskonten her bekannten Muster. Die Salden aller Aufwandskonten stehen auf diesen Konten im Haben. Sie müssen in das Konto Gewinn und Verlust umgebucht werden. Auch dafür lassen sich Buchungssätze bilden. Da der Saldo eines Aufwandskontos bei diesen stets im Haben steht, erfolgt auf dem Gewinn- und Verlustkonto eine Sollbuchung. Mit anderen Worten lautet der Abschlußbuchungssatz für ein Aufwandskonto stets

    Gewinn und Verlust an Aufwandskonto.

Analog dem oben Gesagten vollzieht sich der Abschluß und die Saldierung eines Erlöskontos in ähnlicher Weise. Der Unterschied besteht lediglich darin, daß der Saldo auf den Erlöskonten im Soll erscheint. Demzufolge muß die Gegenbuchung auf dem Konto Gewinn und Verlust auf der Habenseite erfolgen.
Der Buchungssatz für den Abschluß eines Ertragskontos lautet also

    Erlöskonto an Gewinn und Verlust.

Nach Durchführung der Abschlußbuchungen weisen die Erfolgskonten keine Bestände mehr aus. In der folgenden Rechnungsperiode werden bei Bedarf die gleichen Konten eingerichtet. Diese weisen dann keine Anfangsbestände aus.

Nachdem die Erfolgskonten abgeschlossen wurden, die Salden auf das Gewinn- und Verlustkonto umgebucht wurden, muß nun das Gewinn- und Verlustkonto abgeschlossen werden.

5.3.5 Abschluß des Gewinn- und Verlustkontos

Für den Abschluß des Gewinn- und Verlustkontos wird auch dieses nach bewährtem Muster saldiert. Nur, daß der Saldo dieses Kontos eine wesentlich höhere Aussagekraft hat als die Salden anderer Konten.
überwiegt die Habenseite, lagen mehr Erträge als Aufwendungen vor und es wurde ein Gewinn erwirtschaftet. Der Saldo erscheint dann im Soll.
überwiegt hingegen die Sollseite, lagen mehr Aufwendungen als Erträge

vor. Die logische Folge für so einen Fall ist ein Verlust. Dieser Verlust steht als Saldo dann im Haben des Kontos Gewinn und Verlust. Gewinnsalden stehen also auf dem Gewinn- und Verlustkonto im Soll, während Verlustsalden auf dem Gewinn- und Verlustkonto im Haben erscheinen.

Auch dieser Saldo muß nun umgebucht werden. Das Gegenkonto dafür ist immer das Konto Eigenkapital. Gewinne erhöhen das Eigenkapital, während Verluste es mindern. Hier liegt ein weiterer Beweis dafür, wie sehr das System der Buchführung lückenlos zusammenpaßt.

Wurde ein Gewinn erwirtschaftet, steht dieser auf dem Gewinn- und Verlustkonto im Soll. Die Gegenbuchung erfolgt auf dem Konto Eigenkapital im Haben. Da das Konto Eigenkapital zu den Passivkonten gehört, die sich bekanntlich im Haben mehren, steht der Saldo genau auf der richtigen Seite des Kontos Eigenkapital.

Der Buchungssatz im Falle eines Gewinns lautet folglich

   Gewinn und Verlust   an   Eigenkapital.

Im Falle eines Verlustes erscheint der Saldo auf dem Gewinn- und Verlustkonto im Haben. Die Gegenbuchung erfolgt dann auf dem Konto Eigenkapital im Soll. Es ergibt sich auch in der Buchführung eine Minderung des Passivkontos Eigenkapital.

Im Falle eines Verlustes lautet der Buchungssatz

   Eigenkapital   an   Gewinn und Verlust.

Der sich ergebende Saldo des Kontos Eigenkapital wird in das Schlußbilanzkonto umgebucht bzw. findet seine Aufnahme in die Schlußbilanz. Der Buchungssatz lautet hierfür

   Eigenkapital   an   Schlußbilanzkonto.

Ein anderer Buchungssatz ist in der Regel nicht möglich, da im umgekehrten Fall mehr als die Summe der Vermögensgegenstände eines Unternehmens fremdfinanziert wäre.

Im folgenden sollen die Beispiele eins bis sechs der Seiten 64 bis 66
in einen Geschäftsgang eingebunden werden, um zu veranschaulichen, wie
Bestands- und Erfolgskonten zusammenwirken.

Aktiva	Eröffnungsbilanz		Passiva
Forderungen	4 550,-	Eigenkapital	20 788,-
Kasse	1 040,-	Verbindlichk.	8 682,-
Bank	23 880,-		
	29 470,-		29 470,-

Soll	Eröffnungsbilanzkonto		Haben
Eigenkapital	20 788,-	Forderungen	4 550,-
Verbindlichk.	8 682,-	Kasse	1 040,-
		Bank	23 880,-
	29 470,-		29 470,-

Soll	Telefonkosten		Haben		Soll	Kasse		Haben
1)Ka	200,-	G+V	200,-		EBK	1 040,-	1)Tk	200,-
	200,-		200,-		5)Me	560,-	SBK	1 400,-
						1 600,-		1 600,-

Soll	Gehälter		Haben		Soll	Bank		Haben
2)Ba	4 000,-	G+V	4 000,-		EBK	23 880,-	2)Ge	4 000,-
	4 000,-		4 000,-		6)Ze	120,-	SBK	20 000,-
						24 000,-		24 000,-

Soll	Instandhaltung		Haben		Soll	Verbindlichk.		Haben
3)Vb	318,-	G+V	318,-		SBK	9 000,-	EBK	8 682,-
	318,-		318,-				3)In	318,-
						9 000,-		9 000,-

Soll	Umsatzerlöse		Haben		Soll	Forderungen		Haben
G+V	9 900,-	4)Fo	9 900,-		EBK	4 550,-	SBK	14 450,-
	9 900,-		9 900,-		4)Ue	9 900,-		
						14 450,-		14 450,-

Soll	Mieterträge		Haben		Soll	Zinserträge		Haben
G+V	560,-	5)Ka	560,-		G+V	120,-	6)Ba	120,-
	560,-		560,-			120,-		120,-

```
Soll   Gewinn + Verlust  Haben        Soll     Eigenkapital   Haben

TK      200,-      Ue   9 900,-       SBK  26 850,-  EBK  20 788,-
Ge    4 000,-      Me     560,-                            6 062,-
In      318,-      Ze     120,-            26 850,-        26 850,-
EK    6 062,-
     10 580,-          10 580,-
```

```
Soll                Schlußbilanzkonto              Haben

Forderungen  14 450,-    Eigenkapital   26 850,-
Kasse         1 400,-    Verbindlichk.   9 000,-
Bank         20 000,-
             35 850,-                   35 850,-
```

```
Aktiva              Schlußbilanz              Passiva

Forderungen  14 450,-    Eigenkapital   26 850,-
Kasse         1 400,-    Verbindlichk.   9 000,-
Bank         20 000,-
             35 850,-                   35 850,-
```

Abkürzungen:

EBK = Eröffnungsbilanzkonto; SBK = Schlußbilanzkonto;
G+V = Gewinn- und Verlustkonto; EK = Eigenkapital.

Die Summe der Aufwendungen belief sich auf 4 518,- DM und die der Erlöse auf 10 580,- DM.

In diesem Beispiel wurde ein Gewinn erwirtschaftet. Der Saldo des Gewinn- und Verlustkontos steht im Soll. Die Gegenbuchung erfolgte auf dem Konto Eigenkapital demzufolge im Haben.

Würde die Summe der Aufwendungen nun jedoch 12 000,- DM betragen, hätte das Unternehmen bei unveränderten Erträgen einen Verlust erwirtschaftet. Es ergäbe sich ein Saldo von 1420,- DM, den die Summe der Erlöse die Summe der Aufwendungen überstiege. Dieser Saldo stände auf dem Gewinn- und Verlustkonto folglich im Haben. Die Gegenbuchung müßte auf dem Eigenkapitalkonto im Soll erfolgen. Da es sich dabei um ein Passivkonto handelt, träte eine Minderung ein. Der sich ergebende und zu bilanzierende Eigenkapitalsaldo betrüge dann 19 368,- DM.

71

54.

Erstellen Sie zu den nachfolgenden Geschäftsfällen die Buchungssätze. Für den Fall, daß Sie ein Konto suchen, auf dem ein Aufwand oder Ertrag gebucht werden muß und Ihnen die Bezeichnung nicht einfällt, finden Sie am Ende dieses Buches ein Verzeichnis der möglichen Konten. Dieses Verzeichnis trägt die Bezeichnung Kontenrahmen.

a) Die Bank belastet das Bankkonto mit Überziehungszinsen.

b) Barkauf von Wechselsteuermarken.

c) Banküberweisung für Löhne.

d) Monatsrechnung einer Tankstelle für Benzin.

e) Ein Lieferant sendet eine Mahnung und berechnet Verzugszinsen.

f) Überweisung für Miete der Geschäftsräume.

g) Bareinkauf von Briefmarken.

h) Banküberweisung für Grundsteuer.

i) Rechnungseingang für eine Zeitungsanzeige.

j) Verkauf von Fertigerzeugnissen auf Ziel.

k) Barkauf von Büroklammern.

l) Banküberweisung einer Provisionszahlung an Vertreter.

m) Gutschrift der Bank für Zinsen.

n) Eingangsrechnung für Versandkartons.

o) Rechnungseingang eines Unternehmensberaters.

p) Barkauf eines Buches, das an einen Geschäftsfreund verschenkt werden soll.

q) Barzahlung für die Instandsetzung einer Produktionsmaschine.

r) Rechnungseingang der Rechnung des Steuerberaters.

s) Überweisung der Monatsrechnung der Tankstelle aus d).

t) Ein Mieter überweist seine Monatsmiete.

u) Belastung eines Kunden mit Verzugszinsen.

v) Barzahlung der Telefonrechnung.

w) Zielkauf von Rohstoffen.

x) Entnahme von Rohstoffen für die Produktion.

y) Rechtsanwalt erhält einen Scheck für Prozeßvertretung.

z) Barzahlung der Fracht für den Transport von verkauften Fertigerzeugnissen vom Unternehmen zum Kunden.

ä) Barverkauf von Waren.

ö) Ein Kunde kauft gegen Bankscheck ein.

ü) Barverkauf eines gebrauchten Unternehmensfahrzeuges.

55.

Die Bücher der Schokoladenfabrik Weber, Ülzen, weisen die folgenden Werte aus:

    a) Im Gewinn- und Verlustkonto.

        Summe der Aufwendungen 278 432,- DM

        Summe der Erlöse   309 678,- DM

    b) Im Konto Eigenkapital einen Eröffnungsbestand von 204 000,- DM.

1. Erstellen Sie die Konten und tragen Sie die angegebenen Werte ein.
2. Erstellen Sie die Abschlußbuchungssätze.
3. Schließen Sie die Konten nach den Buchungssätzen ab.
4. Wie hoch ist der Verlust/Gewinn, der im abgelaufenen Geschäftsjahr erwirtschaftet wurde ?
5. Wie hoch ist das Eigenkapital am Ende des Geschäftsjahres ?

56.

In dem Unternehmen Jan Hendrik, Echtrop, Fabrik für elektronische Bauelemente, weisen die Bücher folgende Werte aus:

    a) Im Gewinn- und Verlustkonto.

        Summe der Aufwendungen 288 876,- DM

        Summe der Erträge   268 345,- DM

    b) Im Konto Eigenkapital einen Eröffnungsbestand von 302 400,- DM.

Übernehmen Sie die Aufgabenstellung aus Aufgabe 55. Erklären Sie darüberhinaus, buchhalterisch und rechnerisch, warum der Saldo des Gewinn- und Verlustkontos auf dem Konto Eigenkapital im Soll erscheint.

57.

Das Zementwerk Tanxela, Stuttgart, hat in seinen Büchern die folgenden Werte ausgewiesen:

    a) Im Gewinn- und Verlustkonto.

        Summe der Aufwendungen 199 662,- DM

        Summe der Erträge   102 394,- DM

        Umsatzerlöse   204 589,- DM

    b) In der Schlußbilanz wird am Geschäftsjahresende ein Eigenkapital in Höhe von 305 687,- DM ausgewiesen.

Übernehmen Sie die Aufgabenstellung aus Aufgabe 55.
Bestimmen Sie die Höhe des Eigenkapitals zu Geschäftsjahresbeginn.

58. und 59.

Die Bücher des Sportartikelherstellers Grölle, Meppen, weisen in zwei aufeinanderfolgenden Jahren folgende Werte aus:

	58. Soll	58. Haben	59. Soll	59. Haben
Mieterträge		8 900,-		9 320,-
Zinserträge		1 380,-		1 598,-
Löhne	49 250,-		53 480,-	
Gehälter	82 900,-		85 690,-	
Portokosten	1 200,-		1 300,-	
Benzinkosten	8 200,-		7 300,-	
Zinsaufwand	870,-		549,-	
Mietaufwand	12 500,-		13 500,-	
Grundsteuern	2 400,-		2 400,-	
Provisionsaufwand . . .	4 000,-		2 800,-	
Werbekosten	8 450,-		10 300,-	
Steuerberatungskosten . .	12 000,-		14 600,-	
Rohstoffaufwand	103 240,-		127 800,-	
Hilfsstoffaufwand . . .	26 897,-		42 833,-	
Betriebsstoffaufwand . . .	9 700,-		10 680,-	
Umsatzerlöse		450 342,-		389 667,-
Telefonkosten	12 800,-		11 500,-	
Werbegeschenke	600,-		930,-	
Abschreibungen	43 798,-		42 368,-	
Außerordentliche Erträge		42 690,-		54 690,-
Außerordentlicher Aufwand	19 400,-		31 589,-	
Rechtsberatungskosten . .	8 345,-		12 479,-	
Fachliteratur	5 400,-		5 400,-	

Das Eigenkapital wurde in der Eröffnungsbilanz des ersten Jahres (Aufgabe 58) mit 130 860,- DM ausgewiesen.

1. Errichten Sie zu jedem Geschäftsjahr ein Gewinn- und Verlustkonto.
2. Schließen Sie die Gewinn- und Verlustkonten ab.
3. Übertragen Sie die Salden in die entsprechenden Eigenkapitalkonten.
4. Erstellen Sie die jeweiligen Buchungssätze
    a) von den Erfolgskonten auf das Gewinn- und Verlustkonto,
    b) vom Gewinn- und Verlustkonto auf das Eigenkapitalkonto.

60. und 61.

In den beiden Folgejahren weisen die Bücher des Sportartikelherstellers folgende Zahlen aus:

	60.		61.	
	Soll	Haben	Soll	Haben
Mieterträge		12 300,-		19 320,-
Zinserträge		4 220,-		1 873,-
Löhne	69 250,-		73 840,-	
Gehälter	87 400,-		89 900,-	
Rohstoffaufwand	143 240,-		157 777,-	
Hilfsstoffaufwand	45 789,-		46 800,-	
Betriebsstoffaufwand . . .	12 540,-		13 880,-	
Umsatzerlöse		497 691,-		409 888,-
Telefonkosten	13 600,-		12 900,-	
Werbegeschenke	2 560,-		3 090,-	
Abschreibungen	69 400,-		72 600,-	
Außerordentliche Erträge		82 960,-		87 440,-
Portokosten	1 600,-		2 300,-	
Benzinkosten	8 500,-		11 300,-	
Zinsaufwand	1 050,-		999,-	
Mietaufwand	14 600,-		15 300,-	
Grundsteuern	2 800,-		2 800,-	
Provisionsaufwand	3 500,-		5 340,-	
Werbekosten	12 540,-		18 700,-	
Steuerberatungskosten . .	15 700,-		15 770,-	
Außerordentlicher Aufwand	21 500,-		28 900,-	
Rechtsberatungskosten . .	9 846,-		14 659,-	
Fachliteratur	6 200,-		6 355,50	

1. Übernehmen Sie die Aufgabenstellung aus der vorherigen Aufgabe.
2. Worin sind die Hauptursachen für die jeweiligen Eigenkapitalveränderungen zu sehen ?
3. Was wäre ein Grund dafür, daß die Umsatzerlöse nicht im gleichen Maße angestiegen sind wie der Verbrauch an Rohstoffen, Hilfsstoffen und Betriebsstoffen ?
4. Warum fehlt in der obigen Aufstellung der Saldo des Kontos Kasse ?
5. Warum stehen in der Reihe der Erfolgskonten nicht die Konten Fertigerzeugnisse und Unfertigerzeugnisse ?

Aufgaben

1. Erstellen Sie aus den Anfangsbeständen die Eröffnungsbilanz und das Eröffnungsbilanzkonto.
2. Erstellen Sie das Grundbuch zu den Geschäftsfällen.
3. Buchen Sie nach den Buchungssätzen des Grundbuches im Hauptbuch.
4. Schließen Sie die Erfolgskonten über das Gewinn- und Verlustkonto ab.
5. Schließen Sie das Gewinn- und Verlustkonto ab und buchen Sie den Saldo auf das Konto Eigenkapital.
6. Schließen Sie die Bestandskonten ab und erstellen Sie das Schlußbilanzkonto.

62. und 63.

Anfangsbestände

Gebäude	155 838,-	Verbindlichkeiten	209 800,-
Maschinen	130 500,-	Darlehen	298 708,-
Fuhrpark	85 000,-	Forderungen	49 560,-
Unfertige Erzeugnisse	28 600,-	Fertigerzeugnisse	59 300,-
Bankguthaben	103 000,-	Kasse	10 706,-
Rohstoffe	44 870,-	Eigenkapital	?

Kontenplan

Neben den obigen Bestandskonten sind die folgenden Konten einzurichten: Gehälter, Löhne, Mietaufwand, Zinsaufwand, Zinserträge, Gewinn- und Verlustkonto, Umsatzerlöse.

Geschäftsfälle	62.	63.
1. Zielkauf von Rohstoffen	13 201,-	11 001,-
2. Bankgutschrift für Habenzinsen	2 390,-	1 801,-
3. Barzahlung der Miete für Geschäftsräume	1 300,-	1 590,-
4. Kundenüberweisung auf das Bankkonto	18 750,-	21 500,-
5. Begleichung einer Verbindlichkeit in Höhe von	28 000,-	34 500,-
a) durch Bankscheck	5 600,-	11 200,-
b) durch Barzahlung	4 000,-	4 900,-
c) Rest durch Umwandlung in ein Darlehen		
6. Eingangsrechnung über die Zinsen aus 5.	1 000,-	1 010,-
7. Banküberweisung für Löhne	5 800,-	6 100,-
für Gehälter	8 290,-	9 230,-
8. Zielverkauf von Fertigerzeugnissen	39 600,-	44 000,-

64. und 65.

Anfangsbestände

Gebäude	175 342,-	Verbindlichkeiten	199 400,-
Maschinen	145 340,-	Darlehen	302 458,-
Fuhrpark	93 500,-	Rohstoffe	48 490,-
Forderungen	48 690,-	Unfertige Erzeugnisse	36 800,-
Fertigerzeugnisse	72 600,-	Bankguthaben	112 476,-
Kasse	11 205,-	Eigenkapital	?

Kontenplan

Neben den obigen Bestandskonten sind die folgenden Konten einzurichten: Gehälter, Kraftfahrzeugkosten, Löhne, Mieterträge, Zinsaufwand, Umsatzerlöse, Gewinn- und Verlustkonto.

Geschäftsfälle

	64.	65.
1. Tilgung eines Darlehens durch Banküberweisung	10 200,-	11 200,-
2. Eingangsrechnung über eine Kfz-Inspektion	1 320,-	1 430,-
3. Ein Mieter zahlt seine Miete bar ein	800,-	980,-
4. Verkauf von Fertigerzeugnissen auf Ziel	15 400,-	22 000,-
5. Kundenzahlung durch Bankscheck	4 290,-	5 390,-
6. Barzahlung der Löhne	3 000,-	2 800,-
7. Gehaltszahlung durch Bankscheck	4 800,-	6 300,-
8. Belastung der Bank mit Sollzinsen	130,-	90,-
9. Verkauf von Erzeugnissen gegen Bankscheck	26 400,-	30 800,-

66. und 67.

Anfangsbestände

Für diese Aufgaben gelten die Anfangsbestände der Aufgaben 64 und 65. Erstellen Sie selbständig den Kontenrahmen.

Geschäftsfälle

	66.	67.
1. Banküberweisung für gemietete Lagerhallen	3 300,-	3 200,-
2. Belastung der Bank mit Sollzinsen	100,-	80,-
3. Lohnzahlung bar	4 000,-	3 000,-
4. Barverkauf von Erzeugnissen	45 400,-	63 800,-

BEMERKUNG

An dieser Stelle sollte der Lernende in der Lage sein, auf den erwähnten Erfolgskonten zu buchen. Ansonsten empfiehlt sich eine erneute Durcharbeit von Kapitel 5 ab Seite 61.

6. Besondere Erfolgsbuchungen

Die bisherigen erfolgswirksamen Geschäftsfälle hatten alle die Gemeinsamkeit, daß ihnen stets eine direkte Ausgabe oder Einnahme gegenüber-
stand. Dem ist jedoch nicht immer so. Die häufigsten Ausnahmen sollen
in diesem Kapitel näher behandelt werden.

6.1 Stoffeaufwendungen

In einem Industriebetrieb werden die benötigten Stoffe in der Regel in
drei Kategorien eingeteilt. Es sind dies

- Rohstoffe
- Hilfsstoffe
- Betriebsstoffe

In welche Kategorie ein Stoff fällt, soll im Folgenden an dem Beispiel
eines Holztisches verdeutlicht werden:

Rohstoffe gehen als Hauptbestandteil mit in das Endprodukt ein.
Bei dem Tisch, der ja aus Holz sein soll, stellt Holz den Hauptbestandteil dar. Soll die Tischplatte mit einer Kunststoffoberfläche versehen
werden, stellt Erdöl einen weiteren Rohstoff bei der Herstellung dar.

Hilfsstoffe gehen auch mit in das Endprodukt ein, bilden jedoch
nicht den Hauptbestandteil des Endproduktes. Bei der Herstellung von
Holztischen wären das beispielsweise Leim und Schrauben, die den Tisch
zusammenhalten. Zu den Hilfsstoffen gehören auch Lacke und Werkstoffe
für Imprägnierungen.

Betriebsstoffe gehen nicht mit in das Endprodukt ein. Sie dienen dem
Antrieb von Maschinen zur Herstellung des Produktes. Dazu gehören
Treibstoffe für die Kettensägen, mit denen die Bäume gefällt werden,
die zur Herstellung des Tisches benötigt werden. Auch Kettenöl, das
zur Schmierung der Sägekette dient, stellt einen Betriebsstoff dar.
Wird die Weiterverarbeitung in der Möbelfabrik an elektrischen Geräten
vorgenommen, stellt der Strom einen weiteren Betriebsstoff dar.
Wertmäßig ist eine Unterscheidung nicht möglich.

Wie bereits kurz erwähnt, stellt der alleinige Einkauf von Rohstoffen,

Hilfsstoffen und Betriebsstoffen keinen Aufwand dar. Es handelt sich dabei lediglich um eine "Umstrukturierung" des Vermögens, etwa von Barvermögen in Rohstoffe. Erst in dem Augenblick, in dem die Rohstoffe dem Vorratslager entnommen werden, um sie in der Produktion zu verarbeiten, entsteht ein Aufwand. Gleiches gilt auch für die anderen Stoffebestände.

Die buchmäßige Erfassung dieser Aufwendungen kann auf zweierlei Wegen erfolgen.

6.1.1 Kontinuierliche Erfassung

Im Wege der kontinuierlichen Erfassung geschieht eine Buchung stets im Anschluß an die Entnahme. Um dies durchführen zu können, muß bei jeder Entnahme von Stoffen aus dem Lager ein Beleg erstellt werden. Dieser trägt die Bezeichnung **Matrialentnahmeschein**. Ohne einen Materialentnahmeschein kann eine Buchung nicht erfolgen. Dabei ist der Grundsatz "keine Buchung ohne Beleg" entscheidend.

Die Entnahmen stellen einen Aufwand dar. Aus diesem Grunde geschieht die Erfassung auf einem Aufwandskonto, dessen Bezeichnung von der Materialart, die entnommen wird, abhängig ist. Die Erfassung erfolgt bei der Entnahme von

Rohstoffen auf dem Konto **Rohstoffaufwand**
Hilfsstoffen auf dem Konto **Hilfsstoffaufwand**
Betriebsstoffen auf dem Konto **Betriebsstoffaufwand**.

Die Stoffentnahmen werden auf reinen Aufwandskonten gebucht. Wie der Leser weiß, werden Aufwände im Soll gebucht. Folglich ergibt sich bei der Entnahme von

Rohstoffen der Buchungssatz
Rohstoffaufwand an Rohstoffe

Hilfsstoffen der Buchungssatz
Hilfsstoffaufwand an Hilfsstoffe

Betriebsstoffen der Buchungssatz
Betriebsstoffaufwand an Betriebsstoffe.

Um den Geschäftsfall

Entnahmen lt. Materialentnahmescheinen für Rohstoffe   2 000,-

für Hilfsstoffe   500,-

für Betriebsstoffe   250,-

erfassen zu können, sind die folgenden Buchungssätze zu bilden:

Rohstoffaufwand	an	Rohstoffe	2 000	2 000
Hilfsstoffaufwand	an	Hilfsstoffe	500	500
Betriebsstoffaufwand	an	Betriebsstoffe	250	250

Die kontenmäßige Erfassung zeigt die folgende Abbildung:

Rohstoff-

Soll Rohstoffe Haben	Soll aufwand Haben
RSA 2 000,-	RS 2 000,-

Hilfsstoff-

Soll Hilfsstoffe Haben	Soll aufwand Haben
HSA 500,-	HS 500,-

Betriebs-	Betriebsstoff-
Soll stoffe Haben	Soll aufwand Haben
BSA 250,-	BS 250,-

Die Stoffeaufwandskonten stellen Erfolgskonten dar und werden daher in das Gewinn- und Verlustkonto abgeschlossen. Der Abschlußbuchungssatz für das Konto Rohstoffaufwand lautet demzufolge

Gewinn und Verlust an Rohstoffaufwand	2 000	2 000

Für das Konto Hilfsstoffaufwand

Gewinn und Verlust an Hilfsstoffaufwand	500	500

Für das Konto Betriebsstoffaufwand

Gewinn und Verlust an Betriebsstoffaufwand	250	250

Die nachfolgende Darstellung zeigt die Zahlenströme bei dem Abschluß der Stoffeaufwandskonten.

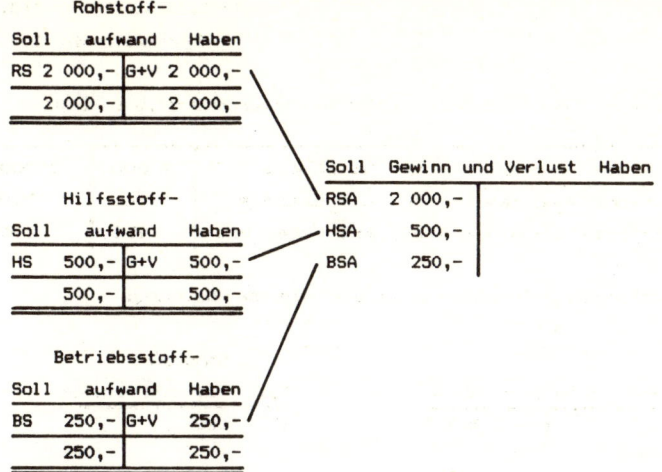

Soll	Rohstoff- aufwand	Haben	
RS 2 000,-	G+V 2 000,-		
2 000,-	2 000,-		

Soll	Hilfsstoff- aufwand	Haben
HS 500,-	G+V 500,-	
500,-	500,-	

Soll	Betriebsstoff- aufwand	Haben
BS 250,-	G+V 250,-	
250,-	250,-	

Soll	Gewinn und Verlust	Haben
RSA 2 000,-		
HSA 500,-		
BSA 250,-		

Abkürzungen:

RS = Rohstoffe; RSA = Rohstoffaufwand; HS = Hilfsstoffe; HSA = Hilfs- stoffaufwand; BS = Betriebsstoffe; BSA = Betriebsstoffaufwand; G+V = Gewinn und Verlust.

Aufgaben zu Kapitel 6.1.1

68. und 69.

Erstellen Sie die Buchungssätze zu den nachfolgenden Geschäftsfällen:

	68.	69.
1. Entnahme von Tuchen zur Hemdenherstellung . .	13 900,-	24 500,-
2. Nähgarnentnahme lt. Materialentnahmeschein . .	1 100,-	2 300,-
3. Entnahme von Nähmaschinenöl	460,-	920,-
4. Einkauf von Rohstoffen auf Ziel	209,-	319,-

70. und 71.

Erstellen Sie zu den nachfolgenden Angaben die Stoffeaufwandskonten und das Gewinn- und Verlustkonto, über das Sie dann die Stoffeaufwands- konten abschließen.

Summe der Sollbuchungen auf dem Konto	70.	71.
Rohstoffaufwand	304 589,-	237 836,-
Hilfsstoffaufwand	85 984,-	99 222,-
Betriebsstoffaufwand	12 345,-	23 456,-

6.1.2 Inventurerfassung

Der Leser kann sich sicher vorstellen, daß das im vergangenen Kapitel erklärte System der kontinuierlichen Erfassung der Materialentnahmen einen nicht geringen Aufwand erfordert. Dieser Aufwand ist sicher dann gerechtfertigt, wenn er sich auf Stoffe erstreckt, die wertvoll oder gefährlich sind. Bei einer Reihe von Stoffen ist dieser Aufwand jedoch unnütz. Das ist auch der Grund dafür, warum es in Unternehmen noch eine weitere Methode zur Erfassung der Materialentnahmen gibt. Dieses Verfahren basiert auf den Werten, die in der Inventur ermittelt wurden.

Während des gesamten Geschäftsjahres werden die Stoffe entnommen, ohne daß eine wertmäßige Erfassung der Waren erfolgt. Wareneingänge werden dann stets wertmäßig auf dem Bestandskonto im Soll bestandserhöhend erfaßt. Am Ende der Rechnungsperiode wird der in der Inventur ermittelte Wert dem Wert der Zugänge gegenübergestellt. Die Differenz stellt dann den jeweiligen Stoffaufwand dar.
Das folgende Beispiel zeigt die oben erwähnte Rechnung.

Bestand an Rohstoffen am Geschäftsjahresanfang: 50 000,- DM
Summe der Rohstoffeinkäufe im Laufe des Geschäftsjahres 108 000,- DM

	Soll	Rohstoffe	Haben
	EBK 50 000,-		
Summe der Zugänge	+ 108 000,-		
	158 000,-		

Es ergibt sich, daß im abgelaufenen Geschäftsjahr Rohstoffe im Werte von 158 000,- DM zur Verfügung standen. Der Wert der verbrauchten Rohstoffe läßt sich nun mit Hilfe des Inventurwertes ermitteln. Er stellt die Differenz zwischen dem Wert aller zur Verfügung gestandenen Rohstoffe und dem Wert, der laut Inventur noch verfügbar ist, dar. In diesem Beispiel soll der Inventurwert 39 800,- DM betragen. Es ergäbe sich die folgende Rechnung:

        Zur Verfügung standen: 158 000,- DM
        davon noch vorhanden: - 39 800,- DM
                Verbrauch: 118 200,- DM

Im abgelaufenen Geschäftsjahr entstand also ein Rohstoffaufwand in Höhe von 118 200,- DM. Dieser Aufwand wurde errechnet. Er läßt sich jedoch auch buchungstechnisch ermitteln. Das angesprochene Verfahren läßt sich auf alle Stoffebestände, also auf Rohstoffe, Hilfsstoffe und Betriebsstoffe, anwenden.

Da der Inventurwert bilanziert wird und weil die Schlußbilanz die gleichen Werte ausweist wie das Schlußbilanzkonto, wird der Inventurwert durch eine Buchung in das Buchführungssystem eingebucht. Da der Bestand auf dem Schlußbilanzkonto im Soll stehen muß, erfolgt eine Gegenbuchung auf dem Konto Rohstoffe im Haben. Für den obigen Fall lautet der Buchungssatz:

| Schlußbilanzkonto an Rohstoffe | 39 800 | 39 800 |

Die Darstellung verdeutlicht den Zahlungsstrom:

Soll	Rohstoffe	Haben	Soll	Schlußbilanzkonto	Haben
EBK	50 000,-	SBK 39 800,-	RS 39 800,-		
Zug	108 000,-				

Zur Ermittlung des Rohstoffaufwands wird das Konto Rohstoffe abgeschlossen und saldiert. Der Saldo stellt dann den Rohstoffaufwand dar. Dieser wird auf das Aufwandskonto Rohstoffaufwand übertragen. Da in gar keinem Fall ein höherer Endbestand vorhanden sein kann als die Summe aus Anfangsbestand und Zugängen, ergibt sich der Buchungssatz:

Rohstoffaufwand an Rohstoffe

Die Zahlungsströme soll die folgende Darstellung verdeutlichen:

Soll	Rohstoffe	Haben	Soll	Rohstoffaufwand	Haben
EBK	50 000,-	SBK 39 800,-	RS 118 200,-		
Zug	108 000,-	RSA 118 200,-			
	158 000,-	158 000,-			

RS=Rohstoffe; RSA=Rohstoffaufwand; Zug=Zugänge

Der Abschluß des Kontos Rohstoffaufwand erfolgt anschließend über das Gewinn- und Verlustkonto.

Es sei noch einmal betont, daß das Beispiel für alle anderen Stoffebestände ebenfalls Gültigkeit hat.

Aufgaben zu Kapitel 6.1

72., 73. und 74.

Führen Sie nach den folgenden Geschäftsfällen das Rohstoffkonto, indem Sie zunächst die Buchungssätze erstellen und diese dann nur auf dem Konto Rohstoffe buchen. Anschließend sollen das Konto Rohstoffe und das Konto Rohstoffaufwand abgeschlossen werden. Erstellen Sie auch dafür die Buchungssätze.

	72.	**73.**	**74.**
Anfangsbestand	39 980,-	42 436,-	27 920,-
Zieleinkauf	44 500,-	32 400,-	27 920,-
Entnahme lt. Me.* für die Fertigung	12 000,-	23 700,-	15 840,-
Barkauf	17 600,-	9 800,-	26 689,-
Entnahme für die Fertigung lt. Me.*	43 700,-	28 790,-	29 400,-

*lt. Me. = laut Materialentnahmeschein

75., 76., 77. und 78.

Summenmäßig weist das Hilfsstoffkonto der Broszeit GmbH, Tungendorf, folgende Werte aus:

	75.	**76.**	**77.**	**78.**
Anfangsbestand	12 300,-	18 500,-	44 300,-	22 222,-
Summe der Entnahmen . .	87 589,-	75 107,-	99 999,-	88 888,-
Summe der Zugänge . . .	86 400,-	66 606,-	75 500,-	55 555,-

Erfassen Sie die obigen Werte und schließen Sie die Konten ab.

79., 80., 81. und 82.

Bei der A. Niebuer GmbH & Co KG, Hohenwestedt, werden Betriebsstoffentnahmen nicht kontinuierlich erfaßt. Es liegen die folgenden Werte vor:

	79.	**80.**	**81.**	**82.**
Anfangsbestand	11 400,-	9 200,-	18 200,-	12 121,-
Summe der Zugänge . . .	44 500,-	57 890,-	28 300,-	72 390,-
Endbestand lt. Inventur	15 900,-	11 535,-	2 056,-	6 733,-

Richten Sie die Konten ein und buchen Sie nach den obigen Angaben. Wie hoch war im abgelaufenen Geschäftsjahr der Betriebsstoffaufwand?

83., 84., 85. und 86.

Ermitteln Sie nach folgenden Angaben jeweils den Anfangsbestand.

	83.	**84.**	**85.**	**86.**
Summe der Zugänge . . .	88 900,-	64 740,-	58 600,-	66 700,-
Endbestand lt. Inventur	22 800,-	13 579,-	24 680,-	12 456,-
Verbrauch	78 445,-	62 272,-	43 920,-	76 578,-

6.2 Erzeugniskonten

Es wurde bereits gesagt, daß die Konten Fertigerzeugnisse und Unfertigerzeugnisse nur einmal im Geschäftsjahr berührt werden. Dies geschieht
jeweils am Ende einer Rechnungsperiode. Im Rahmen der Inventur werden
dann die Werte der Bestände an Unfertig- und Fertigerzeugnissen
ermittelt. Die Wertfeststellung erfolgt hierbei zu den Selbstkosten.
Niemals zu den Verkaufspreisen.

Die ermittelten Werte sind körperlich und wertmäßig vorhanden. Daher
findet dieser ermittelte Inventurwert auch Eingang in die Aktivseite
der Schlußbilanz. Damit verbunden ist auch der Eingang in das Soll des
Schlußbilanzkontos. Der Buchungssatz lautet für Fertigerzeugnisse
stets:

> **Schlußbilanzkonto an Fertigerzeugnisse**

und für Unfertigerzeugnisse:

> **Schlußbilanzkonto an Unfertige Erzeugnisse.**

Die Erfassung der Endbestände erfolgt auf den Erzeugniskonten im Haben. Der Bestand zum Jahresanfang ist in der Regel ein anderer als der
zum Jahresende. Das liegt darin begründet, daß entweder

a) mehr produziert als verkauft wurde. Da sich in so einem Fall der
   Lagerbestand erhöht, hat dieser Vorgang die Bezeichnung
   Bestandsmehrung;
   oder

b) mehr verkauft als produziert wurde. Das ist nur möglich, wenn ein
   Lagerbestand aus Vorjahren abgebaut wurde. Daher trägt dieser Vorgang die Bezeichnung **Bestandsminderung.**

Da die beiden Werte voneinander abweichen, ergibt sich ein Saldo auf
dem jeweiligen Erzeugniskonto. Dieser Saldo wird auf dem Konto Bestandsveränderungen gegengebucht. Bei dem Konto Bestandsveränderungen
handelt es sich um ein besonderes Erfolgskonto, das folglich in das
Gewinn- und Verlustkonto abgeschlossen wird.
Das Gesagte soll die folgende Darstellung verdeutlichen. Es soll von
folgenden Werten ausgegangen werden:

Fertigerzeugnisse: Jahresanfangsbestand . . . . 105 000,- DM

                        Endbestand lt. Inventur . . 95 800,- DM

Unfertige Erzeugnisse: Jahresanfangsbestand . . . . 88 900,- DM

                        Endbestand lt. Inventur . . 93 400,- DM

Für die Eröffnung der Konten und für die Übertragung der Anfangsbestände gelten die folgenden Buchungssätze:

Fertigerzeugnisse	an	Eröffnungsbilanzkonto	105 000	105 000
Unfertigerzeugnisse	an	Eröffnungsbilanzkonto	88 900	88 900

Soll Fertigerzeugnisse Haben

EBK 105 000,-

Soll Unfertigerzeugnisse Haben

EBK 88 900,-

Für die Erfassung der Inventurbestände gelten die Buchungssätze:

Schlußbilanzkonto	an	Fertigerzeugnisse	95 800	95 800
Schlußbilanzkonto	an	Unfertigerzeugnisse	93 400	93 400

Die Konten weisen nach Buchung folgendes aus:

Soll Fertigerzeugnisse Haben

EBK 105 000,- | SBK 95 800,-

Soll Unfertigerzeugnisse Haben

EBK 88 900,- | SBK 93 400,-

Nach Saldierung ergibt sich folgendes Bild:

Soll Fertigerzeugnisse Haben

EBK 105 000,-	SBK 95 800,-
	BV 9 200,-
105 000,-	105 000,-

Soll Unfertigerzeugnisse Haben

EBK 88 900,-	SBK 93 400,-
BV 4 500,-	
93 400,-	93 400,-

BV = Bestandsveränderungen

Die Buchungssätze für die Übertragung der Salden der Erzeugniskonten lauten in diesem Beispiel:

Bestandsveränderungen an Fertigerzeugnisse	9 200	9 200
Unfertigerzeugnisse an Bestandsveränderungen	4 500	4 500

Das Konto Bestandsveränderungen stellt sich nach Abschluß und Saldierung wie folgt dar:

Soll   Bestandsveränderungen   Haben

Fertigerz. 9 200,-	Unf. Erz. 4 500,-
	G+V 4 700,-
9 200,-	9 200,-

Der Saldo wird auf dem Gewinn- und Verlustkonto gegengebucht. Der Buchungssatz lautet in diesem Fall:

Gewinn und Verlust	an	Bestandsveränderungen	4 700	4 700

Der Grund für die Erfassung der Bestandsveränderungen liegt darin, daß es stets gilt, den Einnahmen einer Rechnungsperiode die Aufwendungen gegenüberzustellen, die anfielen, um diese Einnahmen zu erzielen. Wenn in einer Rechnungsperiode Stoffe aus dem Lager entnommen werden, so werden diese als Aufwand erfaßt. Die Erfassung geschieht immer ohne Berücksichtigung, ob die erstellten Waren auch verkauft werden und Einnahmen erzielen. Gleichgültig, ob bei kontinuierlicher oder inventurmäßiger Erfassung des Stoffaufwands.

Wenn sich nun jedoch ein Lagerbestand bildet bzw. erhöht, wurden Aufwendungen erfaßt, denen keine Einnahmen gegenüberstehen. Dies gilt es auszugleichen. Prinzipiell der gleiche Fall liegt vor, wenn weniger produziert als abgesetzt wurde. Dann stehen den Einnahmen keine Aufwendungen gegenüber. Auch diesen Fall gilt es auszugleichen.

Dieser Ausgleich geschieht dadurch, daß die Bestandsveränderungen gegeneinander aufgerechnet werden und der übersteigende Betrag auf dem Gewinn- und Verlustkonto erscheint.

Im vorliegenden Beispiel lag bei den Unfertigerzeugnissen eine Mehrung des Bestandes vor. Den dafür entstandenen Aufwendungen standen keine Erlöse gegenüber. Aus diesem Grunde ist zu den Aufwendungen eine Ausgleichsbuchung vorzunehmen. Ursprünglich hat diese Ausgleichsbuchung auf der Habenseite des Gewinn- und Verlustkontos zu erfolgen.

Bei den Fertigerzeugnissen lag eine Bestandsminderung vor. Der vorhandene Lagerbestand wurde abgebaut. Die Aufwendungen für den Lagerbestand, der verkauft wurde, mußten mit in die Gewinn- und Verlustrechnung einfließen, da er in vorherigen Jahren von der Gewinn- und Verlustrechnung ausgeschlossen wurde.

In diesem Fall wird der Ausgleich dadurch geschaffen, daß die noch nicht erfaßten Aufwendungen auf die Sollseite des Gewinn- und Verlustkontos gebucht werden.

Die Erfassung erfolgt jedoch nicht direkt auf dem Gewinn- und Verlustkonto, sondern die Werte der Bestandsveränderungen werden auf dem Konto Bestandsveränderungen miteinander verrechnet.

Nachfolgend werden zwei Gewinn- und Verlustkonten dargestellt. Auf dem linken erfolgte eine Erfassung des obigen Beispiels über das Konto Bestandsveränderungen, während das rechte Konto einen Abschluß ohne Bestandsveränderungskonto zeigt. Der Leser stellt leicht fest, daß im Ergebnis kein Unterschied besteht.

Soll	Gewinn und Verlust	Haben		Soll	Gewinn und Verlust	Haben
BV	4 700,-			Fe	9 200,-	Ue	4 500,-

Aufgaben zu Kapitel 6.2

87., 88. und 89.

Erstellen Sie zu den nachfolgenden Werten die Erzeugniskonten.

	87.	**88.**	**89.**
Jahresanfangsbestand Fertigerzeugnisse	102 300,-	148 590,-	99 843,-
Jahresanfangsbestand Unfertigerzeugnisse	55 400,-	62 900,-	11 258,-

Schließen Sie die Konten nach folgenden Werten ab, ermitteln und buchen Sie die Höhe der Bestandsveränderungen.

Inventurbestand Fertigerzeugnisse	95 600,-	155 300,-	79 500,-
Inventurbestand Unfertigerzeugnisse	39 500,-	77 889,-	14 420,-

90., 91. und 92.

Die Erzeugniskonten der Meingast OHG, Osnabrück, weisen in verschiedenen Jahren folgende Werte aus:

	90.	**91.**	**92.**
Jahresanfangsbestand Fertigerzeugnisse	122 100,-	234 567,-	103 348,-
Jahresanfangsbestand Unfertigerzeugnisse	44 500,-	96 200,-	44 852,-

Die Inventuren der verschiedenen Jahre ergeben die folgenden Werte:

Inventurbestand Fertigerzeugnisse	204 400,-	102 505,-	77 900,-
Inventurbestand Unfertigerzeugnisse	53 500,-	42 300,-	70 300,-

Erstellen Sie die Buchungssätze zu den Abschlußbuchungen.

Buchen Sie entsprechend den Buchungssätzen auf den Erzeugniskonten und dem Konto Bestandsveränderungen.

Schließen Sie das Konto Bestandsveränderungen ab.

93., 94., 95. und 96.

Das Gewinn- und Verlustkonto der Schulz KG, Dortmund, weist ohne Berücksichtigung der Bestandsveränderungen in verschiedenen Jahren summenmäßig folgende Werte aus:

	93.	**94.**	**95.**	**96.**
Summe der Aufwendungen .	406 790,-	209 840,-	803 479,-	405 869,-
Summe der Erträge . . .	426 790,-	199 300,-	935 600,-	399 400,-

In den Jahren weisen die Fertigerzeugniskonten folgende Werte aus:

Jahresanfangsbestand . .	203 494,-	99 400,-	109 800,-	277 840,-
Inventurbestand	190 800,-	89 400,-	99 800,-	303 400,-

Für die Unfertigerzeugnisse gelten folgende Werte:

Jahresanfangsbestand . .	123 949,-	44 900,-	81 900,-	27 084,-
Inventurbestand	103 380,-	34 800,-	90 430,-	34 300,-

Erstellen Sie die benötigten Konten und die Buchungssätze. Buchen Sie gemäß den Buchungssätzen und schließen Sie die Konten ab.

97. und 98.

Anfangsbestände

Gebäude . . . . 300 000,-   Grundstücke 245 900,-
Forderungen . . . . . 109 800,-   Darlehen 303 200,-
Bank . . . . 99 700,-   Fertigerzeugnisse . . 256 700,-
Unfertigerzeugnisse . 112 860,-   Rohstoffe 219 800,-
Hilfsstoffe . . . . . 88 700,-   Betriebsstoffe . . . 22 300,-
Kasse . . . . 12 495,-   B G A 88 700,-
Maschinen . . . . . . 288 900,-   Forderungen 102 300,-
Verbindlichkeiten . . 305 600,-   Hypotheken 202 500,-
Fuhrpark . . . . . . 99 300,-   Eigenkapital . . . .   ?

Kontenplan

Neben den oben angegebenen Konten sind folgende Konten einzurichten:
Bestandsveränderungen, Betriebsstoffaufwand, Büroaufwand, EBK, Gehälter, Gewinn und Verlust, Hilfsstoffaufwand, Mietaufwand, Rohstoffaufwand, SBK, Umsatzerlöse, Zinsaufwand.

Geschäftsfälle

	97.	98.
1. Zielkauf von Rohstoffen	55 000,-	44 000,-
von Hilfsstoffen	12 100,-	11 000,-
von Betriebsstoffen	8 690,-	9 790,-
2. Banküberweisung für die Geschäftsmiete	1 400,-	4 300,-
3. Belastung des Bankkontos mit Sollzinsen . . .	210,-	320,-
4. Verkauf von Fertigerzeugnissen auf Ziel . . .	46 200,-	74 800,-
gegen Bankscheck . . .	88 020,-	97 800,-
5. Barkauf von Büroklammern	22,-	44,-
6. Rückzahlung eines Darlehens durch Bankscheck .	11 000,-	17 000,-
7. Entnahme von Betriebsstoffen lt. Me. 13860 . .	2 000,-	4 000,-
8. Kundenzahlung auf das Bankkonto	32 400,-	44 300,-
9. Banküberweisung der Gehälter	8 700,-	9 300,-
10. Zielkauf einer Produktionsmaschine	22 000,-	20 900,-
11. Barverkauf eines gebrauchten Direktions-Kfz. .	11 050,-	14 300,-

Angaben für den Abschluß

Inventurendbestände:

Fertigerzeugnisse   230 600,-   Unfertigerzeugnisse   129 840,-

Rohstoffe   202 452,-   Hilfsstoffe   67 866,-

In allen anderen Fällen entsprechen die Bestände auf den Konten denen,
die in der Inventur ermittelt wurden.

6.3 Abschreibungen

In einem Unternehmen werden viele langlebige Wirtschaftsgüter benötigt, um das Unternehmensziel zu erreichen. Dazu gehören auch solche Wirtschaftsgüter, die für den Zeitraum ihrer Nutzung substanzmäßig nicht abnehmen, wie es etwa Stoffebestände tun. Dazu gehören z. B. Kraftfahrzeuge, Maschinen, Gebäude, Schreibmaschinen, Rechenmaschinen und Schreibtische. Die Vermögensgegenstände, die sich nicht substanzmäßig verringern, sollen Gegenstand dieses Kapitels sein. Auch bei diesen Gegenständen vollzieht sich ein Werteverzehr. Dies wird dann deutlich, wenn ein Gegenstand über mehrere Jahre im Unternehmen genutzt wurde und anschließend veräußert werden soll. Er erzielt dann einen Verkaufspreis, der nur ein kleiner Bruchteil des Betrages ist, der zur Anschaffung aufgewandt wurde. Diesen Werteverzehr gilt es zu erfassen und auf die Jahre der Nutzung zu verteilen.

Hierfür existieren verschiedene Methoden, die nachfolgend erklärt werden. Allen ist jedoch gemein, daß der Anschaffungswert die Grundlage für alle Berechnungen darstellt. Wurde ein Wirtschaftsgut selbst erstellt, tritt an die Stelle des Anschaffungswertes der Herstellungswert.

Der Anschaffungs- bzw. Herstellungswert ist die Summe aller Aufwendungen, die entstehen, um in den Besitz des Wirtschaftsgutes zu gelangen. Abzüglich eventueller Preisnachlässe und ohne Finanzierungskosten.

Beispiel

Das Stahlwerk T. Henning, Dortmund, kauft eine neue Drehmaschine. An Kosten entstehen:

Listenpreis der Maschine	100 000,- DM
Preisnachlaß	7 500,- DM
Transportkosten	1 250,- DM
Kosten eines Betonfundamentes	12 000,- DM
Kreditzinsen	2 250,- DM
Einbau einer Spezialbeleuchtung	3 400,- DM

Es ergibt sich folgende Berechnung des Anschaffungswertes:

Preis	100 000,- DM
+ Transportkosten	1 250,- DM
+ Fundamentkosten	12 000,- DM
+ Spezialbeleuchtung	3 400,- DM
− Preisnachlaß	7 500,- DM
= Anschaffungswert	109 150,- DM

6.3.1 Geringwertige Wirtschaftsgüter

Zunächst gilt es jedoch noch eine Unterscheidung unter Wirtschaftsgütern zu treffen. Diese Unterscheidung orientiert sich am Anschaffungswert der Wirtschaftsgüter. Dabei ist zu beachten, ob der Anschaffungs- bzw. Herstellungswert eines Wirtschaftsgutes eine Grenze von 800,- DM übersteigt. Wird diese Grenze von 800,- DM nicht überschritten und ist das Wirtschaftsgut einer eigenständigen Nutzung fähig, so braucht der Anschaffungswert gemäß § 6 Abs. 2 Einkommensteuergesetz nicht auf die Jahre der Nutzung verteilt zu werden, sondern kann im Zeitpunkt der Anschaffung als Aufwand erfaßt werden.

Dies geschieht unabhängig von der Lebensdauer des Wirtschaftsgutes. Für die geringwertigen Wirtschaftsgüter ist ein laufendes Verzeichnis zu führen, aus dem der Tag der Anschaffung und der Wert hervorgehen. Erfaßt werden die Zugänge der geringwertigen Wirtschaftsgüter auf dem gleichnamigen Konto. Für den Zieleinkauf einer Rechenmaschine für das Büro im Werte von 242,- DM lautet der Buchungssatz

Geringw. Wirtschaftsg. an Verbindlichk.	242	242

Wirtschaftsgüter mit einem Anschaffungswert bis 100,- DM brauchen dort nicht erfaßt zu werden. Sie können sofort als Aufwand erfaßt werden. Der Bareinkauf von Büroklammern im Werte von 44,- DM wird durch den folgenden Buchungssatz erfaßt:

Büroaufwand an Kasse	44	44

Geringwertige Wirtschaftsgüter müssen jedoch nicht in dem Jahr der Anschaffung abgeschrieben werden. Es besteht auch die Möglichkeit, die Anschaffungskosten auf die Jahre der Nutzung zu verteilen. Dieses Wahlrecht existiert jedoch nur bei den Wirtschaftsgütern, deren Anschaffungs- bzw. Herstellungskosten bis 800,- DM betragen. Waren die Anschaffungs- oder Herstellungskosten höher als 800,- DM, so muß der Werteverzehr jährlich erfaßt werden.

An dieser Stelle sei darauf hingewiesen, daß für den Begriff Abschreibung, der dem Handelsrecht entstammt, auch die Bezeichnung Absetzung für Abnutzung gebräuchlich ist. Der Begriff Absetzung für Abnutzung (AfA) entstammt dem Steuerrecht.

6.3.2 Mehrjährige Abschreibung

Gehört ein Wirtschaftsgut nicht zu der Gruppe der geringwertigen Wirtschaftsgüter bzw. soll nicht sofort in voller Höhe abgeschrieben werden, müssen die Anschaffungs- oder Herstellungskosten für das jeweilige Wirtschaftsgut auf die Jahre der Nutzung verteilt werden. Zur Ermittlung des jährlichen Abschreibungsbetrages gibt es verschiedene Methoden. Hier sollen nur die Möglichkeiten behandelt werden, die das Steuerrecht zuläßt. Es sind dies

a) **"Absetzung für Abnutzung in gleichen Jahresbeträgen"**,
   die auch als lineare Abschreibung bezeichnet wird,
   gemäß § 7 Abs. 1 Sätze 1 + 2 EStG.

b) **"Absetzung für Abnutzung in fallenden Jahresbeträgen"**,
   die auch als degressive Abschreibung bezeichnet wird,
   gemäß § 7 Abs. 2 EStG.

c) **"Absetzung für Abnutzung nach Maßgabe der Leistung"**,
   die auch die Bezeichnung leistungsbezogene Abschreibung trägt,
   gemäß § 7 Abs. 1 Satz 3 EStG.

Zu a)
Bei der linearen Abschreibung werden die jährlichen Abschreibungsbeträge nach folgendem Schema errechnet:

$$\text{Abschreibungsbetrag} = \frac{\text{Anschaffungs- / Herstellungswert ./. Restwert*}}{\text{Anzahl der Jahre der Nutzung}}$$

* Nur bei besonderen Gegenständen, wie dem Schrottwert von Schiffen, von Bedeutung. Ansonsten zu vernachlässigen.

Der sich bei dieser Rechnung ergebende Betrag muß dann in jedem Jahr der Nutzung als Aufwand erfaßt werden, bis der gesamte Anschaffungs- bzw. Herstellungswert als Abschreibungsaufwand erfaßt wurde. Wenn die Summe der einzelnen Abschreibungsbeträge den Anschaffungs- bzw. Herstellungswert erreicht hat, kann keine weitere Aufwandsbuchung erfolgen, da nicht ein größerer Betrag als Aufwand geltend gemacht werden kann, als tatsächlich entstanden ist.

Neben der Möglichkeit der Errechnung des jährlichen Abschreibungsbetrages besteht noch die Möglichkeit der Errechnung des jährlichen prozentualen Abschreibungssatzes nach folgendem Schema:

$$\text{Abschreibungsprozentsatz} = \frac{100\ \%}{\text{Nutzungsdauer in Jahren}}$$

Diese Rechnung schafft auch die Möglichkeit der Überwachung der Rechtmäßigkeit der Höhe der Abschreibung. Grundsätzlich wird die Höhe der jährlichen Abschreibung zwar nach obiger Formel errechnet, doch sind seitens der Finanzämter Höchstgrenzen für die jährliche Abschreibung gesetzt. So darf beispielsweise ein neu angeschaffter PKW linear höchstens mit jährlich 25 % des Anschaffungswertes abgeschrieben werden.

Für einen LKW mit einer Nutzungsdauer von 8 Jahren und Anschaffungskosten in Höhe von 192 000,- DM ergibt sich bei linearer Abschreibung folgende Berechnung:

Abschreibungsbetrag = 192 000,- DM : 8 = 24 000,- DM jährlich
Abschreibungsprozentsatz = 100 % : 8 = 12,5 % jährlich

Jahr	Buchwert	Abschreibungs-betrag	Restbuch-wert
1	192 000,-	24 000,-	168 000,-
2	168 000,-	24 000,-	144 000,-
3	144 000,-	24 000,-	120 000,-
4	120 000,-	24 000,-	96 000,-
5	96 000,-	24 000,-	72 000,-
6	72 000,-	24 000,-	48 000,-
7	48 000,-	24 000,-	24 000,-
8	24 000,-	23 999,-*	1,-*

*In diesem Beispiel soll der LKW nach Ablauf der vorgesehenen Nutzungsdauer noch weiter im Unternehmen genutzt werden. In solch einem Fall wird im letzten Geschäftsjahr der vorgesehenen Nutzung, hier im achten Geschäftsjahr, ein Abschreibungsbetrag gebildet, der einen Restbuchwert von 1,- DM entstehen läßt. Fortan wird dieses Wirtschaftsgut mit 1,- DM bilanziert und nicht mehr abgeschrieben. Erst im Jahr des Ausscheidens wird der Betrag von 1,- DM ausgebucht.

Wie diese und andere Geschäftsfälle buchungstechnisch zu erfassen sind, soll in Kapiel 6.3.3 erklärt werden.

Zu b)

Bei der degressiven Abschreibung wird von einem Prozentsatz ausgegangen, der für die Dauer der Nutzung gleich bleibt. Zur linearen Abschreibung bestehen folgende Unterschiede:

1. Der Abschreibungsprozentsatz beträgt lt. § 7 Abs. 2 EStG bis zum Dreifachen des linearen Abschreibungssatzes, höchstens jedoch 30 %.

2. Grundlage für die Anwendung des Abschreibungsprozentsatzes ist der Restbuchwert des Vorjahres.

Für den LKW aus dem obigen Beispiel ergibt sich bei Wahl der degressiven Abschreibung folgende Rechnung:

Linearer Abschreibungssatz = 12,5 % * 3 = 37,5 %

Der degressive Abschreibungssatz darf gem. § 7 Abs. 2 EStG höchstens 30 % betragen. Daraus ergibt sich für die ersten acht Jahre die folgende Aufstellung:

Jahr	Buchwert	%-Satz	Abschreibungs-betrag	Restbuch-wert
1	192 000,00	30 %	57 600,00	134 400,00
2	134 400,00	30 %	40 320,00	94 080,00
3	94 080,00	30 %	28 224,00	65 856,00
4	65 856,00	30 %	19 756,80	46 099,20
5	46 099,20	30 %	13 829,76	32 269,44
6	32 269,44	30 %	9 680,83	22 588,61
7	22 588,61	30 %	6 776,58	15 812,03
8	15 812,03	30 %	4 743,61	11 068,42

Es wird deutlich, daß der Abschreibungsbetrag zu Beginn des Abschreibungszeitraumes höher ist als bei der linearen Abschreibung. Da der Abschreibungsbetrag jedoch immer wieder neu aus dem abnehmenden Restbuchwert errechnet wird, verringert er sich kontinuierlich, bis er unter den Abschreibungsbetrag der linearen Abschreibung sinkt. In diesem Beispiel ist das erstmals im vierten Jahr der Fall.

Der § 7 Abs. 3 EStG gestattet einen Wechsel von der Form der degressiven Abschreibung zur Form der linearen Abschreibung. Für die weitere Berechnung der Abschreibungen werden der Restbuchwert und die Restnutzungsdauer herangezogen. Der Wert des Quotienten aus Restbuchwert und Restnutzungsdauer stellt dann den weiteren jährlichen Abschreibungsbetrag dar. Würde in obigem Beispiel nach dem vierten Jahr von der degressiven Abschreibungsform zur linearen gewechselt werden, lautete der Quotient

46 099,20 DM : 4 Jahre Restnutzungsdauer = 11 524,80 DM

Der LKW würde für die restlichen vier Jahre mit jährlich 11 524,80 DM abgeschrieben.

In § 7 Abs. 3 EStG wird ein Wechsel von der linearen Abschreibung zur degressiven Abschreibung ausdrücklich verboten.

Zu c)

In § 7 Abs. 1 Satz 3 EStG ermöglicht der Gesetzgeber die Abschreibung nach erbrachter Leistung. Diese Form der Abschreibung ist jedoch nur bei Wirtschaftsgütern möglich, die mit einer Einrichtung zur Zählung der geleisteten Arbeitseinheiten ausgestattet sind.

Bei Anschaffung des Wirtschaftsgutes wird ein Erfahrungswert an Leistungseinheiten zugrundegelegt. Der Anschaffungs- bzw. Herstellungswert wird dann durch die Anzahl der Leistungseinheiten dividiert. Es ergibt sich ein Abschreibungsbetrag je Leistungseinheit. Am Ende eines Geschäftsjahres wird dann die Zahl der geleisteten Leistungseinheiten mit dem Abschreibungsbetrag je Leistungseinheit multipliziert. Der sich dann ergebende Wert stellt den Abschreibungsbetrag dar. Wenn bei dem LKW mit Anschaffungskosten in Höhe von 192 000,- DM eine Laufleistung von 640 000 km erwartet wird, ergibt sich je Leistungseinheit, in diesem Fall je Kilometer, ein Abschreibungsbetrag von 192 000,- DM : 640 000 km = 0,30 DM je Kilometer.

Es soll angenommen werden, daß der LKW in 8 Jahren folgende Kilometerzahlen zurücklegt:

1. Jahr = 75 600 km; 2. Jahr = 84 400 km; 3. Jahr = 77 400 km;
4. Jahr = 82 600 km; 5. Jahr = 87 300 km; 6. Jahr = 72 700 km;
7. Jahr = 75 000 km; 8. Jahr = 85 000 km.

Aus diesen Zahlen ergibt sich die folgende Aufstellung:

Jahr	Buchwert	km-Leistung * AfA je ..m =	Abschreibungs- betrag	Restbuch- wert
1	192 000,-	75 600 * 0,30 =	22 680,-	169 320,-
2	169 320,-	84 400 * 0,30 =	25 320,-	144 000,-
3	144 000,-	77 400 * 0,30 =	23 220,-	120 780,-
4	120 780,-	82 600 * 0,30 =	24 780,-	96 000,-
5	96 000,-	87 300 * 0,30 =	26 190,-	69 810,-
6	69 810,-	72 700 * 0,30 =	21 810,-	48 000,-
7	48 000,-	75 000 * 0,30 =	22 500,-	25 500,-
8	25 500,-	85 000 * 0,30 =	25 500,-	0,-

Wird der LKW nach dem 640 000. Kilometer weiterhin genutzt, wird er auch bei dieser Form der Abschreibung mit 1,- DM weiterhin in den Büchern aufgeführt.

Aufgaben zu Kapitel 6.3

99., 100., 101. und 102.

Die Maschinenfabrik Ogni, Königsborn, schafft vier Kraftfahrzeuge an.

	99.	**100.**	**101.**	**102.**
Anschaffungswert	150 000,-	180 000,-	260 000,-	88 000,-
Nutzungsdauer	8 Jahre	6 Jahre	20 Jahre	8 Jahre

Erstellen Sie für jedes Fahrzeug je eine Abschreibungstabelle für die lineare und degressive Abschreibung. Wann sollte von der degressiven zur linearen Abschreibung gewechselt werden?

103., 104., 105. und 106.

Die Kobusch GmbH & Co KG, Ulm, hat Fahrzeuge mit folgenden Daten:

	103.	**104.**	**105.**	**106.**
Anschaffungswert	204 000,-	198 000,-	280 000,-	140 000,-
Gesamtlaufleistung	243 000	413 000	457 000	200 000
davon im 1. Jahr	60 800	99 000	94 800	30 900
" " 2. Jahr	44 000	62 500	87 000	54 000
" " 3. Jahr	50 000	70 000	93 000	66 000
" " 4. Jahr	88 200	85 000	74 000	49 100
" " 5. Jahr	./.	44 300	64 100	./.
" " 6. Jahr	./.	52 200	44 100	./.

Erstellen Sie die Abschreibungstabellen bei leistungsbezogener Abschreibung. Nach Erreichen der kalkulierten Laufleistung schieden die Fahrzeuge aus dem Unternehmen aus.

6.3.3 Buchungsmäßige Erfassung der Abschreibungen

Bisher wurden die Abschreibungsbeträge, die als Aufwand entstehen, nur rechnerisch ermittelt. Dies allein genügt jedoch noch nicht, da diese auch buchhalterisch erfaßt werden müssen.

Einerseits geschieht dies auf speziell dafür vorgesehenen Konten. Diese Konten stellen reine Erfolgskonten dar und werden in das Gewinn- und Verlustkonto abgeschlossen. Da die Abschreibungen Aufwand darstellen, gehören die Konten, auf denen die Abschreibungen buchhalterisch erfaßt werden, zu den Aufwandskonten. Folglich erfolgt dort die Erfassung des Abschreibungsaufwands im Soll.

Bei der Einrichtung der Abschreibungskonten kann unterschieden werden zwischen Abschreibungen auf Maschinen, Abschreibungen auf Gebäude, Abschreibungen auf geringwertige Wirtschaftsgüter usw. In diesem Buch soll das Konto zur Erfassung des Abschreibungsaufwands stets Abschreibungen heißen.

Andererseits ist die Erfassung auf zwei Wegen möglich.

Durch die Abschreibungen werden die Werte der abgeschriebenen Gegenstände gemindert. Für die Erfassung dieser Wertminderungen bestehen zwei Möglichkeiten.

   a) Direkte Buchung.
      Hier erfolgt die Buchung der Wertminderung im Haben des jeweiligen Bestandskontos.
   b) Indirekte Buchung.
      Bei dieser Form erfolgt die Erfassung der Abschreibungen auf einem Wertberichtigungskonto.

Da die Form der indirekten Erfassung eine Weiterentwicklung der direkten Buchungsweise darstellt, soll hier zunächst die Form der direkten Abschreibungsbuchung behandelt werden. Beiden Formen ist gemein, daß die Gegenbuchung auf dem Abschreibungskonto erfolgen muß.

6.3.3.1 Geringwertige Wirtschaftsgüter

Der Steuerpflichtige hat, wenn die Anforderungen des § 6 Abs. 2 EStG erfüllt werden, hier ein Wahlrecht, ob die Anschaffungs- oder Herstellungskosten der geringwertigen Wirtschaftsgüter im Jahr der Anschaffung in voller Höhe als Aufwand erfaßt werden sollen, oder ob diese über den Zeitraum der betriebsgewöhnlichen Nutzungsdauer verteilt werden sollen.

Gleichgültig, ob mehrjährig oder vollständig im Anschaffungsjahr abgeschrieben werden soll, lautet der Buchungssatz:

Abschreibungen an Geringw. Wirtschaftsg.

Der einzige Unterschied besteht darin, daß eine Abschreibung im Jahr der Anschaffung einen höheren Buchungswert zur Folge hat.

Hier taucht die Frage auf, warum die Anschaffungs- bzw. Herstellungskosten nicht sofort als Aufwand erfaßt werden.

Wenn zum Zeitpunkt der Anschaffung der geringwertigen Wirtschaftsgüter der Betrag der Anschaffungs- bzw. Herstellungskosten sofort als Aufwand auf dem Abschreibungskonto erfaßt wird, ändert dies nichts am Ergebnis des abgelaufenen Geschäftsjahres. Es ergeben sich jedoch noch zwei weitere Vorteile. Wie erwähnt, verlangt § 6 Abs. 2 EStG ein fortlaufend zu führendes Verzeichnis der geringwertigen Wirtschaftsgüter. Dieses Verzeichnis ist lt. § 6 Abs. 2 EStG jedoch nicht zu führen, wenn die verlangten Daten aus der Buchführung hervorgehen. Diese Bedingung wird durch die Existenz des Kontos Geringwertige Wirtschaftsgüter erfüllt. Ein weiterer Vorteil dieses Kontos besteht darin, daß nicht im Augenblick der Anschaffung entschieden werden muß, ob die Abschreibung im Jahr der Anschaffung erfolgen soll, sondern daß mit dieser Entscheidung bis zum Jahresende gewartet werden kann, wenn ein genauerer Überblick über den Gewinn des abgelaufenen Geschäftsjahres möglich ist. Im Falle eines höheren Gewinns ist es sinnvoll, die geringwertigen Wirtschaftsgüter im Jahr der Anschaffung in voller Höhe abzuschreiben, da sich dadurch die Aufwendungen erhöhen und der zu versteuernde Gewinn vermindert.

Bei niedrigerem Gewinn haben Aufwendungen geringe Auswirkung auf den zu versteuernden Gewinn. In solch einem Fall ist es daher günstiger, die Aufwendungen auf die Jahre der Nutzung zu verteilen.

Im Falle der Verteilung der Anschaffungs- bzw. Herstellungskosten auf die Jahre der Nutzung werden die jährlichen Abschreibungsaufwendungen in gleicher Weise erfaßt wie bei den Wirtschaftsgütern, die die Anforderungen des § 6 Abs. 2 EStG nicht erfüllen.

6.3.3.2 Zeitanteilige Abschreibung

Bei den Wirtschaftsgütern, die die Voraussetzungen des § 6 Abs. 2 EStG nicht erfüllen, oder bei denen auf die Anwendung des § 6 Abs. 2 EStG verzichtet werden soll, muß der Abschreibungsaufwand jährlich gebucht werden. Diese Buchung vollzieht sich nach dem gleichen Muster wie bei der Buchung der Abschreibungen der geringwertigen Wirtschaftsgüter. Ein Unterschied besteht hier nur darin, daß verschiedene Gegenkonten möglich sind. Verallgemeinert lautet der Buchungssatz

Abschreibungen an Bestandskonto.

Für den Begriff Bestandskonto können die Konten Gebäude, Maschinen usw. eingesetzt werden.

Das oben Gesagte soll an dem Beispiel eines Zielkaufs einer Maschine mit Anschaffungskosten in Höhe von 90 000,- DM und einer Nutzungsdauer von zehn Jahren verdeutlicht werden. Die Maschine soll linear abgeschrieben werden.
Es entstanden noch Transportkosten in Höhe von 2 000,- DM, Fundamentierungskosten in Höhe von 3 000,- DM, die jeweils bar bezahlt wurden.
Buchung zum Zeitpunkt der Anschaffung:

Maschinen an Verbindlichkeiten	95 000	90 000
Kasse		5 000

Damit ist der volle Wert der Maschine auf das Bestandskonto Maschinen übertragen worden. Dieser Wert bildet die Grundlage für die Abschreibung. Bei einer Nutzungsdauer von 10 Jahren ergibt sich bei linearer Abschreibung ein Abschreibungsprozentsatz von 10 % = 9 500,- DM je Jahr.

Am Ende des ersten Geschäftsjahres erfolgt dann die erste Buchung der Abschreibung durch den Buchungssatz:

Abschreibungen an Maschinen	9 500	9 500

Dadurch wird die Wertminderung, die durch die Abschreibung entsteht, auf das Konto Maschinen übertragen. Der Buchwert beläuft sich danach auf 85 500,- DM. Da das Konto Abschreibungen zu den Erfolgskonten gehört, wird der Saldo auf das Gewinn- und Verlustkonto übertragen. Dort steht der Saldo des Kontos Abschreibungen im Soll unter den anderen Aufwendungen des Geschäftsjahres. Dadurch wird der Gewinn gemindert. Durch die Minderung des Gewinns senkt sich auch die Steuerlast. Das nachfolgende Schaubild zeigt die Buchungen zu dem obigen Beispiel.

Buchung bei Anschaffung der Maschine

Soll	Verbindlichkeiten	Haben
		Ma 90 000,-

Soll	Kasse	Haben
		Ma 5 000,-

Soll	Maschinen	Haben
Vb/Ka 95 000,-		

Buchung der Abschreibung.

Soll	Maschinen	Haben
Vb/Ka 95 000,-	Ab 9 500,-	

Soll	Abschreibungen	Haben
Ma 9 500,-		

Buchung bei Abschluß der Konten.

Soll	Maschinen	Haben
Vb/Ka 95 000,-	Ab 9 500,-	
	SBK 85 500,-	
95 000,-	95 000,-	

Soll	Abschreibungen	Haben
Ma 9 500,-	G+V 9 500,-	
9 500,-	9 500,-	

Soll	Schlußbilanzkonto	Haben
Ma 85 500,-		

Soll	Gewinn und Verlust	Haben
Ab 9 500,-		

Diese Abschreibungsbuchung wiederholt sich von Geschäftsjahr zu Geschäftsjahr. Eine Änderung tritt ein

a) nach Ablauf der zehnjährigen Nutzungsdauer,

b) bei Verkauf der Maschine und

c) bei Zerstörung der Maschine.

Wie in den jeweiligen Fällen zu buchen ist, zeigen die folgenden Beispiele.

100

Zu a)

Nach Ablauf der Nutzungsdauer bestehen in bezug auf die Maschine zwei Möglichkeiten:

1. **Weiternutzung**
2. **Verschrottung**

Im Falle der Weiternutzung ist die Maschine im letzten Abschreibungsjahr bis auf den Wert von 1,- DM abzuschreiben. In diesem Beispiel erfolgt eine Buchung nach dem Buchungssatz

Abschreibungen an Maschinen	9 499	9 499

Wird die Maschine verschrottet, wird der Restbuchwert in einer Summe abgeschrieben. Der Buchungssatz unterscheidet sich von dem vorhergehenden nur insoweit, daß sich der Betrag ändert.

Abschreibungen an Maschinen	9 500	9 500

Zu b)

Wird die Maschine zwischenzeitlich verkauft, bestehen hinsichtlich des Verkaufspreises drei Möglichkeiten:

1. **Verkaufspreis gleich dem Restbuchwert**
2. **Verkaufspreis über dem Restbuchwert**
3. **Verkaufspreis unter dem Restbuchwert**

Es soll angenommen werden, daß die Maschine nach dem fünften Jahr ihrer Nutzung verkauft werden soll. Der Buchwert beläuft sich dann auf einen Betrag von 47 500,- DM.

Werden im Falle eines Verkaufs 47 500,- erzielt, wurde die Maschine zu ihrem Buchwert verkauft. Hat der Käufer den Kaufpreis mit einem Bankscheck beglichen, ergibt sich der Buchungssatz

Bank an Maschinen	47 500	47 500

Der Fall des Verkaufs von Anlagegütern zu einem Preis, der dem Buchwert entspricht, stellt keine Probleme dar. Er ist jedoch auch sehr selten im Wirtschaftsgeschehen.

Häufiger ist der Fall, daß der Verkaufspreis vom Buchwert abweicht.

Wird bei dem Verkauf der Maschine ein Verkaufspreis von 52 500,- DM erzielt, muß der den Buchwert übersteigende Betrag von 5 000,- DM ebenfalls erfaßt werden. Dies geschieht auf einem weiteren Erfolgskonto,
nämlich dem Konto **Erträge aus dem Abgang von Gegenständen des Anlagevermögens.** Hier soll dieses Konto Außerordentliche Erträge (A. o. Erträge) heißen. Dabei handelt es sich um ein Erlöskonto, dessen Saldo
am Geschäftsjahresende in das Gewinn- und Verlustkonto übertragen
wird. Dort erscheint es auf der Habenseite mit anderen Erträgen zusammen. Wie alle Ertragskonten, mehrt sich auch dieses Ertragskonto im Haben. Daraus ergibt sich bei Scheckzahlung der Buchungssatz

Bank an Maschinen	52 500	47 500
A. o. Erträge		5 000

Wird die Maschine nach Ablauf des fünften Nutzungsjahres zum Preis von
29 000,- DM veräußert, liegt der Verkaufspreis 18 500,- DM unter dem
Buchwert. Dieser Verlust muß ebenfalls erfaßt werden. Auch dafür
existiert ein Erfolgskonto. Es heißt **Verluste aus dem Abgang von Gegenständen des Anlagevermögens.** Hier soll das Konto Außerordentliche Aufwendungen (A. o. Aufwand) heißen. Es handelt sich dabei um ein Aufwandskonto, welches ebenfalls in das Gewinn- und Verlustkonto abgeschlossen wird. Bei Zahlung mit Bankscheck lautet der Buchungssatz:

Bank	29 000	
A. o. Aufwand an Maschinen	18 500	47 500

Bei dem Verkauf der Maschine erfolgte auf dem Konto Maschinen eine Buchung, die wertmäßig stets dem Buchwert entsprach. Das ist auch unab-
dingbare Voraussetzung dafür, daß die Buchführung der Realität
entsprechen muß. Wenn ein Wert ausgebucht würde, der höher wäre als
der Buchwert, würde sich ein negativer Bestand auf dem Konto Maschinen
ergeben. Im umgekehrten Fall bliebe ein Rest auf dem Konto stehen, der
nach Veräußerung der Maschine erst am Ende des Geschäftsjahres im
Rahmen der Inventur berichtigt würde. Von einer ordnungsmäßigen
Buchführung kann dann nicht mehr die Rede sein.

Zu c)

Wenn die Maschine während ihrer Nutzung einen Schaden erleidet, der eine Zerstörung darstellt oder eine Reparatur wirtschaftlich nicht ver-
tretbar erscheinen läßt, stellt dies einen Aufwand dar, der auf dem
Konto Schadensfälle erfaßt wird.

Das Konto Schadensfälle stellt ein Aufwandskonto dar. In der Gruppe der Erfolgskonten gehört das Konto Schadensfälle zu den Aufwandskonten.

Wenn die Maschine nach dem fünften Nutzungsjahr durch Ölmangel einen irreparablen Schaden erleidet und dadurch vollständig wertlos wird, müssen die folgenden Punkte beachtet werden:

1. Der Buchwert beträgt noch 47 500,- DM.
2. Der tatsächliche Wert ist 0,- DM.

Ein eventueller Schrottwert soll nachfolgend behandelt werden.

Der Buchwert muß nun dem tatsächlichen Wert der Maschine angepaßt werden. Dies geschieht, indem der Buchwert als Aufwand auf dem Konto Schadensfälle erfaßt wird und indem die Gegenbuchung auf dem Konto Maschinen im Haben erfolgt. Dadurch ist der Buchwert in Höhe von 47 500,- DM neutralisiert worden. Die Herabsetzung des Buchwertes auf 0 bzw. 1 DM trägt die steuerrechtliche Bezeichnung Teilwertabschreibung.

Der Buchungssatz lautet:

Schadensfälle an Maschinen	47 500	47 500

Bei dieser Buchung wurde kein Schrottwert für die Maschine berücksichtigt. In der Praxis wird in der Regel immer noch ein kleiner Schrottpreis erzielt. Dieser Schrottwert mindert den tatsächlich entstandenen Schaden. Es soll angenommen werden, daß in diesem Beispiel ein Schrottpreis von 500,- DM erzielt wurde. Diese 500,- DM mindern nun den entstandenen Schaden in Höhe von 47 500,- DM um 500,- DM auf einen tatsächlichen Schaden in Höhe von 47 000,- DM. Wenn die 500,- DM bar vereinnahmt wurden, ergibt sich folgender Buchungssatz:

Kasse	500	
Schadensfälle an Maschinen	47 000	47 500

In beiden Fällen erfolgt eine vollständige buchmäßige Neutralisierung des Buchwertes der Maschine.

Würde anstelle des Kontos Schadensfälle jeweils das Konto Außerordentlicher Aufwand angesprochen werden, würde sich dadurch im Prinzip nichts ändern, da das Konto Außerordentlicher Aufwand ebenfalls ein Erfolgskonto ist. Für etwaige spätere Dokumentationszwecke ist es jedoch sinnvoller, auf dem Konto Schadensfälle zu buchen.

Aufgaben zu Kapitel 6.3.3

107., 108., 109. und 110.

Die Buchdruckerei Gensfleisch, Kiel, kauft neue Fotosatzmaschinen.

	107.	**108.**	**109.**	**110.**
Anschaffungspreis:	500 000,-	600 000,-	750 000,-	480 000,-
Nutzungsdauer:	10 Jahre	8 Jahre	12 Jahre	5 Jahre
Abschreibungsform:	linear	linear	degressiv	degressiv

Die Maschine der Aufgabe 107 wird nach dem 7. Nutzungsjahr verkauft. Der Verkaufspreis beläuft sich auf 200 000,- DM.

Die Maschinen der Aufgaben 108 und 109 werden nach dem 6. Nutzungsjahr durch ein Feuer zerstört. Der jeweilige Schrottwert beträgt 900,- DM.

Die Maschine der Aufgabe 110 wird nach dem 2. Nutzungsjahr verkauft. Der Verkaufspreis beläuft sich hier auf 200 000,- DM.

Erstellen Sie die Buchungssätze für die obigen Angaben und führen Sie die Buchungen durch.

111., 112. und 113.

Anfangsbestände

Gebäude . . . . 250 000,-   Verbindlichkeiten . . 222 300,-

Maschinen . . . . . . 450 000,-   Darlehen 358 800,-

Fuhrpark . . . . 110 000,-   Unfertige Erzeugnisse 44 600,-

Fertigerzeugnisse . . 89 900,-   Bankguthaben 120 900,-

Eigenkapital . . . . .   ?

In den abgelaufenen Geschäftsjahren ergaben sich ohne Berücksichtigung der Bestandsveränderungen und der Abschreibungen folgende Daten. Ermitteln Sie den Gewinn bzw. Verlust.

	111.	**112.**	**113.**
Summe der Aufwendungen:	290 800,-	305 600,-	290 290,-
Summe der Erlöse:	409 900,-	536 600,-	277 300,-
Endbestände an			
Fertigerzeugnissen:	108 900,-	82 400,-	122 400,-
Unfertigerzeugnissen:	40 000,-	45 200,-	39 800,-
Abschreibungen auf			
Gebäude:	2,5 %	5,0 %	7,5 %
Fuhrpark:	25,0 %	30,0 %	20,0 %
Maschinen:	10,0 %	8,5 %	15,0 %

Bisher wurden alle Abschreibungen auf den Konten gegengebucht, deren Werte berichtigt werden sollten. Es handelte sich dabei um die direkte Buchung der Aufwendungen. Es besteht auch noch die Möglichkeit, die Abschreibungsaufwendungen nicht direkt auf dem Bestandskonto gegenzubuchen. Dieses Verfahren wird als indirekte Abschreibung bezeichnet.

Bei diesem Verfahren werden die Anfangsbestände der Wirtschaftsgüter nicht offensichtlich verringert. Die Gegenbuchung erfolgt nicht auf dem Bestandskonto, sondern auf einem speziellen Konto. Es trägt die Bezeichnung Wertberichtigungen auf Sachanlagen. Dabei handelt es sich um ein Bilanzkonto. Es stellt den Ausgleichsposten zu den Anlagekonten dar, die ja bei dieser Form der Abschreibung immer den Anschaffungs- bzw. Herstellungswert dokumentieren.

Bei der direkten Buchung des Abschreibungsaufwands wurde in dem Beispiel der Maschine im ersten Jahr gebucht

Abschreibungen an Maschinen	9 500	9 500

Bei der indirekten Abschreibung erfolgt die Buchung entsprechend dem Buchungssatz

Abschreibungen an Wertberichtigungen auf Sachanlagen	9 500	9 500

Bei der indirekten Erfassung wird das Bestandskonto Maschinen nicht berührt. Dies ist auch der Fall bei außergewöhnlichen Abschreibungen.

Erst wenn das Wirtschaftsgut aus dem Unternehmen ausscheidet, erfolgt eine Umbuchung des bisherigen Abschreibungsaufwands auf das jeweilige Bestandskonto.
Wenn die Maschine nach dem vierten Nutzungsjahr im Wege eines Zielverkaufs für 57 000,- DM aus dem Unternehmen ausscheidet, wurden bei indirekter Abschreibung 38 000,- DM Abschreibungsaufwand auf dem Konto Wertberichtigungen auf Sachanlagen erfaßt. Auf dem Konto Maschinen steht noch immer der Anschaffungswert in Höhe von 95 000,- DM.

Im ersten Schritt muß nun der Betrag der indirekt gebuchten Abschreibungen von dem Konto Wertberichtigungen auf Sachanlagen auf das Konto

Maschinen umgebucht werden. Dies geschieht durch den Buchungssatz

Wertberichtigungen auf Sachanlagen	an	Maschinen	38 000	38 000

Nach Durchführung der obigen Buchung weist das Konto Maschinen wieder den korrekten Buchwert von 57 000,- DM aus.

Im nächsten Schritt erfolgt die Buchung des Verkaufs, der hier der Einfachheit halber zum Buchwert erfolgen soll. Da es sich dabei um einen Zielverkauf handelt, lautet der Buchungssatz

Forderungen	an	Maschinen	57 000	57 000

Wenn die Form der indirekten Erfassung des Abschreibungsaufwands gewählt wurde, erfolgt nur die Erfassung der Abschreibungen auf die indirekte Art. Alle anderen Geschäftsfälle werden direkt gebucht. Zu diesem Zweck wird zuvor stets der indirekt gebuchte Abschreibungsaufwand auf das Bestandskonto übertragen. Die dann folgenden Buchungen entsprechen denen der direkten Abschreibung.

BEMERKUNG:
Die Aufgaben 107 bis 110 sollten indirekt gelöst werden.
Die Möglichkeit der indirekten Abschreibung besteht seit der Neufassung des HGB vom 1.1.86 nicht mehr für Kapitalgesellschaften. Die Posten der indirekten Abschreibung (Wertberichtigungsposten) erscheinen nicht mehr in § 266 HGB (Bilanzgliederungsschema), der für Kapitalgesellschaften gilt.

6.3.4 Anschaffung/Herstellung im Geschäftsjahr

Laut Abschnitt 43 Abs. 7 Satz 1 EStR kann bei Wirtschaftsgütern, die im Laufe eines Geschäftsjahres angeschafft oder hergestellt werden, grundsätzlich nur der Betrag als Abschreibungsaufwand geltend gemacht werden, der auf den Zeitraum zwischen Anschaffung bzw. Herstellung und dem Geschäftsjahresende entfällt. Das gilt entsprechend Abschnitt 43 Abs. 7 Satz 2 EStR auch beim Ausscheiden von Wirtschaftsgütern während des Geschäftsjahres.

Eine Ausnahme von dieser Regel läßt nur Abschnitt 43 Abs. 7 Satz 3 EStR zu. Dort wird dem Buchführenden ein <u>Wahlrecht</u> eingeräumt, nach dem es zulässig ist, bei <u>beweglichen</u> Wirtschaftsgütern im Falle der <u>Anschaffung oder Herstellung</u> in der ersten Geschäftsjahreshälfte den vollen

Jahresabschreibungsaufwand als Aufwand geltend zu machen. Dies gilt unabhängig von dem Anschaffungs- oder Herstellungsdatum. Selbst wenn die
Anschaffung oder Herstellung am letzten Tag der ersten Geschäftsjahreshälfte erfolgt, kann der Betrag der gesamten Jahresabschreibungen
als Aufwand geltend gemacht werden. Erfolgt die Anschaffung bzw.
Herstellung in der zweiten Geschäftsjahreshälfte, kann noch die halbe
Jahresabschreibung als Aufwand geltend gemacht werden. Dies ist
ebenfalls unabhängig vom Anschaffungsdatum möglich. Wenn ein Geschäftsjahr vom 1. Januar bis zum 31. Dezember läuft, besteht im Fall einer
Anschaffung am 31. Dezember die Möglichkeit, die halbe Jahresabschreibung als Aufwand zu erfassen. Vorausgesetzt, es handelt sich um ein be-
wegliches Anlagegut.

Diese Vereinfachungsregelung gilt nur für die Anschaffung oder Herstellung eines beweglichen Wirtschaftsgutes des Anlagevermögens. Bei einem
Verkauf während des Geschäftsjahres ist eine zeitanteilige Abschreibung vorzunehmen.

Beispiel

Geschäftsjahr vom 1. Januar bis zum 31. Dezember.

Anschaffung einer Maschine am 16. Juni.

Anschaffungskosten 12 000,- DM.

Nutzungsdauer 10 Jahre bei linearer Abschreibung.

Veräußerung am 13. August des Folgejahres.

Berechnung der Abschreibung

    a) im Jahr der Anschaffung:

        Nutzungsdauer 10 Jahre = 10 % jährliche Abschreibung auf den
        Anschaffungswert von 12 000,- DM = 1 200,- DM jährlich.
        Da die Anschaffung in der ersten Jahreshälfte erfolgte, be-
        steht die Möglichkeit, den Betrag der Jahresabschreibung als
        Aufwand geltend zu machen.

    b) im Folgejahr, dem Jahr des Ausscheidens:

        Jahresabschreibungsbetrag = 1 200,- DM.
        Davon entfallen auf jeden Monat des Geschäftsjahres 100,- DM.
        Bei Ausscheiden am 13. August des Geschäftsjahres sind 8 Mo-
        natsbeträge anrechenbar. Es ergibt sich die Rechnung:
        8 * 100,- DM = 800,- DM. Es können noch 800,- DM als
        Abschreibungsaufwand buchmäßig erfaßt werden.

6.3.5 Sonderabschreibungen

Gewisse Unternehmen können im Jahr der Anschaffung oder Herstellung neuer beweglicher Wirtschaftsgüter des Anlagevermögens im Jahr der Anschaffung bzw. Herstellung 10 % der Anschaffungs- bzw. Herstellungskosten neben dem normalen Abschreibungsbetrag als Abschreibungsaufwand geltend machen.

Hierfür gelten folgende Bedingungen:

1. Der Einheitswert des Betriebes darf nicht mehr als 120 000 DM betragen.

2. Das Gewerbekapital im Sinne des Gewerbesteuergesetzes darf 500 000 DM nicht übersteigen.

3. Das Wirtschaftsgut muß nach Anschaffung bzw. Herstellung mindestens ein Jahr im Unternehmen genutzt werden.

Mit diesem Gesetz wollte der Gesetzgeber kleinen und mittleren Unternehmen die Möglichkeit geben, einen höheren Teil ihrer Anschaffungs- bzw. Herstellungskosten gewinn- und damit ertragsteuermindernd geltend zu machen, als es unter normalen Umständen möglich wäre.
Die Buchung dieser Sonderabschreibung vollzieht sich nach der gleichen Vorgehensweise wie bei der anderen Abschreibung.

Fragen zu Kapitel 6

57. Welche Möglichkeiten bestehen zur Erfassung der Stoffaufwendungen ?
58. Wann liegt eine Bestandsminderung, wann eine Bestandsmehrung vor ?
59. Wie ist bei einer Bestandsmehrung, wie bei einer Bestandsminderung zu buchen ?
60. Warum muß den Bestandsveränderungen überhaupt Aufmerksamkeit geschenkt werden ?
61. Was wird in der Buchführung und im Steuerrecht als geringwertiges Wirtschaftsgut bezeichnet ?
62. Wann muß ein Wirtschaftsgut über mehrere Jahre abgeschrieben werden ?
63. Bei welcher Abschreibungsmethode vermindern sich die Abschreibungsbeträge immer von Jahr zu Jahr ?

64. Besteht die Möglichkeit des Wechsels von der linearen Abschreibung zur degressiven Abschreibung ? Wenn ja, wann sollte gewechselt werden ?

65. Besteht die Möglichkeit des Wechsels von der degressiven Abschreibung zur linearen Abschreibung ? Wenn ja, wann sollte ein Wechsel stattfinden ?

66. Welche weitere Abschreibungsart ist steuerlich auch zulässig ?

67. Welche Möglichkeiten bestehen bei der buchmäßigen Erfassung des Abschreibungsaufwands ?

68. Was drückt der Buchwert eines Anlagegutes aus ?

69. Welche Konten werden bei dem Verkauf eines Wirtschaftsgutes im ersten Schritt angesprochen, wenn der Abschreibungsaufwand indirekt erfaßt wurde ?

70. Wie ist zu buchen, wenn ein Wirtschaftsgut zu einem Betrag veräussert wird, der über dem Buchwert liegt ?

71. Wie ist zu buchen, wenn ein Wirtschaftsgut zu einem Betrag veräussert wird, der unter dem Buchwert liegt ?

72. Wie ist im letzten Nutzungsjahr zu buchen, wenn ein Wirtschaftsgut vollständig abgeschrieben wurde, jedoch noch weiter im Unternehmen genutzt wird ?

73. Worin besteht der Unterschied zwischen der direkten und der indirekten Abschreibung ?

74. Was ist unter der Sonderabschreibung zu verstehen ?

75. Wie erfolgt die Buchung der Sonderabschreibung ?

76. Ein Gebäude wurde am 23.4. angeschafft. Das Geschäftsjahr läuft vom 1. Januar bis zum 31. Dezember. Wie hoch ist die Abschreibung, wenn die Anschaffungskosten 500 000,- DM betragen haben und das Gebäude mit 10 % jährlich abgeschrieben wird ?

77. Ein Kraftfahrzeug wurde am 6. April eines Geschäftsjahres, das vom 1. Januar bis zum 31. Dezember dauert, angeschafft. Die Anschaffungskosten betrugen 25 000,- DM. Welcher Betrag kann im Jahr der Anschaffung bei 4-jähriger Nutzungsdauer und bei linearer Abschreibung als Abschreibungsaufwand geltend gemacht werden ?

78. Warum ist die Vereinfachungsregel des Abschnittes 43 Abs. 7 Satz 3 der Einkommensteuerrichtlinien nicht auf Gebäude anwendbar ?

79. Ist die Vereinfachungsregel des Abschnittes 43 Abs. 7 Satz 3 EStR auch bei dem Verkauf von beweglichen Wirtschaftsgütern anwendbar ?

80. Welche Auswirkungen haben Abschreibungen auf den Erfolg eines Unternehmens ?

Aufgaben zu Kapitel 6.3

114. und 115.

Anfangsbestände

Gebäude	245 000,-	Verbindlichkeiten . .	269 400,-
Maschinen	156 600,-	Darlehen	322 500,-
Fuhrpark	112 000,-	Forderungen	47 890,-
Unfertige Erzeugnisse	39 700,-	Fertigerzeugnisse . .	71 220,-
Hilfsstoffe	12 300,-	Bankguthaben	93 000,-
Kasse	9 800,-	Betriebsstoffe . . .	8 900,-
Rohstoffe	54 660,-	Eigenkapital	?

Kontenplan

Neben den obigen Bestandskonten sind die folgenden Konten einzurichten: Abschreibungen, Bestandsveränderungen, Betriebsstoffaufwand, Eröffnungsbilanzkonto, Gewinn und Verlust, Hilfsstoffaufwand, Löhne, Mietaufwand, Mieterträge, Rohstoffaufwand, Schlußbilanzkonto, Umsatzerlöse, Zinsaufwand, Zinserträge.

Geschäftsfälle	114.	115.
1. Zielverkauf von Fertigerzeugnissen	33 000,-	31 900,-
2. Banküberweisung für Löhne	2 390,-	1 801,-
3. Bareingang einer Mietzahlung durch Mieter . .	900,-	1 190,-
4. Kundenüberweisung auf das Bankkonto	20 350,-	20 900,-
5. Aufnahme eines Darlehens bei der Bank	30 000,-	35 000,-
6. Lieferant belastet Verzugszinsen	900,-	1 000,-
7. Banküberweisung für Geschäftsmiete	3 200,-	2 820,-
8. Entnahme von Betriebsstoffen	5 300,-	4 980,-
9. Zieleinkauf von Rohstoffen	53 900,-	63 800,-
von Hilfsstoffen	22 050,-	25 520,-
von Betriebsstoffen	10 900,-	11 550,-
10. Kauf eines Kraftfahrzeuges gegen Bankscheck .	24 200,-	22 050,-
11. Bankgutschrift für Habenzinsen	80,-	110,-
12. Verkauf von Fertigerzeugnissen bar	8 250,-	7 150,-
gegen Bankscheck . .	41 800,-	52 800,-
auf Ziel	55 000,-	64 850,-
13. Kauf einer Maschine gegen Bankscheck	11 000,-	12 100,-
14. Barverkauf einer gebrauchten Fertiggarage am Geschäftsjahresende zum Buchwert	1 100,-	2 200,-

110

Angaben für den Abschluß

1. Endbestände laut Inventur:

Fertigerzeugnisse	62 390,-
Unfertigerzeugnisse	43 500,-
Rohstoffe	39 930,-
Hilfsstoffe	10 100,-

2. Abschreibungen:

auf Gebäude   5 % des Jahresanfangswertes

auf Fuhrpark   25 % des letzten Bestandes

auf Maschinen 10 % des Jahresanfangswertes

3. Die übrigen Buchwerte entsprechen den Inventurwerten.

116. und 117.

Anfangsbestände

Es gelten die Anfangsbestände der Aufgaben 114 und 115.

Kontenplan

Neben den angegebenen Bestandskonten sind die folgenden Konten einzurichten: Abschreibungen, Außerordentlicher Ertrag, Außerordentlicher Verlust, Betriebsstoffaufwand, Gebäude, Gehälter, Gewinn und Verlust, Hilfsstoffaufwand, Kraftfahrzeugkosten, Mieterträge, Rohstoffaufwand, Zinsaufwand, Umsatzerlöse.

Geschäftsfälle	116.	117.
1. Ausgleich einer Verbindlichkeit bar	1 400,-	4 500,-
2. Eingangsrechnung für Benzinverbrauch der Kfz .	2 420,-	1 980,-
3. Kauf eines PKW gegen Bankscheck.		
Listenpreis	33 000,-	26 400,-
Überführungskosten	600,-	820,-
Zulassung	53,-	46,-
Nummernschilder	28,-	44,-
4. Verkauf von Fertigerzeugnissen auf Ziel . . .	15 400,-	22 000,-
gegen Bankscheck	44 000,-	55 000,-
5. Barverkauf eines gebrauchten Kfz Buchwert . .	5 900,-	7 450,-
erzielter Verkaufspreis	4 950,-	3 850,-
6. Gehaltszahlung durch Bankscheck	4 800,-	6 300,-
7. Ein Mieter zahlt seine Miete bar	775,-	630,-

8. Kauf einer Produktionsmaschine gegen Bankscheck.

   Listenpreis 22 000,-   24 200,-

   Transportkosten 1 105,-   2 865,-

   Fundamentierungskosten 4 620,-   5 280,-

   Zinskosten des Finanzierungskredites . . .   495,-   605,-

9. Veräußerung einer gebrauchten Produktionsmaschine

   auf Ziel.   Buchwert 4 500,-   6 200,-

   Verkaufserlös 6 820,-   8 910,-

   Der Verkauf erfolgte im letzten Monat des Geschäftsjahres.

10. Kauf des bisher gemieteten Grundstückes, auf dem das Geschäfts-
    gebäude steht, durch Bankscheck.

    Kaufpreis 49 000,-   55 000,-

    Notariatskosten 1 000,-   2 000,-

11. Verkauf von Fertigerzeugnissen bar 5 500,-   6 490,-

    gegen Bankscheck .   42 900,-   38 500,-

12. Zielkauf von Rohstoffen 53 900,-   62 700,-

    Hilfsstoffen 24 200,-   26 400,-

    Betriebsstoffen 11 000,-   14 300,-

13. Banküberweisung für Verbindlichkeiten . . .   49 800,-   56 700,-

14. Banküberweisung eines Kunden 29 700,-   31 900,-

15. Darlehensaufnahme bei der Bank 100 000,-   90 000,-

16. Kauf einer Fertigungshalle durch Bankscheck   120 000,-   105 000,-

17. Zielverkauf von Fertigerzeugnissen 57 200,-   68 205,-

Angaben für den Abschluß

1. **Endbestände laut Inventur:**

   Fertigerzeugnisse   68 350,-

   Unfertigerzeugnisse   41 290,-

   Rohstoffe   48 900,-

   Hilfsstoffe   15 250,-

   Betriebsstoffe   8 950,-

2. **Abschreibungen:**

   auf Gebäude   5 % des Jahresendbestandes

   auf Fuhrpark   20 % des Jahresendbestandes

   auf Maschinen   10 % des Jahresendbestandes

3. **Die übrigen Buchwerte entsprechen den Inventurwerten.**

118., 119. und 120.

Die Feindreherei Ungenau, Norderstedt, besaß drei Drehmaschinen.

	118.	**119.**	**120.**
Preis der Maschine	550 000,-	660 000,-	275 000,-
Transportkosten	11 000,-	8 250,-	1 870,-
Transportversicherung	1 300,-	1 050,-	340,-
Kreditkosten	2 000,-	1 600,-	850,-
Fundamentierungskosten	9 900,-	9 570,-	4 180,-
Rabatt auf die Maschine	8 %	10 %	2 %
Nutzungsdauer	10 Jahre	10 Jahre	8 Jahre
Abschreibungsform	linear	linear	linear
Anschaffungszeitpunkt	22.4.81	13.8.83	25.11.80
Erfassungsform	indirekt	indirekt	direkt
Verkaufszeitpunkt	14.8.87	6.4.86	8.12.87
Verkaufserlöse	150 000,-	430 000,-	2 000,-

Das Geschäftsjahr läuft vom 1.1. bis zum 31.12.

a) Ermitteln Sie die jeweiligen Anschaffungswerte.

b) Ermitteln Sie die anfallenden Abschreibungsbeträge und erstellen
   Sie die Buchungssätze für deren buchmäßige Erfassung.

c) Buchen Sie die Verkäufe der Drehmaschinen.

121.

Der Inhaber des Stahlwerkes Meisestahl, Max Meise in Rottach, hat nur
Einkünfte aus seinem Unternehmen. Sein persönlicher Einkommensteuer-
satz, mit dem seine Einkünfte versteuert werden, soll 40 % betragen.
Das Gewinn- und Verlustkonto weist folgende Zahlen aus:

Summe der Aufwendungen 1 479 475,- DM Summe der Erlöse 2 398 499,- DM

Bei den Aufwendungen wurden die Abschreibungsaufwendungen für Wirtschaftsgüter, die im abgelaufenen Wirtschaftsjahr angeschafft wurden,
nicht berücksichtigt. Es sind dies:

    1 Kfz, Anschaffungswert 200 000,- DM, Nutzungsdauer 10 Jahre,
    Anschaffungszeitpunkt 15. März.
    Geringwertige Wirtschaftsgüter, Anschaffungswert 40 000,- DM,
    Nutzungsdauer 4 Jahre, Anschaffungszeitpunkt 13. August.

Ermitteln Sie, welche Abschreibungsform sich am günstigsten und welche
sich am ungünstigsten auf die Einkommensteuerlast des Inhabers auswirkt. Wie hoch ist die Differenz zwischen beiden ?

7. Löhne und Gehälter

7.1 Lohn-/Gehaltsbestandteile

Wenn bisher von Lohn- und Gehaltszahlungen die Rede war, erfolgte deren Erfassung stets zu den angegebenen Werten. Löhne und Gehälter bestehen jedoch aus mehreren Bestandteilen. Diese Bestandteile sind der Grund dafür, warum der buchmäßigen Erfassung der Lohn- und Gehaltszahlungen ein besonderes Augenmerk geschenkt werden muß.

Zunächst besteht ein Lohn bzw. ein Gehalt aus dem vereinbarten Bruttobetrag. Von diesem Betrag werden in der Regel verschiedene Beträge subtrahiert.

1. Lohn- bzw. Einkommensteuer

Die Steuerbelastung seines Arbeitseinkommens muß der Arbeitnehmer in voller Höhe selbst tragen. Der Arbeitgeber ist jedoch verpflichtet, die Lohnsteuerlast, die auf einem Arbeitsentgelt ruht, einzubehalten und an das zuständige Finanzamt abzuführen. Die Höhe der Belastung mit Lohnsteuer richtet sich nach den persönlichen Gegebenheiten des Arbeitnehmers.

Bisher war nur von der Lohnsteuerbelastung der Arbeitnehmer die Rede. Die einbehaltenen Steuerbeträge tragen diese Bezeichnung auch dann, wenn Arbeitnehmer aufgrund der Einkommenshöhe der Einkommensteuer unterliegen. Dadurch ändert sich nichts an der Höhe der Steuerbelastung. Es besteht lediglich die Verpflichtung zur jährlichen Abgabe einer Steuererklärung, während bei Einkommen, die unter den einkommensteuerlichen Grenzen liegen, das Recht auf die Stellung eines Antrages auf Lohnsteuerjahresausgleich besteht.

2. Kirchensteuer

Ist der Arbeitnehmer Mitglied einer kirchlichen Vereinigung, entsteht für ihn eine Kirchensteuerlast. Der Beitrag der Kirchensteuer berechnet sich nach einem Prozentsatz auf der Grundlage der Lohnsteuerschuld. Die Höhe des Prozentsatzes ist regional unterschiedlich.

Auch die Kirchensteuer muß der Arbeitgeber einbehalten und zu einem späteren Zeitpunkt an das zuständige Finanzamt abführen, von wo aus sie an die kirchlichen Träger weitergeleitet wird.

3. Sozialbeiträge

Jeder Arbeitnehmer ist verpflichtet, sich sozial abzusichern. Dies geschieht zumeist durch die Mitgliedschaft in der gesetzlichen Sozialversicherung.

Die Sozialversicherung ruht auf drei Säulen.

3.1 Krankenversicherung

Zum Schutz vor nicht tragbaren Kosten, die zur Heilung oder Verhinderung von Krankheiten entstehen können, ist der Arbeitnehmer krankenversichert. Durch die Beitragszahlung erwirbt er das Recht, bestimmte Leistungen in Anspruch zu nehmen. Diese werden dann von der Krankenkasse, deren Mitglied der Arbeitnehmer ist, bezahlt. Die Höhe der Beitragszahlung richtet sich nach der Krankenkasse. Der Beitragssatz liegt im allgemeinen bei ca. 10 bis 14 % des Bruttoarbeitsentgeltes. Dieser Beitrag wird jedoch zwischen Arbeitnehmer und Arbeitgeber je zur Hälfte aufgeteilt. Der Arbeitgeberanteil stellt einen weiteren Aufwand für den Arbeitgeber dar.

Beträgt das Arbeitsentgelt brutto 2 000,- DM und beträgt der Beitragssatz zur Krankenkasse 12 %, beläuft sich der Krankenkassenbeitrag auf 240,- DM. Davon entfallen auf den Arbeitnehmer 120,- DM und auf den Arbeitgeber ebenfalls 120,- DM.

3.2 Rentenversicherung

Ein Arbeitnehmer muß nicht bis an sein Lebensende arbeiten, um seinen Lebensunterhalt bestreiten zu können. Es besteht die Möglichkeit, ab einer gewissen Altersgrenze seine Arbeit aufzugeben und ein Altersruhegeld zu beziehen. Für Arbeitnehmer heißt dieses Altersruhegeld Rente. Die Mittel, die zur Rentenzahlung benötigt werden, müssen von den Arbeitnehmern und Arbeitgebern aufgebracht werden, die noch erwerbstätig sind. Wenn dann die Erwerbstätigen in das Rentenalter gelangen und sich ebenfalls zur Ruhe setzen, erhalten auch sie eine Rente, die aus Mitteln aufgebracht wird, die noch tätige Arbeitnehmer und Arbeitgeber aufbringen. Damit dieses Gebilde, das auch die Bezeichnung Generationenvertrag trägt, nicht zusammenbricht, müssen Einzahlungen in die Kasse, die diese Renten auszahlt, erfolgen. Der Beitrag beträgt 18,5 % des Bruttoarbeitslohnes.
Auch hierbei werden die Beitragszahlungen je zur Hälfte zwischen Arbeitnehmer und Arbeitgeber aufgeteilt.

3.3 Arbeitslosenversicherung

Damit der Arbeitnehmer bei Verlust des Arbeitsplatzes nicht in existentielle Schwierigkeiten gerät, erhält er im Falle der Arbeitslosigkeit finanzielle Unterstützung. Für die Zahlung des Arbeitslosengeldes ist es erforderlich, daß die arbeitenden Arbeitnehmer und Arbeitgeber einen Beitrag in Höhe von 4,6 % des Bruttoarbeitsentgeltes entrichten. Arbeitslosenversicherung ist also keine Versicherung gegen den Verlust des Arbeitsplatzes, sondern ausschließlich zum Auffangen eintretender Härten. Auch hier wird der Beitrag hälftig zwischen Arbeitnehmer und Arbeitgeber aufgeteilt und stellt für den Arbeitgeber Aufwand dar.

Die Summe aller Sozialversicherungsbeiträge wird an die Träger der Krankenkassen abgeführt. Diese überweisen dann die entsprechenden Beträge an die Träger der Rentenversicherung und an den Träger der Arbeitslosenversicherung.

Die einbehaltenen Abgaben und die Arbeitgeberanteile zur Sozialversicherung werden nicht direkt am Tag der Lohn- bzw. Gehaltszahlung an die zuständigen Stellen weitergeleitet. Sie verbleiben im Unternehmen und werden im Folgemonat überwiesen. Damit sie jedoch auch Berücksichtigung finden, werden sie auf ein speziell dafür eingerichtetes Konto gebucht. Dieses Konto trägt die Bezeichnung Noch abzuführende Abgaben. Die Arbeitgeberbeiträge zur Sozialversicherung des Arbeitnehmers, die, wie bereits gesagt, einen zusätzlichen Aufwand darstellen, werden auf einem entsprechenden Aufwandskonto erfaßt. Es trägt die Bezeichnung Sozialkosten oder aber auch Sozialaufwendungen.

Das folgende Beispiel soll das oben Gesagte verdeutlichen und gleichzeitig als Grundlage für die Buchung der Lohnaufwendungen dienen:

Bruttoarbeitslohn:	2 500,- DM
Lohnsteuer:	530,- DM
Kirchensteuer:	50,- DM
12 % Krankenkassenbeitrag:	300,- DM
18,5 % Rentenversicherungsbeitrag:	465,- DM*
4,6 % Arbeitslosenversicherungsbeitrag:	115,- DM

*Wurde zur Vereinfachung von 462,50 DM auf 465,- DM festgesetzt.

Zusammengefaßt ergibt sich folgende Aufstellung:

Bruttoarbeitslohn:	2 500,- DM
Steuerbelastung:	580,- DM
Sozialabgaben:	880,- DM

116

Während der Arbeitnehmer die Steuerbelastung in voller Höhe tragen muß, werden die Beiträge zur Sozialversicherung zur Hälfte vom Arbeitgeber mitgetragen. Das folgende Schema zeigt links die Lohn- bzw. Gehaltsabrechnung des Arbeitnehmers und rechts die tatsächliche Belastung des Arbeitgebers:

	Arbeitnehmer	Arbeitgeber
Bruttoarbeitslohn:	2 500,-	2 500,-
Steuerabzug:	580,-	0,-
Sozialbeiträge:	440,-	440,-
Nettoarbeitslohn:	1 480,-	Aufwandsbetrag: 2 940,-

Es wird ersichtlich, daß für beide Seiten ein Unterschied zwischen der Ausgangsgröße Bruttoarbeitslohn und dem Nettoeinkommen bzw. des tatsächlich aufzuwendenden Betrages besteht.

7.2 Buchungen im Bereich der Löhne und Gehälter

In der heutigen Zeit ist es üblich geworden, die Lohn- und Gehaltszahlungen durch eine Banküberweisung vorzunehmen. Zu diesem Zweck bieten die Kreditinstitute den Unternehmen zahlreiche Vergünstigungen zur Vereinfachung, z. B. Magnetlesegeräte, an.

Die buchmäßige Erfassung der obigen Abrechnung erfolgt auf den Konten Löhne und Gehälter, Bank, Sozialkosten und Noch abzuführende Abgaben.

Auf dem Konto Löhne und Gehälter wird der Bruttobetrag gebucht. Da es sich hier um ein Aufwandskonto handelt, erfolgt die Erfassung im Soll. Auf dem Konto Bank wird der Betrag erfaßt, der letztendlich überwiesen wird. Da es sich hier um ein Aktivkonto handelt, bei dem eine Minderung eintritt, erfolgt die Erfassung hier im Haben.
Bei dem Konto Sozialkosten handelt es sich ebenfalls um ein Aufwandskonto. Hier erfolgt die Erfassung der Arbeitgeberanteile zur Sozialversicherung im Soll.
Auf dem Konto Noch abzuführende Abgaben werden die Beträge erfaßt, die zu einem späteren Zeitpunkt an die verschiedenen Empfänger abgeführt werden. Das Konto weist somit einen Bestand aus. Der ausgewiesene Be-

stand stellt eine besondere Art von Verbindlichkeiten dar, weil die hier ausgewiesenen Beträge den Empfängern noch geschuldet werden. Es ist daher wie ein Passivkonto zu behandeln und die Zugänge sind hier im Haben zu erfassen.

Bei der Buchung wird das Konto durch zwei Buchungen berührt. Durch die erste Buchung erfolgt die Übertragung der direkt vom Arbeitnehmer einbehaltenen Abgaben. Es wird also die Summe aus Steuerbelastung des Arbeitnehmers und den Arbeitnehmerbeiträgen zur Sozialversicherung erfaßt.

Die zweite Buchung stellt die Gegenbuchung zu den Arbeitgeberanteilen zur Sozialversicherung dar.

Aus dem oben Gesagten ergeben sich die Buchungssätze:

a) Buchung der reinen Gehaltszahlung.

Löhne und Gehälter an Bank	2 500	1 480
Noch abzuf. Abgaben		1 020

b) Buchung der Sozialkosten.

Sozialkosten an Noch abzuführende Abgaben	440	440

Durch diese beiden Buchungssätze ist die Lohn- bzw. Gehaltszahlung zwar buchmäßig erfaßt, jedoch noch nicht abgeschlossen. Endgültig abgeschlossen ist der Vorgang erst dann, wenn die noch abzuführenden Abgaben auch tatsächlich abgeführt wurden. Dies hat immer bis zum 10. des Folgemonats zu geschehen. Die Abführung geschieht in der Praxis entweder durch Bank- oder Postüberweisung. Scheckzahlung ist ebenfalls üblich.

Bei Abführung zum 10. des Folgemonats ist folgende Buchung vorzunehmen:

Noch abzuführende Abgaben an Bank	1 460	1 460

Für den letzten Monat des Geschäftsjahres erfolgt die Abführung in aller Regel erst im Folgejahr. Dann sind die noch abzuführenden Abgaben zu bilanzieren. Der Ausweis erfolgt dann auf der Passivseite der Bilanz unter der Bezeichnung Noch abzuführende Abgaben oder unter der Bezeichnung Sonstige Verbindlichkeiten.

Der Buchungssatz lautet dann:

Noch abzuführende Abgaben an S B K	1 460	1 460

Wenn keine Besonderheiten vorliegen, ist die Erfassung der Lohn- bzw. Gehaltszahlungen nach Durchführung der vorhergehenden Buchungen abgeschlossen.

Es besteht jedoch noch die Möglichkeit für eine Vielzahl von Abweichungen von der "normalen" Lohn- bzw. Gehaltszahlung, die andere, umfangreichere Buchungsvorgänge auslösen. Die häufigsten sollen nachfolgend behandelt werden.

a) Der Arbeitnehmer erhält einen Gehaltsvorschuß in Höhe von 500,- DM. Der Betrag wird ihm an der Kasse bar ausgezahlt.

Dadurch entsteht für das Unternehmen eine Forderung an den Arbeitnehmer, da dieser erst zum Monatsende einen Anspruch auf Arbeitsentgelt hat. Diese Forderung wird im Augenblick der Gehaltszahlung mit dem Anspruch des Arbeitnehmers verrechnet. Außerdem setzt ein Zahlungsvorgang ein, der stets zu erfassen ist.

Für die buchmäßige Erfassung der Vorschußzahlung werden die Konten Kasse und Forderungen an Belegschaftsmitglieder berührt. Anstelle des Kontos Forderungen an Belegschaftsmitglieder besteht auch die Möglichkeit der Erfassung auf dem Konto Sonstige Forderungen oder Forderungen aus Vorschüssen.

In beiden Fällen handelt es sich hier um Aktivkonten. Das Konto Kasse wird aufgrund der Minderung im Haben berührt. Da die Forderungen an Belegschaftsmitglieder eine Mehrung erfahren, wird diese dort im Soll erfaßt.

Zum Zeitpunkt der Gewährung des Gehaltsvorschusses erfolgt die Erfassung nach dem folgenden Buchungssatz:

Forderungen aus Vorschüssen an Kasse	500	500

Zum Zeitpunkt der Gehaltszahlung wird der Betrag mit dem Gehaltsanspruch des Arbeitnehmers verrechnet. Zur buchmäßigen Erfassung der Verrechnung wird der Betrag des Gehaltsvorschusses im Haben des Kontos Forderungen an Belegschaftsmitglieder gegengebucht.

119

Bezogen auf die ursprüngliche Gehaltszahlung ergeben sich die folgenden Buchungssätze:

Gehälter an Bank		2 500	980
Noch abzuführende Abgaben			1 020
Forder. aus Vorschüssen			500
Sozialkosten an Noch abzuf. Abgaben		440	440

Die Gewährung eines Vorschusses ändert nichts an der Aufwandshöhe des
Arbeitgebers. Zum Zeitpunkt der Gehaltszahlung wird zwar das Bankkonto
weniger stark belastet, es wurde jedoch zu einem vorherigen Zeitpunkt
das Konto Kasse vermindert.

b) Der Arbeitnehmer bewohnt eine Werkswohnung. Die Höhe der Miete beträgt 380,- DM und wird vom Gehalt einbehalten.

In diesem Fall wird das Gehalt nicht in voller Höhe an den Mitarbeiter
ausgezahlt. Dadurch verringert sich der Betrag, der auf dem Bankkonto
im Haben gebucht werden muß. Der Betrag der Miete ist auf dem Konto
Mieterträge zu erfassen. Da es sich dabei um ein Erlöskonto handelt,
welches sich mehrt, erfolgt die Erfassung im Haben. In Anlehnung an
das Ausgangsbeispiel ergeben sich folgende Buchungssätze:

Gehälter an Bank		2 500	1 100
Noch abzuführende Abgaben			1 020
Mieterträge			380
Sozialkosten an Noch abzuführende Abgaben		440	440

Auch hier beträgt der Aufwand des Arbeitgebers 2 940,- DM. Auch daß
der Arbeitnehmer in einer Werkswohnung wohnt und somit für Mieterträge
sorgt, ändert nichts an der Aufwandshöhe, weil diese Mieteinnahmen
auch vorhanden wären, wenn die Wohnung nicht von einem Arbeitnehmer
des eigenen Unternehmens bewohnt würde.

c) Der Arbeitnehmer erhält für 10-jährige Unternehmenszugehörigkeit
   600,- DM bar ausgezahlt.

Es sei erwähnt, daß Zahlungen an den Arbeitnehmer zu gewissen Jahreszahlen der Unternehmenszugehörigkeit Jubiläumsgeschenke darstellen und in gewissen Grenzen lohnsteuerbefreit sind.

Eine solche Zahlung stellt einen zusätzlichen Aufwand des Arbeitgebers dar, der auf einem separaten Aufwandskonto zu erfassen ist. Das Konto trägt die Bezeichnung Sonstige Personalaufwendungen. Der Buchungssatz lautet:

| Sonstige Personalaufwendungen an Kasse | 600 | 600 |

Der Abschluß des Kontos Sonstige Personalaufwendungen erfolgt, wie die Salden aller Erfolgskonten, über das Gewinn- und Verlustkonto.

d) Der Arbeitnehmer nimmt vermögenswirksame Leistungen in Anspruch.

Arbeitnehmer haben die Möglichkeit, Sparverträge abzuschließen, die zeitlich begrenzt sind. Dabei wird monatlich ein festgesetzter Betrag auf das Sparkonto eingezahlt und verzinst. Nach Ablauf der vereinbarten Laufzeit erhalten die Sparer die Summe der Einzahlungen ausgezahlt und haben somit Vermögen gebildet. Auf die gesparten Beträge erhalten die Sparer einen staatlichen Zuschuß. Dieser Zuschuß trägt die Bezeichnung Sparzulage und errechnet sich auf der Grundlage eines Prozentsatzes, der sich nach den persönlichen Voraussetzungen des Arbeitnehmers und nach der Art der Vermögensbildung richtet.

Die folgende Aufstellung zeigt, wann welcher Prämiensatz gewährt wird.

Pers. Vorauss. Vertragsart	Arbeitnehmer mit bis zu 2 Kindern	Arbeitnehmer mit mehr als 2 Kindern
Wertpapier-, Prämienspar- oder Lebensversicherungsvertrag	16 %	26 %
Bausparverträge und andere Anlagen	23 %	33 %

Die Prämiengewährung beschränkt sich jedoch auf einen Prämienhöchstbetrag von 936,- DM jährlich und erfolgt nur dann, wenn das zu versteuernde Einkommen bei Ledigen 24 000,- DM und 48 000,- DM bei Verheirateten nicht übersteigt. Die Einkommensgrenzen erhöhen sich jeweils um 1 800,- DM je Kind.

Die Sparprämie wird dem Arbeitnehmer durch den Arbeitgeber ausgezahlt. Da sie jedoch nicht vom Arbeitgeber zu tragen ist, zieht dieser sie von dem Betrag der noch abzuführenden Abgaben ab, die er an das zuständige Finanzamt zu überweisen hätte.

Es soll davon ausgegangen werden, daß der Arbeitnehmer des Ausgangsbeispiels die jährliche prämienbegünstigte Höchstgrenze von 936,- DM ausschöpft und monatlich 78,- DM vermögenswirksam spart. Daraus ergibt sich folgende Aufstellung:

Bruttogehalt:	2 500,- DM
./. Steuerabzug:	580,- DM
./. Sozialbeiträge:	440,- DM
./. Sparrate:	78,- DM
Zwischensumme:	1 402,- DM
+ 23 % Sparzulage:	18,- DM*
Auszahlungsbetrag:	1 420,- DM

*Genau 17,94 DM. Es darf jedoch auf volle 10 Pfennig gerundet werden.

Arbeitgeberanteil zur Sozialversicherung: 440,- DM.

Es ergibt sich der folgende Buchungssatz:

Gehälter		2 500	
Noch abzuf. Abgaben an Bank		18	1 420
Noch abzuf. Abgaben			1 098
Sozialkosten an Noch abzuführende Abgaben		440	440

Aus dem obigen Beispiel wird deutlich, daß die tatsächliche Belastung des Arbeitnehmers für die Vermögensbildung real nur 60,- DM beträgt, obwohl 78,- DM auf das Sparkonto eingezahlt werden.
Die Erfassung der verschiedenen noch abzuführenden Beträge erfolgte hier auf einem Konto. Aus Gründen der Übersichtlichkeit werden diese Abgaben in der Praxis häufig auf verschiedenen Konten erfaßt.

122

Zu den Grundsätzen ordnungsmäßiger Buchführung gehört der Grundsatz, daß keine Buchung ohne Beleg erfolgen darf. Die Belege für die Buchung der Personalaufwendungen stellen die Lohn- und Gehaltslisten dar. Wie eine solche Gehaltsliste aussehen kann, ist unter anderem aus Aufgabe 122 zu ersehen.

Aufgaben zu Kapitel 7

122.

Die Gehaltslisten der Landen Investment Holding, Schlesen, weisen folgende Werte aus:

| Name | Brutto | Steuern | | Sozialabgaben | | | Netto |
		LSt	KiSt	K-V	Al-V	R-V	
Mayer	2 600	581	41	156	60	240	1 522
Schulz	3 850	1 107	77	231	89	357	1 989
Brune	2 800	655	46	168	64	259	1 608
Meise	4 680	1 506	0	281	108	432	2 353
Amsel	2 120	419	30	127	48	197	1 299

1. Addieren Sie die Spalten.
2. Errechnen Sie den Arbeitgeberanteil zur Sozialversicherung.
3. Erstellen Sie die Buchungssätze, wenn die Auszahlung der Nettogehälter durch Banküberweisung erfolgen soll.
4. Wie ist zu buchen, wenn die einbehaltenen Abzüge an die jeweiligen Empfänger überwiesen werden?
5. Welche Buchung liegt zwischen der Erfassung auf dem Konto Noch abzuführende Abgaben und der tatsächlichen Abführung an die jeweiligen Empfänger, wenn die Liste die Gehaltszahlungen des letzten Monats des Geschäftsjahres ausweist?
6. Wie hoch ist der tatsächliche Personalaufwand für den Arbeitgeber?

123.

Im Folgemonat bleibt die Gehaltsliste der Landen Investment Holding unverändert. Ein Unterschied besteht nur darin, daß die Mitarbeiter am 14. des Monats verschiedene Gehaltsvorschüsse bar erhalten haben:
Mayer 400,- DM; Schulz 900,- DM; Brune 300,- DM; Meise 600,- DM und Amsel 150,- DM.
Erstellen Sie die Buchungssätze für den 14. und für das Monatsende.

124., 125., 126. und 127.

Bei der Spedition Interrainer, Dortmund, weisen die Lohnlisten vier aufeinanderfolgender Monate folgende Summen aus:

	124.	125.	126.	127.
Bruttolöhne	44 500,-	47 800,-	46 200,-	52 790,00
Einbehaltene Lohnsteuer	8 400,-	8 950,-	8 730,-	9 610,00
Einbehaltene Kirchenst.	588,-	627,-	611,-	673,70
Summe der Beiträge zur				
-Krankenversicherung	5 340,-	5 736,-	5 544,-	6 334,80
-Arbeitslosenvers.	2 047,-	2 199,-	2 125,-	2 428,34
-Rentenversicherung	8 232,-	8 843,-	4 547,-	9 766,15
Summe der Vorschüsse+	5 000,-	8 000,-	2 500,-	3 400,00
Einbehaltene Miete*	3 000,-	3 000,-	3 500,-	3 500,00
Jubiläumsgelder+	1 200,-	600,-	0,-	1 800,00

* für an Mitarbeiter vermietete Wohnungen

+ wurden bar ausgezahlt

Noch abzuführende Abgaben wurden zum 10. des Folgemonats überwiesen.

Errechnen Sie die Höhe der Arbeitgeberanteile zur Sozialversicherung.

Richten Sie folgende Konten ein:
Löhne, mit einem Saldovortrag von 102 000,- DM im Soll;
Noch abzuführende Abgaben, ohne einen Saldovortrag;
Forderungen an Belegschaftsmitglieder, ohne einen Saldovortrag;
Bank, mit einem Saldovortrag von 250 000,- DM im Soll;
Kasse, mit einem Saldovortrag von 22 000,- DM;
Sozialkosten, mit einem Saldovortrag von 22 400,- DM im Soll;
Mieterträge, mit einem Saldovortrag von 9 000,- DM im Haben.

Erstellen Sie die Buchungssätze zu den obigen Angaben und führen Sie die Buchungen durch. Buchen Sie dabei kontinuierlich jeden Monat.

Welche Auswirkungen haben die Vorschußzahlungen an die Arbeitnehmer auf die Höhe der Personalaufwendungen ?

Welche Auswirkungen haben die Mieteinnahmen auf die Höhe der Personalaufwendungen des Arbeitgebers ?

128., 129., 130. und 131.

In der Gröting Hardware GmbH, Hamm, weisen die Bilanzen aus vier unzu-
sammenhängenden Jahren folgende Werte aus:

	128.	129.	130.	131.
Forderungen	108 000,-	112 400,-	102 300,-	105 769,-
Maschinen	80 000,-	90 000,-	85 000,-	87 300,-
Fuhrpark	90 000,-	120 000,-	105 500,-	118 500,-
Gebäude	200 000,-	105 000,-	155 000,-	172 400,-
Verbindlichkeiten . .	120 000,-	138 600,-	124 800,-	188 459,-
Rohstoffe	75 000,-	82 800,-	79 800,-	95 864,-
Hilfsstoffe	28 000,-	48 600,-	36 390,-	53 472,-
Betriebsstoffe . . .	12 000,-	8 000,-	9 900,-	21 863,-
Hypothekenschulden .	200 000,-	160 000,-	175 800,-	188 367,-
Grundstücke	350 000,-	302 000,-	333 300,-	290 000,-
Darlehensschulden . .	110 000,-	145 000,-	133 600,-	157 800,-
Bankguthaben	92 800,-	103 600,-	97 645,-	106 471,-
Kasse	14 000,-	14 300,-	11 489,-	13 279,-
B G A	35 000,-	39 000,-	36 400,-	47 600,-
Unfertigerzeugnisse .	42 800,-	52 900,-	47 800,-	53 276,-
Fertigerzeugnisse . .	98 500,-	102 800,-	99 380,-	115 400,-
Eigenkapital	?	?	?	?

Erstellen Sie die Bilanzen. Für die folgenden Aufgaben sollen die obigen Werte als Ausgangswerte dienen.

132. und 133.

	132.	133.
1. Zielverkauf von Fertigerzeugnissen	34 100,-	46 200,-
2. Banküberweisung der Löhne. Bruttolöhne	20 000,-	23 500,-
einbehaltene Lohnsteuer . . .	4 500,-	5 120,-
einbehaltene Kirchensteuer . . .	315,-	359,-
Arbeitgeberanteile zur Sozialversicherung . . .	3 200,-	3 460,-
verrechnete Mietforderung für Werkswohnung . . .	1 200,-	2 300,-
3. Banküberweisung der einbehaltenen Abzüge . . .	11 215,-	12 399,-
4. Barverkauf eines Tiefladers. Buchwert	10 000,-	15 000,-
Verkaufserlös	2 000,-	3 500,-

5. Zielkauf von Rohstoffen 52 800,-   46 200,-

            Hilfsstoffen 23 100,-   19 800,-

            Betriebsstoffen 12 100,-   13 200,-

6. Barkauf von Büroklammern   55,-   66,-

            Tabellierpapier   298,-   298,-

7. Verkauf von Fertigerzeugnissen gegen Bankscheck 96 800,-   84 700,-

8. Banküberweisung an Lieferanten 44 000,-   41 800,-

9. Darlehensrückzahlung durch Banküberweisung . . 10 000,-   13 000,-

10. Kauf einer Feindrehmaschine gegen Bankscheck.

     (Anschaffungszeitpunkt liegt in der ersten Geschäftsjahreshälfte)

                     Listenpreis: 5 500,-   4 950,-

               Transportkosten: 1 089,-   935,-

                 Kreditkosten: 400,-   490,-

11. Stoffentnahmen lt. Me 13860. Rohstoffe . . . 57 300,-   43 890,-

                     Hilfsstoffe . . 30 420,-   16 529,-

Angaben für den Abschluß

1. Endbestände laut Inventur:

    Fertigerzeugnisse   97 800,-

    Unfertigerzeugnisse 48 720,-

    Betriebsstoffe   14 560,-

2. Abschreibungen:

    Maschinen   10 % auf den Endbestand

    Fuhrpark   20 % auf den Endbestand

    B G A   15 % auf den Endbestand

3. Die übrigen Buchbestände entsprechen den Inventurwerten.

4. Aufgabenstellung und Fragen

    1. Bilden Sie die Buchungssätze zu den obigen Geschäftsfällen.

    2. Erstellen Sie die notwendigen Konten und buchen Sie nach den Bu-
       chungssätzen auf den Konten. Nehmen Sie dazu die Angaben der
       Aufgaben 128 bis 132 als Ausgangswerte.

    4. Schließen Sie die Konten ab und erstellen Sie das SBK.

    5. Was würde sich ändern, wenn die Anschaffung der Maschine des Ge-
       schäftsfalles Nummer 10 erst in der zweiten Geschäftsjahreshälf-
       te erfolgt wäre ?

    6. Was würde sich ändern, wenn die Werkswohnungen nicht an die Ar-
       beitnehmer vermietet wären ?

134. und 135.

Erstellen Sie zu den nachfolgenden Geschäftsfällen die Buchungssätze und buchen Sie entsprechend. Als Ausgangswerte dienen die Werte der Aufgaben 128 bis 131.

	134.	**135.**
1. Zielkauf von Rohstoffen	53 900,-	47 300,-
Betriebsstoffen	14 300,-	15 400,-
2. Barverkauf einer Maschine zum 31.3. Buchwert	10 000,-	12 000,-

Anschaffungswert 60 000,-; ND*=10 Jahre; lineare Abschreibung.

	134.	**135.**
Verkaufserlös . .	14 355,-	15 455,-
3. Banküberweisung für Verbindlichkeit	11 550,-	13 750,-
4. Arbeitnehmer erhält Vorschuß bar	1 500,-	2 000,-
5. Zielverkauf von Fertigerzeugnissen	24 200,-	30 800,-
6. Zielkauf von Motorenöl	1 265,-	1 045,-
7. Lohnzahlung bar. Bruttolöhne: . .	7 500,-	8 500,-
einbehaltene Lohn- und Kirchensteuer: . .	1 630,-	2 040,-
Arbeitnehmeranteile zur Sozialversicherung: . .	1 125,-	1 275,-
einbehaltene vermögenswirksame Leistungen:	312,-	390,-
Sparzulage:	23 %	16 %
verrechneter Vorschuß: . .	800,-	1 200,-
8. Banküberweisung der Gehälter. Bruttogehälter:	23 800,-	34 250,-
einbehaltene Lohn- und Kirchensteuer:	4 760,-	6 850,-
Arbeitgeberanteile zur Sozialversicherung:	3 570,-	5 138,-
verrechneter Vorschuß:	700,-	800,-
9. Verkauf von Fertigerzeugnisse gegen bar . . .	8 250,-	9 350,-
gegen Bankscheck . . .	34 100,-	45 100,-
10. Barauszahlung eines Gehaltsvorschusses . . .	2 500,-	3 000,-
11. Zielkauf einer Additionsmaschine	264,-	341,-
12. Banküberweisung der noch abzuf. Abgaben . . .	?	?
13. Aufnahme einer Hypothek bei der Bank	100 000,-	90 000,-
14. Kauf eines Grundstückes gegen Bankscheck . .	140 000,-	95 000,-
15. Zielverkauf eines Lieferwagens. Buchwert . .	16 000,-	24 000,-

Anschaffungswert 40 000,-; ND*=5 Jahre; lineare Abschreibung.

Verkauf zum 31.8. des Geschäftsjahres.

	134.	**135.**
Verkaufspreis:	11 000,-	16 500,-
16. Banküberweisung der Löhne. Bruttolöhne: . . .	22 000,-	43 500,-
einbehaltene Steuern: . . .	5 400,-	9 130,-
Arbeitgeberanteile zur Sozialversicherung: . . .	3 290,-	5 634,-

*ND = Nutzungsdauer

Angaben für den Abschluß

1. **Endbestände laut Inventur:**

   Fertigerzeugnisse 96 350,-

   Unfertigerzeugnisse 49 822,-

   Rohstoffe 96 789,-

   Hilfsstoffe 27 541,-

   Betriebsstoffe 7 400,-

2. **Abschreibungen:**

   Maschinen 10 % auf den Endbestand zzgl. der zeitanteiligen Abschreibung aus Geschäftsfall 2

   Fuhrpark 20 % auf den Endbestand

   B G A 15 % auf den Anfangsbestand

   Gebäude 5 % auf den Anfangsbestand

   Geringwertige Wirtschaftsgüter in voller Höhe

3. **Die übrigen Buchwerte stimmen mit den Inventurwerten überein.**

BEMERKUNG:

Die vorstehende Aufgabenzusammenstellung erscheint auf den ersten Blick ungewöhnlich. Sie ermöglicht durch Kombination der verschiedenen Aufgaben die Buchung von bis zu 16 kompletten und unterschiedlichen Geschäftsgängen.

Fragen zu Kapitel 7

81. Welche Abzüge vom Bruttolohn hat ein Arbeitnehmer mindestens ?

82. Sind die Beiträge zur Krankenversicherung prozentual unterschiedlich ?

83. Welche Auswirkung hat ein hoher Krankenkassenbeitrag auf den Lohnaufwand des Arbeitgebers ?

84. Welchen Zweck hat die Arbeitslosenversicherung ?

85. Wovon hängt es ab, ob ein Arbeitnehmer eine Sparzulage erhält ?

86. Wonach richtet sich die Höhe des Sparzulagensatzes ?

87. Wer ist Träger der Sparzulage ?

88. Wie erfolgt die Auszahlung an den Arbeitnehmer ?

89. Wie wird das Konto Noch abzuführende Abgaben am Jahresende abgeschlossen, wenn der Betrag noch nicht überwiesen wurde ?

90. An wen überweist der Arbeitgeber die Beiträge zur Arbeitslosenversicherung ?

91. Was bedeutet der Begriff Generationenvertrag ?

128

8. System der Umsatzsteuer

8.1 Historie der Umsatzsteuer

Ihren Ursprung hatte die Umsatzsteuer bereits im 17. Jahrhundert in der Erhebung von Binnenzöllen und Marktabgaben. Die Fortentwicklung dieser Abgaben mündete im Reichsumsatzsteuergesetz, welches zum 26. Juli 1918 in Kraft trat. Zu diesem Zeitpunkt betrug der Umsatzsteuersatz allgemein 5 Promill. Der Steuersatz stieg im Laufe der Jahre an, bis er im Jahre 1951 4 % erreichte.

In der zum 1. Januar 1968 verkündeten Fassung des Umsatzsteuergesetzes trat eine grundlegende Änderung ein, die aus der reinen Umsatzsteuer ein System der Umsatzsteuer machte, das noch heute Bestand hat. Wurden bis zu diesem Zeitpunkt alle Teilnehmer am Wirtschaftsgeschehen belastet, die eine Ware einkauften, wurde mit dieser Fassung deutlich, daß die Umsatzsteuer fortan eine Steuer sein sollte, die vom privaten Endverbraucher getragen werden sollte. Inwieweit das gelungen ist, soll später betrachtet werden.

Die letzte gravierende Änderung trat zum 1. Januar 1980 in Kraft. Sie erfolgte aufgrund der 6. EG-Richtlinie.

8.2 Steuergegenstand + Steuersatz

Welche Umsätze einer Belastung mit Umsatzsteuer unterliegen, geht aus § 1 UStG hervor. Die wesentlichen sind:

1. Alle Lieferungen und sonstigen Leistungen, die ein Unternehmer im Erhebungsgebiet gegen Entgelt im Rahmen seines Unternehmens ausführt.
2. Warenentnahmen durch die Inhaber eines Unternehmens für private Zwecke ohne besondere Berechnung.
3. Ausführung sonstiger Leistungen durch das Unternehmen für private Zwecke der Inhaber ohne besondere Berechnung.
4. Die Einfuhr.

Die Höhe des Steuersatzes geht aus § 12 UStG hervor. Er beträgt generell 14 % des getätigten Umsatzes. Laut § 12 Abs. 2 UStG ermäßigt sich der Steuersatz für gewisse Umsätze auf 7 %. Dies gilt beispielsweise für:

- Druckerzeugnisse, mit Ausnahme der jugendgefährdenden Schriften,
- Milcherzeugnisse,

- Krebs- und Weichtiere, mit Ausnahme von Hummer, Langusten + Austern,
- Fleisch und genießbaren Schlachtabfall.

Eine Auflistung weiterer Umsätze, die dem ermäßigten Umsatzsteuersatz unterliegen, befindet sich in der Anlage zum Umsatzsteuergesetz. Ein großes Interesse gilt auch § 4 UStG. Dort sind die Umsätze aufgeführt, die umsatzsteuerbefreit sind.

BEMERKUNG:
Zur Vereinfachung von Rechnungen und zur besseren Verdeutlichung soll hier nicht mit 14 % bzw. 7 % Umsatzsteuer gerechnet werden, sondern mit den Sätzen 10 % und 5 %. Dies stellt zwar eine Abweichung von der Realität dar, erlaubt dem Lernenden jedoch, die volle Konzentration auf die Bildung der Buchungssätze zu richten, ohne sich an langwierigen Rechnungen aufzuhalten.

8.3 Vorsteuer — Mehrwertsteuer

In der Überschrift zu diesem Kapitel war die Rede vom System der Umsatzsteuer. Dieses System soll hier behandelt werden.
Es wurde gesagt, daß die Umsatzsteuer eine Steuer sein sollte, die von dem privaten Endverbraucher getragen werden soll. Sie wird jedoch nicht erst dann berechnet, wenn ein Verkauf an einen privaten Endverbraucher erfolgt, sondern bei jedem Verkauf, der die Bedingungen des erwähnten § 1 UStG erfüllt und nicht nach § 4 UStG von der Umsatzsteuer befreit ist. Zur Verdeutlichung soll auf das Beispiel zur Herstellung des Holztisches zurückgegriffen werden.
Das Holzfällunternehmen verkauft das Holz für den Tisch zum Preis von 100,- DM zzgl. 10 % USt an den Fabrikanten. Rechnungsbetrag=110,- DM.
Der Fabrikant verkauft den hergestellten Tisch an den Großhändler. Er berechnet dafür 250,- DM zzgl. 10 % USt. Rechnungsbetrag = 275,- DM.
Der Großhändler liefert den Tisch an den Einzelhändler und berechnet dafür 380,- DM zzgl. 10 % USt. Rechnungsbetrag = 418,- DM.
Der Einzelhändler verkauft den Tisch an einen Studenten, der diesen als Arbeitstisch verwendet. Der Einzelhändler berechnet dafür 650,- DM zzgl. 10 % USt. Rechnungsbetrag = 715,- DM.
Die folgende Tabelle veranschaulicht das oben Gesagte noch einmal.

130

Unternehmer	Warenwert	Umsatzsteuer	Rechnungsbetrag
Urerzeuger	100,-	10,-	110,-
Fabrikant	250,-	25,-	275,-
Großhändler	380,-	38,-	418,-
Einzelhändler	650,-	65,-	715,-

Die jeweils vereinnahmte Umsatzsteuer wäre an das zuständige Finanzamt abzuführen.

Diese Darstellung ist jedoch noch nicht endgültig, da es sich hierbei so darstellt, als wenn die jeweiligen Unternehmen mit Umsatzsteuer belastet würden, da diese beim jeweiligen Einkauf bezahlt wird. Dem ist jedoch nicht so.

Gemäß § 15 UStG ist es den Unternehmen gestattet, die in Rechnung gestellte Umsatzsteuer von der von Kunden vereinnahmten Umsatzsteuer in Abzug zu bringen.

Die in Rechnung gestellte Umsatzsteuer trägt dann im einkaufenden Unternehmen die Bezeichnung **Vorsteuer (VSt)**.

Die Umsatzsteuer, die bei dem Verkauf einer Ware vereinnahmt wird, trägt die Bezeichnung **Mehrwertsteuer (MWSt)**.

Der Differenzbetrag, der sich ergibt, wenn die berechnete Vorsteuer von der vereinnahmten Mehrwertsteuer abgezogen wird, trägt die Bezeichnung **Zahllast**.

Die Zahllast ist an das Finanzamt abzuführen.

Das folgende Schaubild verdeutlicht die Schematik der Umsatzsteuer.

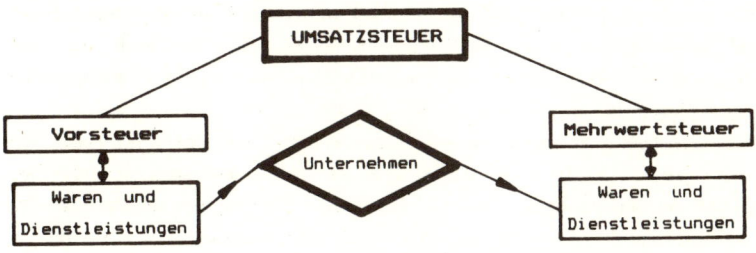

Mehrwertsteuer abzüglich Vorsteuer = Zahllast

In ein Unternehmen fließen Waren, aber auch Dienstleistungen ein. Die darauf ruhende Umsatzsteuerlast stellt für das Unternehmen Vorsteuer dar.

Die Umsatzsteuer, die auf Waren und Dienstleistungen ruht, die das Unternehmen verlassen, stellt für das Unternehmen Mehrwertsteuer dar.

Die Differenz zwischen beiden Größen stellt die Zahllast dar, die an das Finanzamt abgeführt werden muß, in dessen Bezirk das Unternehmen seinen Sitz hat. Es ergibt sich die folgende Tabelle:

Unternehmen	Warenwert	MWSt	Rechnungsbetrag	Vorsteuer	Zahllast
Urerzeuger	100,-	10,-	110,-	-	10,-
Fabrikant	250,-	25,-	275,-	10,-	15,-
Großhändler	380,-	38,-	418,-	25,-	13,-
Einzelhändler	650,-	65,-	715,-	38,-	27,-

Es ist ersichtlich, daß kein Unternehmen mit Umsatzsteuer belastet wurde, da die jeweiligen gezahlten Vorsteuerbeträge von der Summe der jeweils vereinnahmten Mehrwertsteuer abziehbar sind. Die Summe der einzelnen an das Finanzamt abgeführten Zahllasten entspricht exakt dem Mehrwertsteuerbetrag, den der letzte Käufer bezahlt hat. Da dieser nicht berechtigt ist, die gezahlte Umsatzsteuer als Vorsteuer abzuziehen, vereinnahmte die Finanzkasse einen Betrag von 65,- DM. Das Hauptziel, nämlich die Belastung des privaten Verbrauchs mit Umsatzsteuer, wurde erreicht.

In diesem Beispiel wurde nur der Einkauf von Waren besprochen. Es werden jedoch auch andere Wirtschaftsgüter eingekauft. Zum Beispiel Betriebsstoffe, Kraftfahrzeuge, Maschinen, Büromaterial, Schreibtische, Kraftstoffe etc.
Es werden außerdem Dienstleistungen benötigt, die von anderen Unternehmen erbracht werden. Hierzu gehören beispielsweise Instandsetzungsarbeiten und Maschinenreparaturen, Rechtsberatungen, Steuerberatungen, Bauarbeiten etc.
Alle aufgezählten Waren und Dienstleistungen unterliegen der Umatzsteuer. Werden sie im Unternehmen benötigt, fällt ebenfalls Vorsteuer an. Diese Vorsteuerbeträge sind ebenfalls von der vereinnahmten Mehrwertsteuer abzugsfähig.

Umsatzsteuer fällt auch dann an, wenn einem Unternehmen für eine festgesetzte Zeit das Recht einer Patentnutzung gegen Entgelt zugesagt wird. Im nutzenden Unternehmen ist dann abzugsfähiger Vorsteueraufwand entstanden. Das Unternehmen, welches das Recht gewährt, erfaßt die Umsatzsteuer, die auf diesen Einnahmen ruht, als Mehrwertsteuer.

Voraussetzung hierfür ist natürlich, daß die Einräumung des Nutzungsrechtes durch ein Unternehmen geschieht.

Es wurde gesagt, daß die Umsatzsteuer vom privaten Endverbraucher erbracht werden soll. In diesem Beispiel ist das auch so. Es gibt jedoch auch Ausnahmen von dieser Regel.
Wie erwähnt, gewährt der § 15 UStG den Unternehmern die Anrechnung der gezahlten Vorsteuer auf die einbehaltene Mehrwertsteuer. Dies ist jedoch nicht bei Unternehmen möglich, die bestimmte gem. § 4 UStG umsatzsteuerfreie Umsätze erbringen. Bei diesen Unternehmen stellt die Umsatzsteuer, die auf eingekauften Waren und Wirtschaftsgütern ruht, einen weiteren Aufwand dar. Dies ist zum Beispiel bei Versicherungen der Fall, deren Umsätze laut § 4 Nr. 10b UStG umsatzsteuerbefreit sind. Dasselbe gilt für Banken, deren Tätigkeiten nach § 4 Nr. 7 UStG umsatzsteuerbefreit sind.
Freiberufliche Referenten sind von dieser Regelung ebenfalls betroffen, wenn diese Tätigkeiten ausüben, die nach § 4 Nr. 21 und 22 UStG umsatzsteuerbefreit sind. In diesen und weiteren Fällen hat die Umsatzsteuer eine investitionshemmende Wirkung, da sie die Investitionen um 14 % verteuert.

BEMERKUNG:

Ehe die buchmäßige Erfassung der Umsatzsteuer behandelt wird, sollte der Leser anhand der nachfolgenden Aufgaben und Fragen sein Wissen überprüfen.

Aufgaben zu Kapitel 8.3

136., 137. und 138.
In drei verschiedenen Perioden lagen bei der Freudenreich GmbH, Pinneberg, folgende Einkaufs- bzw. Verkaufswerte vor:

	136.	137.	138.
Summe der Wareneinkäufe (5%):	258 700,-	143 300,-	203 400,-
Summe der Wareneinkäufe (10 %):	601 200,-	809 500,-	550 550,-
Investitionssumme (10 %):	140 000,-	82 450,-	133 330,-
Summe der Umsätze mit 10 %:	2 490 400,-	4 590 800,-	3 699 800,-
Summe der Umsätze mit 5 %:	846 300,-	360 000,-	435 000,-

Die angegebenen Werte sind Nettowerte (ohne Umsatzsteuer).
Errechnen Sie die jeweilige Zahllast.

133

139., 140. und 141.

In drei anderen Perioden lagen folgende Werte vor:

	139.	140.	141.
Summe der Wareneinkäufe (5%):	299 565,-	104 790,-	197 715,-
Summe der Wareneinkäufe (10 %):	659 989,-	836 000,-	533 500,-
Investitionssumme (10 %):	99 000,-	104 500,-	134 442,-
Summe der Umsätze mit 10 %:	2 805 000,-	4 675 000,-	3 806 000,-
Summe der Umsätze mit 5 %:	888 615,-	346 500,-	466 662,-
Summe der steuerfreien Umsätze:	133 400,-	204 509,-	301 845,-

Die angegebenen Werte sind Bruttowerte (einschließlich Umsatzsteuer).
Errechnen Sie die jeweilige Zahllast.

142.

Unternehmen	Warenwert	MWSt	Rechnungsbetrag	Vorsteuer	Zahllast
Urerzeuger	100,-	10,-			
Fabrikant	270,-				
Großhändler	440,-				
Einzelhändler	990,-				

Vervollständigen Sie die Tabelle.

Fragen zu den Kapiteln 8.1 bis 8.3

92. In welchem Gesetz ist die Umsatzsteuer geregelt ?

93. Welche Voraussetzungen müssen erfüllt sein, damit ein Vorgang der Umsatzsteuer unterliegt ?

94. Wo sind die Voraussetzungen aufgezählt ?

95. Wie hoch ist der volle Umsatzsteuersatz ?

96. Welcher Paragraph des Umsatzsteuergesetzes gibt die Höhe des Umsatzsteuersatzes an ?

97. Welche Bezeichnung gilt im Unternehmen für die Umsatzsteuer, die auf eingekauften Waren ruht ?

98. Welche Bezeichnung trägt die Umsatzsteuer, die auf Waren oder Dienstleistungen, die das Unternehmen verlassen, ruht ?

99. Welche Bezeichnung gilt für die Differenz zwischen Vorsteuer und Umsatzsteuer, und was hat mit ihr zu geschehen ?

100. Ergänzen Sie folgende Gleichungen:

    a) Mehrwertsteuer - Vorsteuer = _____

    b) Zahllast + Vorsteuer = _____

101. Ist es denkbar, daß die Summe der gezahlten Vorsteuern die Summe der vereinnahmten Mehrwertsteuer übersteigt ?

8.4 Vorsteuerüberhang

Wann die Zahllast an das zuständige Finanzamt abgeführt werden muß, richtet sich nach der Höhe der gesamten jährlichen Zahllast. Es besteht die Möglichkeit der monatlichen, der vierteljährlichen und der jährlichen Abführung.

Überwog in einer Periode die Summe der Vorsteuern die der Mehrwertsteuer, so entsteht ein Vorsteuerüberhang. Das kann geschehen, wenn mehr eingekauft als verkauft wurde. Das ist bei solchen Unternehmen leicht möglich, deren Umsätze saisonalen Schwankungen unterliegen. Ein Geschäft für Winterbekleidung, das seinen Saisonbedarf im August deckt, hat in diesem Monat sicherlich mehr Ware eingekauft als verkauft. Die Folge daraus ist, daß die Vorsteuer die Mehrwertsteuer übersteigt.

Eine weitere Möglichkeit für einen Vorsteuerüberhang ist dann gegeben, wenn ein Unternehmen eine größere Investition, etwa den Kauf einer Maschine, vornimmt. Auch die darin enthaltene Umsatzsteuer stellt abzugsfähige Vorsteuer dar.

Liegt ein Vorsteuerüberhang vor, besteht gegenüber dem Finanzamt ein Erstattungsanspruch. Das Guthaben kann jedoch auch mit späteren Zahlungen verrechnet werden.

8.5 Umsatzsteuerbuchungen

Für die buchmäßige Erfassung der Vorsteuer und der Mehrwertsteuer muß bedacht werden, daß die Vorsteuer eine Art Forderung gegenüber dem Finanzamt darstellt. Somit besteht die Möglichkeit, die Vorsteuer wie ein Aktivkonto zu behandeln.

Demgegenüber ist die Mehrwertsteuer wie eine Verbindlichkeit gegenüber dem Finanzamt zu betrachten, da diese noch an das Finanzamt abzuführen ist. Analog zur Vorsteuer ist das Konto Mehrwertsteuer wie ein Passivkonto zu behandeln.

Das Gesagte soll an zwei Geschäftsfällen verdeutlicht werden:

1. Barkauf von Rohstoffen. Netto 5 000,- DM; USt = 10 %

Hier wurden Rohstoffe eingekauft, die einen Warenwert von 5 000,- DM haben. Zu diesem Betrag wird die Umsatzsteuer in Höhe von 500,- DM zugerechnet. Für das einkaufende Unternehmen stellt diese Umsatzsteuer

Vorsteuer dar. Die Kasse mindert sich bei diesem Geschäftsfall um 5 500,- DM, da der Verkäufer der Rohstoffe ebenfalls verpflichtet ist, die Umsatzsteuer zu vereinnahmen, die für ihn Mehrwertsteuer darstellt.

Es ergibt sich der folgende Buchungssatz:

| Rohstoffe | 5 000 | |
| Vorsteuer   an   Kasse | 500 | 5 500 |

2. Zielverkauf von Fertigerzeugnissen. Netto 7 500,- DM; USt = 10 %

Hier wurden Fertigerzeugnisse mit einem Warenwert von 7 500,- DM verkauft. Auch hier bildet der Warenwert die Berechnungsgrundlage für die Umatzsteuer. In diesem Fall stellen die 750,- DM Umsatzsteuer Mehrwertsteuer dar, da sie für eine Ware anfallen, die das Unternehmen verläßt.
Das Konto Forderungen erhält den gesamten Betrag gutgeschrieben.

Es ergibt sich der folgende Buchungssatz:

| Forderungen   an   Umsatzerlöse | 8 250 | 7 500 |
| Mehrwertsteuer | | 750 |

BEMERKUNG:
Bevor die weiteren Buchungen im Bereich der Umsatzsteuer behandelt werden, sollten zu den nachfolgenden Geschäftsfällen die Buchungssätze erstellt werden.

143., 144. und 145.

	143.	144.	145.
Barkauf von Büroklammern. Netto	50,-	110,-	30,-
Zielkauf eines Dienstfahrzeuges. Netto	25 000,-	33 000,-	68 000,-
Zielverkauf von Erzeugnissen. Netto	1 100,-	2 800,-	5 690,-
Barzahlung einer Maschinenreparatur. Netto	80,-	122,-	803,-
Barzahlung der Telefonrechnung bei der Post	120,-	240,-	360,-
Zielkauf von Rohstoffen. Netto	45 000,-	53 530,-	78 965,-
Barkauf von Hilfsstoffen. Brutto	52 800,-	63 800,-	74 800,-

136

	143.	144.	145.
Barverkauf eines gebrauchten Kfz. Netto	15 000,-	13 530,-	10 100,-
Banklastschrift für Sollzinsen.	880,-	1 100,-	290,-
Zielkauf von Tabellierpapier. Netto.	1 800,-	250,-	4 350,-
Zielverkauf von Fertigerzeugnissen. Netto	23 400,-	47 290,-	33 330,-
Banküberweisung des Kunden.	25 740,-	52 019,-	36 663,-
Banküberweisung der Löhne und Gehälter.	10 000,-	8 500,-	15 000,-
Arbeitgeberanteil:	1 500,-	1 200,-	2 200,-
einbehaltene Abzüge:	2 000,-	1 800,-	3 300,-
Eingangsrechnung für Rohstoffe. Brutto	20 900,-	29 700,-	46 200,-

Bankzinsen und Postleistungen sind umsatzsteuerbefreit.

Wenn der Leser noch Bedarf an weiteren Geschäftsfällen hat, stehen die Geschäftsfälle vorheriger Aufgaben zur Verfügung. Nahezu alle Werte wurden so gewählt, daß diese sich bequem in Nettobetrag und Steuerbetrag umrechnen lassen. Es wurde stets mit einem Steuersatz von 10 % gerechnet.

Bisher wurde die Zahllast im Unternehmen rechnerisch ermittelt. Das ist jedoch auch auf dem Wege der Buchführung möglich.

Zu diesem Zweck wird das Konto Vorsteuer saldiert. Der Saldo wird dann auf das Konto Mehrwertsteuer übertragen. Es soll angenommen werden, daß die Umsätze der beiden obigen Geschäftsfälle die einzigen des ganzen Jahres waren. Dann erfolgt die buchmäßige Ermittlung der Zahllast in folgenden Schritten:

1. Abschluß und Saldierung des Kontos Vorsteuer.

Soll	Vorsteuer	Haben		Soll	Mehrwertsteuer	Haben
Ka	500,-					Fo 750,-

2. Umbuchung des Saldos auf das Konto Mehrwertsteuer.

Soll	Vorsteuer	Haben		Soll	Mehrwertsteuer	Haben
Ka	500,-	MWSt 500,-		VSt 500,-		Fo 750,-
	500,-	500,-				

Für die Umbuchung gilt der Buchungssatz

| Mehrwertsteuer an Vorsteuer | 500 | 500 |

3. Danach wird das Konto Mehrwertsteuer abgeschlossen und saldiert.

Wie bereits erwähnt, wird die Zahllast eines Unternehmens nach einem gewissen Zeitraum an das Finanzamt abgeführt. In der Regel geschieht dies durch einen Bankscheck oder eine Banküberweisung.

Daher ergibt sich der Buchungssatz

| Mehrwertsteuer an Bank | 250 | 250 |

Erfolgt eine Abführung an das Finanzamt zu einem Zeitpunkt, der im Folgejahr liegt, muß der Saldo bilanziert werden. Es sind folgende Bezeichnungen für den Ausweis in der Bilanz möglich: Zahllast, Umsatzsteuerzahllast oder Mehrwertsteuer.

Für den Fall des Vorsteuerüberhangs ergibt sich der Saldo auf der Habenseite des Kontos Mehrwertsteuer, weil dann die Sollseite die größere ist. Der Bilanzausweis erfolgt dann auf der Aktivseite der Bilanz unter der Bezeichnung Vorsteuerüberhang.
In beiden Fällen sind noch andere Möglichkeiten der Bezeichnung der Bilanzposten existent.

MERKE:
Umsatzsteuer wird in Vorsteuer und Mehrwertsteuer unterschieden. Die Umsatzsteuerbelastung auf bezogene Waren und Dienstleistungen stellt für das beziehende Unternehmen Vorsteuer dar.
Die Umsatzsteuer, die auf Waren und Dienstleistungen ruht, die das Unternehmen verlassen, trägt die Bezeichnung Mehrwertsteuer.
Der Unterschiedsbetrag zwischen Vorsteuer und Mehrwertsteuer stellt die Zahllast dar, die an das Finanzamt abzuführen ist.
Ist die Abführung an das Finanzamt zum Ende des Geschäftsjahres nicht erfolgt, muß die Zahllast bilanziert werden.

Aufgaben zu Kapitel 8.5

146., 147., 148. und 149.

Anfangsbestände

	146.	147.	148.	149.
Maschinen	800 000,-	900 000,-	780 000,-	875 500,-
Grundstücke	200 000,-	254 400,-	222 222,-	243 680,-
Kasse	8 223,-	9 733,-	10 286,-	8 674,-
B G A	28 000,-	43 600,-	37 280,-	26 400,-
Bank	88 294,-	112 569,-	97 650,-	93 471,-
Fuhrpark	85 600,-	93 500,-	96 700,-	76 400,-
Betriebsstoffe . . .	25 000,-	26 300,-	23 500,-	27 540,-
Gebäude	300 000,-	320 000,-	254 500,-	355 300,-
Rohstoffe	82 800,-	97 240,-	93 489,-	102 480,-
Forderungen	32 600,-	42 890,-	36 720,-	83 290,-
Verbindlichkeiten . .	244 600,-	272 800,-	199 450,-	344 429,-
Fertigerzeugnisse . .	92 800,-	103 249,-	86 543,-	97 320,-
Unfertigerzeugnisse .	48 600,-	39 780,-	49 560,-	52 398,-
Darlehen	360 800,-	388 940,-	499 370,-	608 700,-
Hypotheken	100 000,-	120 000,-	109 500,-	110 000,-
Noch abzuf. Abgaben .	21 400,-	20 800,-	33 450,-	26 150,-
Hilfsstoffe	35 500,-	34 890,-	36 460,-	37 534,-
Mehrwertsteuer . . .	17 800,-	14 500,-	11 490,-	9 275,-

Erstellen Sie nach den Angaben die Eröffnungsbilanzen.

150. und 151.

Kontenplan

Neben den obigen Konten werden die folgenden Konten benötigt:
Abschreibungen, A. o. Aufwand, Bestandsveränderungen, Betriebsstoffaufwand, Forderungen aus Vorschüssen, Gewinn und Verlust, Hilfsstoffaufwand, Instandhaltungsaufwand, Löhne, Mietaufwand, Noch abzuführende Abgaben, Rohstoffaufwand, Schlußbilanzkonto, Sozialkosten, Umsatzerlöse,
Vorsteuer.

Geschäftsfälle

	150.	151.
1. Banküberweisung der noch abzuf. Abgaben . . .	?	?
2. Banküberweisung der Zahllast	?	?

3. Zielkauf von Rohstoffen netto	22 400,-	54 600,-
4. Barkauf einer Rechenmaschine netto	1 400,-	825,-
5. Eingangsrechnung für Maschinenreparatur netto	1 300,-	1 790,-
10 % Umsatzsteuer	130,-	179,-
Rechnungsbetrag	1 430,-	1 969,-
6. Zielverkauf von Fertigerzeugnissen netto . .	45 800,-	52 330,-
10 % Umsatzsteuer	4 580,-	5 233,-
Rechnungsbetrag	50 380,-	57 563,-
7. Kundenüberweisung auf das Bankkonto	15 400,-	18 700,-
8. Banküberweisung der Fertigungslöhne brutto .	14 200,-	16 300,-
Arbeitnehmeranteil zur Sozialversicherung .	2 130,-	2 450,-
Steuerbelastung .	2 780,-	3 310,-
einbehaltene vermögenswirksame Leistungen .	390,-	450,-
ausgezahlte Arbeitnehmersparzulage .	90,-	104,-
9. Kauf eines LKW gegen Bankscheck brutto . . .	48 972,-	55 550,-
10. Barzahlung der Ausbildungsvergütungen brutto	2 500,-	3 200,-
Arbeitgeberanteil zur Sozialversicherung .	370,-	475,-
Steuerbelastung .	400,-	480,-
11. Tilgung eines Darlehens durch Banküberweisung	5 000,-	8 000,-
12. Arbeitnehmer erhält einen Barvorschuß	500,-	650,-
13. Barverkauf eines gebrauchten Kfz. Buchwert .	4 500,-	6 000,-
Verkaufserlös netto .	3 300,-	5 720,-
14. Banküberweisung der Geschäftsmiete	2 200,-	2 705,-
15. Verkauf von Fertigerzeugnissen netto	83 590,-	97 510,-
Kunde zahlt durch Bankscheck .	50 000,-	62 500,-
den Rest bar .	?	?
16. Zielkauf von Rohstoffen netto	65 000,-	34 700,-
Hilfsstoffen netto	29 800,-	36 100,-
Betriebsstoffen	15 000,-	14 500,-
17. Banküberweisung der Gehälter. Bruttogehälter .	18 500,-	22 690,-
einbehaltene Abzüge .	5 250,-	6 139,-
Arbeitgeberanteil .	1 359,-	1 890,-
verrechneter Vorschuß .	500,-	650,-

Angaben für den Abschluß

1. Endbestände laut Inventur:

Fertigerzeugnisse 95 784,-	Unfertigerzeugnisse 49 120,-
Rohstoffe 93 720,-	Hilfsstoffe 39 470,-
Betriebsstoffe . 24 570,-	

2. Abschreibungen:

auf Maschinen 10 % des Buchwertes

auf Fuhrpark 25 % des Jahresendwertes

auf B G A 15 % des Jahresanfangsbestandes

auf Gebäude 5 % des Buchwertes

3. Die restlichen Buchbestände entsprechen den Inventurbeständen.

4. Passivierung der Zahllast und der noch abzuführenden Abgaben.

152. und 153.

Erstellen Sie zu den nachfolgenden Geschäftsfällen die Buchungssätze und buchen Sie anschließend entsprechend dem Kontenplan der Aufgaben 150 und 151. Die Anfangsbestände sind den Aufgaben 146 bis 149 zu entnehmen.

Geschäftsfälle

1. Lohnzahlung bar. Summe der Bruttolöhne	5 790,-	6 270,-
Arbeitnehmeranteile zur Sozialversicherung .	789,-	925,-
Steuerbelastung .	1 120,-	1 290,-
2. Kauf einer Produktionsmaschine mit Bankscheck	11 200,-	13 480,-
10 % Umsatzsteuer .	1 120,-	1 348,-
Scheckbetrag .	12 320,-	14 828,-
3. Verkauf von Fertigerzeugnissen auf Ziel netto	98 890,-	88 420,-
4. Zielkauf von Rohstoffen brutto	20 900,-	27 500,-
Hilfsstoffen brutto	13 200,-	15 600,-
Betriebsstoffen brutto	9 230,-	11 390,-
5. Beseitigung eines Sturmschadens am Bürogebäude	4 500,-	5 900,-
10 % Umsatzsteuer .	450,-	590,-
Rechnungsbetrag .	4 950,-	6 490,-
6. Arbeitnehmer erhält Vorschuß durch Bankscheck	300,-	800,-
7. Kunde überweist auf das Bankkonto	11 000,-	9 680,-
8. Barverkauf einer Lagerhalle Buchwert	34 000,-	42 600,-
Verkaufserlös netto .	15 000,-	18 900.-
9. Kunde sendet Ware zurück. Nettowarenwert . . .	1 500,-	2 300,-
10. Ein Kunde erhält Fertigerzeugnisse auf Ziel .	43 600,-	52 900,-
10 % Umsatzsteuer .	4 360,-	5 290,-
Rechnungsbetrag .	?	?
11. Eingangsrechnung über eine Reparatur der EDV-Anlage.		
Rechnungsbetrag .	3 080,-	4 280,-

154. und 155.

Anfangsbestände

Hypothekenschulden . .	258 000,-	Hilfsstoffe	57 230,-
Mehrwertsteuer	17 500,-	Darlehen	397 800,-
Unfertigerzeugnisse .	83 490,-	Fertigerzeugnisse . . .	177 600,-
Maschinen	195 600,-	Kasse	27 890,-
Verbindlichkeiten . .	133 280,-	Rohstoffe	86 931,-
Forderungen	64 819,-	Gebäude	218 000,-
Bank	78 294,-	Grundstücke	300 000,-
Betriebsstoffe	18 329,-	B G A	140 000,-
Fuhrpark	105 000,-		

Kontenplan

Neben den obigen Konten sind die folgenden Konten einzurichten:
Löhne und Gehälter, Sozialkosten, Noch abzuführende Abgaben, Rohstoffaufwand, Verkaufserlöse, Hilfsstoffaufwand, Betriebsstoffaufwand, Umsatzerlöse, Bestandsveränderungen, SBK, Gewinn und Verlust.

Geschäftsfälle

	154.	155.
1. Banküberweisung der Löhne und Gehälter brutto .	35 800,-	48 700,-
Arbeitnehmeranteile zur Sozialversicherung .	5 370,-	7 305,-
Summe der überweisungsbeträge .	25 160,-	34 190,-
2. Zieleinkauf von Rohstoffen brutto	44 000,-	41 800,-
Hilfsstoffen brutto	20 900,-	30 800,-
Betriebsstoffen netto	8 500,-	7 200,-
3. Verkauf von Fertigerzeugnissen netto	78 000,-	87 250,-
80 % gegen Bankscheck, die Restzahlung erfolgt bar.		
4. Entnahmen aus dem Lager lt. Me.: Rohstoffe . . .	67 800,-	78 329,-
Hilfsstoffe . .	22 000,-	44 000,-
Betriebsstoffe	12 490,-	9 740,-
5. Eingangsrechnung für Rohstoffe. Rechnungsbetrag	990,-	1 320,-

Angaben für den Abschluß

1. **Inventurbestände:**

   Fertigerzeugnisse 122 890,-   Unfertigerzeugnisse 103 454,-

2. **Die übrigen Buch- und Inventurwerte stimmen überein.**

3. **Abschreibungen vom Buchwert:**

   Maschinen 10 %; Fahrzeuge 20 %; BGA 15 %; Gebäude 5 %.

4. **In der Schlußbilanz soll keine Zahllast erscheinen.**

9. Das Privatkonto

9.1 Begriffsklärung

Der Inhaber bzw. die Inhaberin eines Unternehmens hat neben seinem bzw. ihrem geschäftlichen Bereich auch noch eine private Sphäre. Diese Privatsphäre ist von der geschäftlichen Sphäre, rechtlich gesehen, vollkommen losgelöst. Alle Berührungen zwischen Unternehmen und Unternehmer(in) finden im allgemeinen auf einem Konto statt. Dieses Konto trägt die Bezeichnung Privatkonto.

Den typischsten Geschäftsfall für diese Verbindung stellt die Privatentnahme dar. Hierbei werden Gelder aus der Geschäftskasse entnommen, die für die private Lebensführung des Unternehmers bzw. der Unternehmerin verwendet werden.

Das Pendant dazu bildet die Einzahlung des Unternehmers bzw. der Unternehmerin auf das Geschäftskonto, wenn in dem Unternehmen ein Liquiditätsengpaß auftritt. Der Fall ist jedoch auch denkbar, wenn das Unternehmen eine Investition tätigen möchte und nicht die benötigten Mittel zur Verfügung hat.

Auch wenn der obige Fall der Privatentnahme der typischste dafür ist, existieren noch weitere Möglichkeiten der Privatentnahme.
Dazu gehört beispielsweise die Nutzung von Unternehmensfahrzeugen für private Zwecke. In dem Fall müssen die anteiligen Kosten vom entsprechenden Kostenkonto auf das Privatkonto umgebucht werden.
Einen weiteren typischen Fall für eine Privatentnahme stellt die Entnahme von Gegenständen zur Nutzung im Privatbereich dar. Wenn die Inhaberin bzw. der Inhaber einer Brauerei für seine Geburtstagsfeier Bier entnimmt, wird der Tatbestand der Privatentnahme erfüllt und muß buchmäßig auf dem Privatkonto erfaßt werden.
Eine Privatentnahme liegt auch dann vor, wenn die Einkommen- und Kirchensteuerschuld des Inhabers bzw. der Inhaberin an das Finanzamt vom Geschäftskonto überwiesen wird.

Es existiert noch eine Reihe weiterer Beispiele, die jedoch nicht so häufig vorkommen wie die erwähnten.

Wenn das Unternehmen nicht die Rechtsform einer Kapitalgesellschaft (z. B. AG oder GmbH) hat, werden Spenden über das Privatkonto erfaßt.

9.2 Buchmäßige Behandlung des Privatkontos

Faktisch stellt das Konto Privat ein Unterkonto des Eigenkapitalkontos dar, weil alle Entnahmen das Eigenkapital mindern, während Einlagen es erhöhen. Theoretisch wäre es also auch möglich, die Privatbuchungen auf dem Konto Eigenkapital zu erfassen. Aus Gründen der übersichtlichkeit geschieht dies jedoch nicht.

Bei der Buchung ist das Konto Privat wie das Passivkonto Eigenkapital zu behandeln. Liegt ein Geschäftsfall vor, der das Eigenkapital erhöht, etwa durch eine Bareinzahlung des Unternehmers/der Unternehmerin auf das Bankkonto, erfolgt die Erfassung auf dem Konto Privat im Haben. Die Buchung der Erhöhung des Bankkontos erfolgt dort im Soll. Es ergibt sich der Buchungssatz

Bank an Privat.

Wird für private Zwecke Bargeld aus der Kasse entnommen, mindert sich dadurch das Eigenkapital. Die Erfassung erfolgt dann auf dem Konto Privat im Soll.

Da die Gegenbuchung auf dem Konto Kasse im Haben erfolgt, ergibt sich der Buchungssatz

Privat an Kasse.

Aus diesen Beispielen geht hervor, daß das Privatkonto voll in das Buchungssystem aus Soll- und Habenbuchungen integriert ist.

Bei der Buchung der Privatentnahmen, die sich auf Waren, Dienstleistungen und Nutzungen erstrecken, muß beachtet werden, daß Unternehmer(innen) auf diese Leistungen auch noch die Umsatzsteuer zu entrichten haben. Dabei handelt es sich in jedem Fall um Mehrwertsteuer. Die folgenden Beispiele sollen das Gesagte verdeutlichen.

Die Entnahme von Waren mit einem Nettowarenwert von 340,- DM wird durch den folgenden Buchungssatz erfaßt:

Privat an Umsatzerlöse	374	340
Mehrwertsteuer		34

144

Ein Bauunternehmer läßt sein privates Haus von Angestellten seines Unternehmens errichten. Dafür sind 50 000,- DM zu entrichten. Hier wurde der Tatbestand der Entnahme durch eine Entnahme von Dienstleistungen bewirkt. Auch hier ist auf den Wert der Entnahme Umsatzsteuer zu zahlen. Der Buchungssatz lautet dann

Privat an Umsatzerlöse	55 000	50 000
Mehrwertsteuer		5 000

Am Ende des Geschäftsjahres erfolgt die buchmäßige Erfassung des privaten Nutzungsanteils an den entstandenen Kfz-Kosten. Dazu gehören auch die Abschreibungsaufwendungen. Wenn ein Unternehmensfahrzeug sowohl privat als auch geschäftlich genutzt wird, erfolgt am Jahresende eine Umbuchung der Kosten, die auf den privaten Nutzungsanteil entfallen. Dabei fällt auch Umsatzsteuer an.

Als Aufwandskonto, auf dem alle Aufwendungen des Kraftfahrzeuges, die im abgelaufenen Geschäftsjahr entstanden sind, soll hier das Konto Kfz-Kosten dienen.

Die Summe der Aufwendungen soll 19 000,- DM betragen. Der private Nutzungsanteil wurde auf 20 % festgelegt.

Folglich lautet der Buchungssatz

Privat an Kfz-Kosten	4 180	3 800
Mehrwertsteuer		380

Dieses Beispiel gehört zu den wenigen Fällen, in denen ein Aufwandskonto im Haben berührt werden kann.

Die vorangegangenen Beispiele verdeutlichen die Funktion und Aufgabenstellung des Privatkontos. Es muß noch gesagt werden, daß Unternehmer(innen) zwar auch Umsatzsteuer zahlen, die Waren und Dienstleistungen dem Unternehmen jedoch zum Selbstkostenpreis entnehmen dürfen.

9.3 Abschluß des Privatkontos

Es wurde gesagt, daß das Privatkonto ein Unterkonto des Eigenkapitals darstellt, auf dem die Minderungen und Mehrungen des Eigenkapitals erfaßt werden. Die Erfassung auf dem Privatkonto stellt jedoch nur einen

145

"Umweg" der kapitalerhöhenden bzw. kapitalmindernden Geschäftsfälle dar, weil das Privatkonto am Jahresende abgeschlossen und saldiert wird. Der Saldo wird dann auf das Eigenkapitalkonto umgebucht. Dies soll an zwei Beispielen verdeutlicht werden:

1. Eigenkapital am Jahresbeginn: 660 000,-
   Summe der Entnahmen: 20 000,-
   Summe der Einlagen: 54 000,-
   Summe der Einnahmen: 523 900,-
   Summe der Aufwendungen: 298 000,-

Soll	Gewinn und Verlust	Haben		Soll	Privat	Haben
Aufw.	298 000,-	Ertr. 523 900,-		Entn. 20 000,-	Einl. 54 000,-	
Ek	225 900,-			Ek 34 000,-		
	523 900,-	523 900,-		54 000,-	54 000,-	

Soll	Eigenkapital	Haben
SBK 919 900,-	EBK 660 000,-	
	G+V 225 900,-	
	Privat 34 000,-	
919 900,-	919 900,-	

2. Eigenkapital am Jahresbeginn: 660 000,-
   Summe der Entnahmen: 56 790,-
   Summe der Einlagen: 22 680,-
   Summe der Einnahmen: 523 900,-
   Summe der Aufwendungen: 298 000,-

Soll	Gewinn und Verlust	Haben		Soll	Privat	Haben
Aufw.	298 000,-	Ertr. 523 900,-		Entn. 56 790,-	Einl. 22 680,-	
Ek	225 900,-				Ek 34 110,-	
	523 900,-	523 900,-		56 790,-	56 790,-	

Soll	Eigenkapital	Haben
Privt 34 110,-	EBK 660 000,-	
SBK 851 790,-	G+V 225 900,-	
885 900,-	885 900,-	

Aus den Beispielen wird ersichtlich, daß die Höhe der Privatentnahmen und der Privateinlagen keinen Einfluß auf die Höhe des Gewinns eines Unternehmens hat.

Zu Beispiel 1 lautet der Abschlußbuchungssatz:

| Privat an Eigenkapital | 34 000 | 34 000 |

Zu Beispiel 2 lautet der Abschlußbuchungssatz:

| Eigenkapital an Privat | 34 110 | 34 110 |

Aufgaben zu Kapitel 9
156., 157., 158. und 159.

Ermitteln Sie aus den folgenden Angaben das neue Eigenkapital:

	156.	157.	158.	159.
Anfangsbestand Eigenkapital	89 000,-	439 000,-	485 000,-	285 690,-
Summe der Entnahmen:	8 900,-	52 790,-	87 291,-	36 748,-
Summe der Einlagen:	1 500,-	76 490,-	12 400,-	48 920,-
Summe der Aufwendungen:	76 940,-	283 590,-	233 221,-	145 800,-
Summe der Erlöse:	98 367,-	275 572,-	256 722,-	293 000,-

Es sollten alle vier Aufgaben gerechnet werden. Interpretieren Sie die Ergebnisse und deren Zustandekommen.

160., 161. und 162.

	160.	161.	162.
Jahresendbestand des Eigenkapitals	277 900,-	305 324,-	425 524,-
Summe der Entnahmen:	36 792,-	59 300,-	45 900,-
Summe der Einlagen:	5 500,-	11 000,-	9 000,-
Summe der Einnahmen:	157 820,-	221 553,-	397 665,-
Summe der Aufwendungen:	101 199,-	304 400,-	489 334,-

Errechnen Sie die jeweiligen Eigenkapitalien zu Geschäftsjahresbeginn.

163., 164. und 165.

	163.	164.	165.
Kapital am Jahresanfang:	394 580,-	503 500,-	607 890,-
Jahresgewinn:	38 500,-	96 600,-	55 500,-
Kapital am Jahresende:	466 200,-	660 300,-	622 500,-
Summe der Entnahmen:	46 869,-	75 660,-	46 500,-

Wie hoch waren jeweils die Einlagen eines Geschäftsjahres ?

166., 167., 168. und 169.

Erstellen Sie zu den nachfolgenden Werten die Bilanzen.

	166.	167.	168.	169.
Maschinen	444 000,-	420 000,-	610 000,-	400 000,-
Gebäude	328 000,-	380 000,-	425 800,-	275 000,-
Hypotheken	200 000,-	260 000,-	205 000,-	180 000,-
Fuhrpark	87 200,-	108 000,-	92 900,-	118 700,-
Darlehen	350 000,-	229 000,-	550 000,-	360 000,-
Grundstücke	243 000,-	330 000,-	210 000,-	200 000,-
Rohstoffe	88 600,-	83 800,-	77 620,-	92 900,-
Verbindlichkeiten	109 649,-	251 698,-	190 277,-	98 165,-
Hilfsstoffe	41 620,-	47 600,-	51 200,-	63 920,-
Mehrwertsteuer	54 600,-	43 890,-	35 788,-	32 620,-
Betriebsstoffe	22 410,-	18 200,-	26 700,-	28 830,-
Noch abzuf. Abgaben	12 600,-	10 900,-	14 600,-	8 360,-
Unfertigerzeugnisse	47 600,-	58 600,-	62 900,-	37 600,-
Fertigerzeugnisse	92 430,-	97 890,-	83 920,-	66 700,-
Forderungen	108 300,-	112 000,-	97 800,-	77 900,-
Kasse	14 500,-	14 820,-	19 220,-	9 830,-
Bankguthaben	97 300,-	123 800,-	136 938,-	85 210,-
Eigenkapital	?	?	?	?

170. und 171.

Kontenplan

Neben den obigen Konten werden die folgenden Konten benötigt:

Abschreibungen, A. o. Ertrag, Betriebsstoffaufwand, Forderungen a. Vorschüssen, Hilfsstoffaufwand, Kfz-Kosten, Löhne, Mietaufwand, Mieterträge, Privat, Rohstoffaufwand, Sozialkosten, Telefonkosten, Umsatzerlöse, Zinserträge.

Geschäftsfälle

	170.	171.
1. Barzahlung der Löhne. Bruttolöhne	7 800,-	6 200,-
Arbeitnehmeranteile zur Sozialversicherung:	1 170,-	930,-
Steuerbelastung:	1 560,-	1 240,-
Auszahlungsbetrag:	5 070,-	4 030,-
2. Banküberweisung der Zahllast	?	?
3. Zieleinkauf von Rohstoffen netto	48 000,-	52 000,-
Hilfsstoffen netto	21 960,-	28 720,-
Betriebsstoffen netto	12 100,-	14 300,-

4. Inhaber entnimmt Waren für private Zwecke netto 1 100,- 1 089,-
5. Ausgangsrechnung über Fertigerzeugnisse.
                          Rechnungsbetrag 96 657,- 87 769,-
6. Verkauf von Fertigerzeugnissen. Kasseneinnahme 26 400,- 28 600,-
7. Banküberweisungen für Verbindlichkeiten: ... 18 700,- 18 590,-
                    Urlaubsreise des Inhabers: ...   800,-   900,-
                          Telefonrechnung: ...   440,-   528,-
                          Geschäftsmiete: ...   1 200,- 1 300,-
8. Tilgung eines Darlehens durch Banküberweisung 10 000,- 20 000,-
9. Bankgutschriften für Kundenzahlungen: 20 900,- 21 890,-
                    erhaltene Mietzahlungen: 500,-   690,-
                          Habenzinsen: 600,-   480,-
10. Barverkauf eines gebrauchten LKW. Buchwert: .. 12 000,- 14 000,-
    Verkaufsdatum: 22.5.   Nettoverkaufserlös: .. 14 000,- 19 000,-
    Jährliche Abschreibung 9 600,- DM
11. Angestellte erhalten Vorschüsse bar 8 000,- 10 000,-
12. Barentnahme durch den Inhaber 2 500,- 3 200,-
13. Kauf eines neuen PKW gegen Bankscheck brutto . 18 700,- 20 900,-
14. Eingangsrechnung für Kfz-Reparaturen netto . 3 500,- 4 200,-
                          Benzin netto .   8 900,- 9 280,-
15. Zielverkauf von Fertigerzeugnissen netto ... 85 340,- 81 300,-
16. Materialentnahmen lt. Materialentnahmescheinen
                    für Rohstoffe ...   22 000,- 20 900,-
                    für Hilfsstoffe .. 12 100,- 11 000,-
                    für Betriebsstoffe . 9 680,- 8 570,-
17. Banküberweisung der Kfz-Steuer für das Kfz
                    der Tochter des Inhabers   470,-   376,-
                    des Sohnes der Inhaberin   376,-   470,-

Angaben für den Abschluß

1. **Inventurbestände:**
   Fertigerzeugnisse 89 765,-   Unfertigerzeugnisse 51 420,-
2. **Die Inventurbestände entsprechen den Buchwerten.**
3. **Ermittlung und Passivierung der Zahllast.**
4. **Abschreibungen auf den Buchwert:**
   Maschinen 10 %; Gebäude 5 %; Fuhrpark 20 %.
5. **Privater Nutzungsanteil an den Kosten der Kfz = 10 %.**
6. **Erstellen Sie die Buchungssätze.**
7. **Führen Sie die Buchungen durch.**
8. **Schließen Sie die Konten ab.**

Erstellen Sie zu den nachfolgenden Geschäftsfällen die Buchungssätze
und buchen Sie die Geschäftsfälle. Es gelten die Anfangsbestände der
Aufgaben 166 bis 169.

Kontenplan

Neben den Konten der Aufgaben 166 bis 169 sind die folgenden Konten zu
erstellen: Abschreibungen, Bestandsveränderungen, Betriebsstoffaufwand, Forderungen aus Vorschüssen, Hilfsstoffaufwand, Löhne, Postgirokonto, Rohstoffaufwand, Sozialkosten, Umsatzerlöse, Vorsteuer, Zinserträge.

Geschäftsfälle

	172.	173.
1. Kauf eines LKW gegen Bankscheck netto	85 000,-	92 300,-
2. Kunde überweist auf das Bankkonto	58 930,-	62 380,-
3. Verkauf von Fertigerzeugnissen. Kasseneinnahme	16 500,-	14 300,-
4. Barzahlung eines Gehaltsvorschusses	1 200,-	2 000,-
5. Kauf von Rohstoffen auf Ziel netto	43 500,-	31 690,-
6. Rückzahlung eines Darlehens durch Bankscheck	10 000,-	12 000,-
7. Errichtung eines Postgirokontos.		
8. Bareinzahlung auf das neue Konto	5 000,-	7 000,-
9. Verkauf von Fertigerzeugnissen. Rechnungsbetrag	73 700,-	92 400,-
10. Banküberweisung der Löhne. Tariflöhne	22 000,-	31 900,-
außertarifliche Zulagen: .	4 000,-	4 200,-
Steuerbelastung: .	5 200,-	7 220,-
Arbeitnehmeranteile zur Sozialversicherung: .	3 900,-	5 415,-
einbehaltene Sparraten: .	702,-	1 014,-
ausgezahlte Sparzulage: .	162,-	234,-
11. Gutschrift auf dem Bankkonto für Habenzinsen	250,-	198,-
für Kundenzahlung	32 800,-	41 800,-
12. Ermittlung der Zahllast	?	?
13. Abführung der Zahllast durch Banküberweisung	?	?

Angaben für den Abschluß

1. Inventurbestände:

Unfertigerzeugnisse 51 432,-; Fertigerzeugnisse 86 500,-;
Rohstoffe 82 400,-; Hilfsstoffe 22 400,-; Betriebsstoffe 8 920,-.

2. Abschreibungen auf den Buchwert:

Maschinen 15 %; Gebäude 7,5 % ; Fuhrpark 25 %.

3. Die übrigen Buchwerte entsprechen den Inventurwerten.

10. Der Kontenrahmen

Die Konten, die zur Erfassung der Geschäftsfälle angesprochen werden, entstammen ursprünglich nicht der Fantasie des Buchhalters. Sie sind vielmehr einem Grundgerüst entnommen, welches die Bezeichnung Kontenrahmen trägt.

Kontenrahmen existieren für alle Wirtschaftsbereiche. Beispielsweise für Einzelhandel, Großhandel, Landwirtschaft, Industrieunternehmungen oder Handwerksbetriebe.
Den Buchungen in diesem Buch liegt der Industriekontenrahmen zugrunde. Am Ende dieses Buches befindet sich eine Kurzfassung des Industriekontenrahmens.

Erstmals wurde der Industriekontenrahmen im Jahre 1971 vom Bundesverband der deutschen Industrie herausgegeben. Seitdem wurde er stets den Anforderungen der Praxis und denen der Gesetzesänderungen angepaßt. Zuletzt durch die Transformation der 4. EG-Richtlinie in deutsches Recht im Jahre 1986.

Allen Kontenrahmen ist gemein, daß sie aus 10 Kontenklassen (0 bis 9) bestehen. Die Kontenklassen werden von Konten gleicher Inhalte und gleicher Zielsetzungen gebildet.
Beim Industriekontenrahmen haben die einzelnen Kontenklassen die folgenden Inhalte:

Kontenklasse 0 Kontenklasse 1 Kontenklasse 2	*Aktivkonten*
Kontenklasse 3 Kontenklasse 4	*Passivkonten*
Kontenklasse 5	*Erlöskonten*
Kontenklasse 6 Kontenklasse 7	*Kostenkonten*
Kontenklasse 8	*Ergebnisrechnungskonten*
Kontenklasse 9	*Kosten- und Leistungsrechnung*

Grafisch dargestellt verteilt sich der Kontenrahmen folgendermaßen auf die Bilanz und das Gewinn- und Verlustkonto:

Aktiva	Bilanz	Passiva
+00 Ausstehende Einlagen *01 Aufwendungen für die Ingang- setzung und Erweiterung des Geschäftsbetriebes *Anlagevermögen* **Kontenklassen 0 + 1** *Umlaufvermögen* **Kontenklasse 2**	**Kontenklassen 3 + 4**	

Soll	Gewinn und Verlust	Haben
Kontenklassen 6 + 7		**Kontenklasse 5**

+ Muß gem. § 272 Abs. 1 HGB vor dem Anlagevermögen ausgewiesen werden.

* Muß gem. § 269 HGB vor dem Anlagevermögen ausgewiesen werden.

Aus dieser Darstellung läßt sich bereits ein großer Vorteil der Unter-teilung der Konten in Kontenklassen erkennen. Der Abschluß der Konten wird übersichtlicher.

In den Kontenklassen 0 bis 7 werden die Geschäftsbuchungen erfaßt.

Kontenklasse 8 dient der Eröffnung und dem Abschluß der Buchführung.

Die Konten der Kontenklasse 9 ermöglichen die Kosten- und Leistungs-rechnung, wobei gesagt werden muß, daß diese in der Praxis häufig in Tabellenform durchgeführt wird.

Wie erwähnt, wird der Kontenrahmen in Kontenklassen unterteilt. Diese werden wiederum in Kontengruppen aufgegliedert. Diese Unterteilung wird innerhalb der Kontengruppen fortgesetzt. Es ergeben sich Kontenarten. Werden noch spezifischere Konten benötigt, besteht noch die Möglichkeit, die Kontenarten weiter in Kontenunterarten zu unterteilen.

Die Unterteilung erfolgt jeweils nach dem Dezimalsystem. Daher lautet die Kontonummer des Kontos Vorsteuer nicht "zweihundertundsechzig", sondern "zwei sechs null".

152

In der Tiefgliederung des Industriekontenrahmens, herausgegeben vom Bundesverband der deutschen Industrie, soll das Konto mit der Nummer 6512 ermittelt werden. Diese Kontonummer wird folgendermaßen entschlüsselt:

6 = Kontenklasse 6 = Aufwendungen.
5 = Kontengruppe 5 = Abschreibungen.
1 = Kontenart 1 = Abschreibungen auf immaterielle Vermögensgegenstände des Anlagevermögens.
2 = Kontenunterart 2 = Abschreibung auf den Firmenwert.

Im Hinblick auf die Kontonummer ergibt sich folgender Aufbau:

1. Stelle = Kontenklasse   (6)
2. Stelle = Kontengruppe   (5)
3. Stelle = Kontenart   (1)
4. Stelle = Kontenunterart (2)

Hinsichtlich des Abschlusses der Konten muß gesagt werden, daß die Kontenunterarten über die zugehörige Kontenart abgeschlossen werden können. Die obige Darstellung behält jedoch grundsätzlich Gültigkeit.

Ein Kontenrahmen stellt immer nur eine Empfehlung an die Unternehmen dar, ihre Buchhaltung entsprechend aufzubauen und anzupassen.
Mehr als eine Empfehlung kann der Industriekontenrahmen am Ende dieses Buches auch nicht sein, da das betriebliche Geschehen, auch bei Unternehmen der gleichen Branche, unterschiedlich ist und verschiedene Konten benötigt werden. Je enger ein Unternehmen den betrieblichen Kontenplan dem branchenspezifischen Kontenplan anpaßt, desto mehr Vergleichsmöglichkeiten bestehen mit anderen Unternehmen der gleichen Branche.

Der betriebliche Kontenrahmen vereinfacht die Arbeit zur Erfassung der Geschäftsfälle erheblich. Er dient als Grundlage für die tägliche Buchungsarbeit. Dadurch, daß bei dem Erstellen der Buchungssätze nicht mehr die Kontenbezeichnungen, sondern nur noch die Kontonummern erwähnt werden müssen, ergibt sich eine starke Vereinfachung und Beschleunigung. Darüberhinaus wird jedem "Eingeweihten" durch die Kontonummer deutlich, um welche Art von Konto es sich handelt.
Erstellen Sie die Buchungssätze der Aufgaben 132 und 134 mit den Kontonummern des Kontenplans.

11. Bezugs- und Transportkosten

Wenn Waren eingekauft oder verkauft werden, ist zu berücksichtigen, daß die Waren noch transportiert werden müssen. Wenn dafür kein eigenes Fahrzeug zur Verfügung steht, muß auf Transporteure zurückgegriffen werden, die außerhalb des Unternehmens stehen. Dazu gehören beispielsweise Speditionen und die Bundesbahn.

Die Kosten des Transports mit eigenen Mitteln werden in der Buchhaltung nicht gesondert erfaßt. Der Grund dafür liegt darin, daß die Kosten der Fahrzeuge und der anderen Transportmittel ständig, bei Entstehung, erfaßt werden.

Anders verhält es sich bei den Kosten, die durch externe Transporteure entstehen. Die Kosten für durchgeführte Transporte stellen für das Unternehmen Aufwand dar.

Aufwand, der bei dem Bezug von Rohstoffen, Hilfsstoffen, Betriebsstoffen und anderen Waren vom Lieferanten entsteht, trägt die Bezeichnung **Bezugskosten.**

Aufwand, der bei dem Transport von Waren an den Kunden entsteht, trägt die Bezeichnung **Transportkosten.**

In diesem Buch sollen die Kosten auf den beiden jeweiligen Konten erfaßt werden. In der Praxis werden oft verschiedene Konten geführt, auf denen die jeweiligen Kosten nach der Waren- bzw. Stoffart aufgeteilt werden. Für die Bezugskosten besteht beispielsweise die Aufgliederung in Bezugskosten für Rohstoffe, Bezugskosten für Hilfsstoffe, Bezugskosten für Betriebsstoffe und andere Waren.

11.1 Bezugskosten

Wie bereits gesagt, fallen unter den Begriff Bezugskosten alle Aufwendungen, die durch den Transport einer Ware oder eines Stoffes vom Lieferanten in das eigene Unternehmen entstehen, wenn der Transport nicht mit eigenen Fahrzeugen durchgeführt wurde.

Das Konto Bezugskosten stellt ein Aufwandskonto dar. Wie bei allen Aufwandskonten erfolgt die Erfassung der Aufwendungen im Soll des jeweiligen Kontos.

Wenn ein Unternehmen Rohstoffe zu einem Nettowarenwert von 5 000,- DM auf Ziel einkauft und für den Transport an den Spediteur netto 50,- DM bar bezahlt, ergeben sich folgende Buchungssätze:

154

a) Für den Zielkauf der Rohstoffe:

Rohstoffe	5 000	
Vorsteuer an Verbindlichkeiten	500	5 500

b) Für die Kosten des Bezugs:

Bezugskosten	50	
Vorsteuer an Kasse	5	55

Kontenmäßig ergibt sich folgende Darstellung:

Soll	Rohstoffe	Haben	Soll	Bezugskosten	Haben
Vb 5 000,-			Ka 50,-		

Soll	Verbindlichkeiten	Haben	Soll	Kasse	Haben
	Rs/VSt 5 500,-			Bezk/VSt 55,-	

Soll	Vorsteuer	Haben
Vb 500,-		
Kasse 5,-		

Bezk = Bezugskosten; RS = Rohstoffe

Die Kosten für Stoffe und Waren, die ein Unternehmen einkauft, werden durch die Bezugskosten erhöht. Sie stellen folglich einen Aufwand dar, der sich auf das Betriebsergebnis auswirkt. Für die buchhalterische Erfassung bestehen grundsätzlich zwei Möglichkeiten.

1. Abschluß über das Stoffekonto

In diesem Fall wird der Saldo, der sich bei dem Abschluß des Kontos Bezugskosten ergibt, auf das Konto übertragen, das die Stoffebestände ausweist. Es ergibt sich folgende kontenmäßige Darstellung:

Soll	Rohstoffe	Haben	Soll	Bezugskosten		Haben
Vb 5 000,-			Ka 50,-	RS	50,-
Bezk. 50,-			50,-		50,-

Der Buchungssatz hierfür lautet:

Rohstoffe an Bezugskosten	50	50

155

2. Abschluß über das Gewinn- und Verlustkonto

Es besteht auch die Möglichkeit, den Saldo des Kontos Bezugskosten auf das Konto Gewinn und Verlust zu übertragen. Es erfolgt dann keine weitere Buchung auf dem Bestandskonto, wie in dem vorherigen Beispiel. Kontenmäßig ergibt sich folgende Darstellung:

Soll	Bezugskosten	Haben		Soll	Gewinn und Verlust	Haben
Ka	50,-	G+V	50,-	Bezk	50,-	
	50,-		50,-			

Der Buchungssatz lautet dann:

Gewinn und Verlust	an	Bezugskosten	50	50

Die zuletzt vorgestellte Form des Abschlusses ist in jedem Fall anzuwenden, wenn Bezugskosten gezahlt wurden, die nicht direkt zurechenbar sind.

In beiden Fällen weisen die Bücher des Unternehmens am Ende der Rechnungsperiode den gleichen Gewinn aus. Für den Unternehmenserfolg ist es folglich gleichgültig, wie der Abschluß des Kontos Bezugskosten erfolgt.

Der Grund hierfür ist darin zu sehen, daß im Rahmen der Inventur die Werte der Lagerbestände zu den Einkaufspreisen aufgenommen werden. Erfolgt der Abschluß des Bezugskostenkontos über das Stoffe- bzw. Warenkonto, ergibt sich auf diesem ein höherer Saldo, der letztendlich als Aufwand in das Gewinn- und Verlustkonto eingeht.

Erfolgt der Abschluß des Kontos Bezugskosten direkt über das Gewinn- und Verlustkonto, ergibt sich ein geringerer Stoffeaufwand. Dieser Umstand wird dadurch ausgeglichen, daß dafür der Saldo des Kontos Bezugskosten als Aufwand mit in das Gewinn- und Verlustkonto einfließt.

Beispiel:

Anfangsbestand an Rohstoffen: 50 000,-

Endbestand lt. Inventur: 48 000,-

Summe der Zieleinkäufe: 40 000,-

Bezugskosten hierauf wurden bar bezahlt: 500,-

Bei Abschluß des Kontos Bezugskosten über das Konto Rohstoffe zeigt die folgende Seite die kontenmäßige Darstellung:

156

Soll	Rohstoffe	Haben		Soll	Bezugskosten	Haben
EBK 50 000,-	SBK	48 000,-		Ka	500,-	RS 500,-
Vb 40 000,-	RSA	42 500,-			500,-	500,-
Bezk 500,-						
90 500,-		90 500,-				

Soll	Rohstoffaufwand	Haben		Soll	Gewinn und Verlust	Haben
RS 42 500,-	G+V	42 500,-		RSA	42 500,-	
42 500,-		42 500,-				

Erfolgt der Abschluß des Kontos Bezugskosten über das Gewinn- und Verlustkonto, ergibt sich folgende kontenmäßige Darstellung:

Soll	Rohstoffe	Haben		Soll	Bezugskosten	Haben
EBK 50 000,-	SBK	48 000,-		Ka	500,-	G+V 500,-
+ 40 000,-	RSA	42 000,-			500,-	500,-
90 000,-		90 000,-				

Soll	Rohstoffaufwand	Haben		Soll	Gewinn und Verlust	Haben
RS 42 000,-	G+V	42 000,-		RSA	42 000,-	
42 000,-		42 000,-		Bezk	500,-	

Dieses Beispiel verdeutlicht noch einmal, daß es gleichgültig ist, wie das Konto Bezugskosten abgeschlossen wird. In beiden Fällen fließen 42 500,- DM in die Aufwandsseite des Gewinn- und Verlustkontos ein.

11.2 Transportkosten

Wie bereits erwähnt, erfolgt die Erfassung der Kosten, die für den Transport verkaufter Waren zum Kunden entstehen, auf dem Konto Transportkosten. Das gilt nur, wenn der Transport nicht durch eigene Fahrzeuge erfolgte.

Auch dieses Konto stellt ein Aufwandskonto dar.

Werden zum Nettowert von 40 000,- DM Fertigerzeugnisse auf Ziel verkauft und die Kosten für den Transport zum Kunden in Höhe von brutto 187,- DM bar bezahlt, ergeben sich folgende Buchungssätze:

a) Für den Verkauf der Fertigerzeugnisse:

Forderungen an Umsatzerlöse	44 000	40 000
Mehrwertsteuer		4 000

b) Für die gezahlten Transportkosten:

Transportkosten	170	
Vorsteuer an Kasse	17	187

Kontenmäßig ergibt sich folgende Darstellung:

Soll	Umsatzerlöse	Haben		Soll	Transportkosten	Haben
	Fo	40 000,-		Ka	170,-	

Soll	Forderungen	Haben		Soll	Kasse	Haben
Ue/MWSt	44 000,-				Trk/VSt	187,-

Soll	Vorsteuer	Haben		Soll	Mehrwertsteuer	Haben
Ka	17,-				Fo	4 000,-

Trk = Transportkosten

Abschluß des Kontos Transportkosten

Am Geschäftsjahresende wird das Konto Transportkosten abgeschlossen und der Saldo in das Gewinn- und Verlustkonto umgebucht. Dort erscheint der Saldo im Soll.

Es ergibt sich folgende kontenmäßige Darstellung:

Soll	Transportkosten	Haben		Soll	Gewinn und Verlust	Haben
Ka	170,-	G+V 170,-		Trk 170,-	Ue	40 000,-
	170,-	170,-				

In der Praxis wurde teilweise bereits dazu übergegangen, die Bezugskosten direkt auf dem Bestandskonto zu erfassen.

Aufgaben zu Kapitel 11

174., 175., 176. und 177.

Erstellen Sie Konten entsprechend den nachfolgenden Angaben. Ermitteln Sie anschließend den Gewinn. Wenden Sie dabei beide Abschlußmethoden für das Konto Bezugskosten an.

	174.	175.	176.	177.
Anfangsbestände Rohstoffe:	45 600,-	58 998,-	48 720,-	65 678,-
Zielkäufe Rohstoffe netto:	83 590,-	77 293,-	97 440,-	42 200,-
Bezugskosten bar netto:	2 500,-	5 329,-	3 390,-	4 220,-
Endbestand lt. Inventur:	41 500,-	54 340,-	38 220,-	28 946,-
Restliche Aufwendungen:	122 400,-	204 589,-	177 200,-	132 657,-
Summe der Erlöse:	421 900,-	559 600,-	339 840,-	215 810,-

178., 179., 180. und 181.

Erstellen Sie die Konten und ermitteln Sie buchhalterisch die Gewinne.

	178.	179.	180.	181.
Umsatzerlöse netto:	539 840,-	604 600,-	488 212,-	397 500,-
übrige Erlöse netto:	108 700,-	66 290,-	95 400,-	128 920,-
Transportkosten netto:	22 800,-	43 340,-	68 170,-	12 290,-
Restliche Aufwendungen:	475 750,-	593 217,-	477 720,-	408 000,-

182. und 183.

Erstellen Sie zu den nachfolgenden Geschäftsfällen die Buchungssätze.

Buchen Sie anschließend zu den Anfangsbeständen der Aufgabe 166.

Schließen Sie die Konten nach den Angaben der Aufgabe 172 ab.

	182.	183.
1. Zieleinkauf von Rohstoffen netto	40 000,-	45 900,-
2. Barzahlung der Bezugskosten netto	150,-	130,-
3. Arbeiter erhält Vorschuß bar	500,-	400,-
4. Zielverkauf von Fertigerzeugnissen netto . .	84 590,-	76 500,-
5. Barzahlung der Transportkosten netto	80,-	40,-
6. Barabhebung vom Bankkonto	5 600,-	7 200,-
7. Barzahlung der Fertigungslöhne. Bruttolöhne:	13 500,-	14 700,-
Arbeitgeberanteile zur Sozialversicherung:	2 025,-	2 205,-
Steuerbelastung:	2 690,-	2 950,-
verrechneter Vorschuß:	500,-	400,-
8. Ausgleich der Zahllast durch Banküberweisung	54 600,-	54 600,-
9. Kunde sendet einen Bankscheck	77 000,-	73 700,-
10. Eingangsrechnung des Spediteurs brutto . . .	10 890,-	11 550,-
für Anlieferung von Lieferanten netto .	4 600,-	5 900,-
für Auslieferung an Kunden netto . . .	5 300,-	4 600,-
11. Bareinzahlung auf neues Postgirokonto . . .	1 000,-	900,-
12. Ermittlung und Banküberweisung der Zahllast	?	?
13. Entnahme von Betriebsstoffen	2 500,-	3 200,-
Hilfsstoffen	10 000,-	9 500,-

12. Skonto — Rabatt — Bonus

Begriffsklärungen

Skonto

Werden Waren auf Ziel gekauft oder verkauft, erfolgt die Bezahlung zu einem späteren Zeitpunkt. Da der Gläubiger nicht zu lange auf sein Geld warten möchte, schafft er durch die Gewährung von Skonto einen Anreiz für den Kunden, den ausstehenden Betrag innerhalb eines kürzeren Zeitraumes zu begleichen.

Begleicht der Kunde die Rechnung in dem vom Lieferanten vorgegebenen Zeitraum, ist es ihm gestattet, den Rechnungsbetrag um einen festgesetzten Prozentsatz zu kürzen. Die Höhe des Prozentsatzes bestimmt der Lieferant. In der Praxis liegt der Skontosatz zwischen 0,5 und 3 %.

Rabatt

Rabatt mindert ebenfalls den Betrag, den ein Käufer zahlen muß. Der Unterschied zum Skonto liegt darin, daß Rabatt vom Lieferanten auf der Rechnung in Abzug gebracht wird.

Die Gewährung von Rabatten kann verschiedene Gründe haben. So besteht die Möglichkeit der Gewährung von Treuerabatten, Mengenrabatten oder Rabatten für die Abnahme von älteren Waren (Ladenhütern).

Rabatt und Skonto können auch bei sofortiger Barzahlung gewährt werden.

Bonus

Bonus wird im nachhinein gewährt, wenn ein Kunde eine bestimmte Jahresabnahmemenge erreicht bzw. überschreitet.

Der Kunde erhält dann im allgemeinen eine Gutschrift, die er mit noch ausstehenden Rechnungen verrechnen kann. Es ist auch üblich, einen Bonus durch einen Bankscheck auszuzahlen.

12.1 Gewährung durch Lieferanten

Wenn einer der oben erwähnten Preisnachlässe durch einen Lieferanten gewährt wird, verringert sich dadurch der ursprüngliche Aufwand. Die Konten, auf denen die Preisnachlässe erfaßt werden, haben somit den Charakter von Ertragskonten.

1. Erfassung von Skontoerträgen

Wird eine Rechnung unter Abzug von Skonto beglichen, erfolgt die Erfassung des Skontos auf dem Konto **Skontoerträge**. Dabei wird der Rechnungsbetrag vermindert. Gleichzeitig wird auch die im Rechnungsbetrag enthaltene Umsatzsteuer verringert. Daher muß auch eine Berichtigung der Vorsteuer erfolgen. Dafür bestehen zwei Möglichkeiten.

Beide Möglichkeiten sollen an folgendem Beispiel erläutert werden:
Rechnungsbetrag: 5 500,- DM, Skonto 3 % = 165,- DM,
Rechnungsausgleich durch Banküberweisung.

A Bruttobuchung

Hierbei wird die Vorsteuer zunächst nicht berichtigt.
Das Konto Skontoerträge wird wie ein Ertragskonto behandelt und daher im Haben berührt. Es ergibt sich folgender Buchungssatz:

Verbindlichkeiten an Bank	5 500	5 335
Skontoerträge		165

Der gesamte Rechnungsbetrag wird aus dem Konto Verbindlichkeiten auf der Sollseite des Kontos ausgebucht. Das Bankkonto wird mit 5 335,- DM belastet, also um den Betrag, der effektiv nur überwiesen wurde. Der einbehaltene Skonto wird auf dem Konto Skontoerträge im Haben erfaßt.

In gewissen Zeitabständen erfolgt dann eine Berichtigung der bruttoerfaßten Skontoerträge um den darin enthaltenen Vorsteuerbetrag. Das geschieht dadurch, daß aus den Bruttobeträgen die darin enthaltene Vorsteuer herausgerechnet und auf das Konto Vorsteuer umgebucht wird. Für dieses Beispiel ergibt sich der folgende Buchungssatz:

Skontoerträge an Vorsteuer	15	15

Durch diese Buchung wurde die Vorsteuer, die in dem einbehaltenen Skonto enthalten ist, berichtigend auf das Konto Vorsteuer umgebucht.

B Nettobuchung

Bei der Nettoerfassung des Skontoabzugs wird die in dem abgezogenen Skontobetrag enthaltene Vorsteuer sofort auf dem Konto Vorsteuer erfaßt. Es ergibt sich folgender Buchungssatz:

161

Verbindlichkeiten an	Bank	5 500	5 335
	Skontoerträge		150
	Vorsteuer		15

Für den Abschluß des Kontos Skontoerträge bestehen folgende Möglichkeiten:

a) Über das Gewinn- und Verlustkonto.
b) Über das Bestandskonto, für das der Skonto gewährt wurde.

In beiden Fällen ergibt sich das gleiche Jahresergebnis.

2. Erfassung gewährter Rabatte

Rabatte, die von Lieferanten gewährt und auf der Rechnung ausgewiesen werden, werden als Sofortrabatte bezeichnet. Sie werden nicht gesondert erfaßt.
Wird ein Rabatt nachträglich gewährt, sendet der Lieferant in der Regel eine neue Rechnung und storniert die alte. In so einem Fall liegt dann auch ein Sofortrabatt vor, der nicht gesondert erfaßt wird. Nur für den Fall, daß keine neue Rechnung ergeht, erfolgt eine Erfassung auf dem Konto Rabatterträge. Die Erfassung vollzieht sich dann auf die gleiche Weise wie die Erfassung der Skontoerträge. Auch der Abschluß des Kontos Rabatterträge vollzieht sich in gleicher Weise.

3. Erfassung gewährter Boni

Es bestehen folgende Möglichkeiten der Gewährung eines Bonus.
A) Durch Übersendung einer Gutschrift am Jahresende.
B) Durch Übersendung eines Bankschecks.

Beide Möglichkeiten sollen an folgendem Beispiel erklärt werden:
Höhe des Bonus netto 700,- + 10 % USt, Restverbindlichkeiten gegenüber dem bonusgewährenden Lieferanten 7 480,- DM.

Zu A)

Übersendet der Lieferant eine Gutschrift, kann der Empfänger der Gutschrift diese bei der nächsten Zahlung in Abzug bringen. Bis zu dem Zeitpunkt stellt eine Gutschrift eine sonstige Forderung dar.
Für die Bruttobuchung lautet der Buchungssatz:

Sonstige Forderungen an Bonierträge	770	770

162

Für die Vorsteuerberichtigung lautet der Buchungssatz:

Bonierträge an Vorsteuer	70	70

Im Falle der Nettobuchung ergibt sich folgender Buchungssatz:

Sonstige Forderungen an Bonierträge	770	700
Vorsteuer		70

Werden die ausstehenden Rechnungen durch Banküberweisung beglichen und dabei die erhaltene Bonusgutschrift in Abzug gebracht, erlöschen die sonstigen Forderungen wieder. Es ergibt sich der folgende Buchungssatz:

Verbindlichkeiten an Bank	7 480	6 710
Sonst. Ford.		770

Zu B)

Sendet der Lieferant einen Scheck über den Bonusbetrag, ergeben sich bei Bruttobuchung folgende Buchungssätze:

Bank an Bonierträge	770	770

Für die Berichtigung der Vorsteuer:

Bonierträge an Vorsteuer	70	70

Für den Fall der Nettobuchung ergibt sich der folgende Buchungssatz:

Bank an Bonierträge	770	700
Vorsteuer		70

Abschluß des Kontos Bonierträge

Zu der buchmäßigen Erfassung der obigen Preisnachlässe sei erwähnt, daß es für eine genaue Preiskalkulation und Planung im Unternehmen stets besser ist, die Konten, auf denen die Preisnachlässe erfaßt werden, über die Konten abzuschließen, für die die Preisnachlässe entstanden sind. Darauf soll hier verzichtet werden, weil diese Vorgehensweise aufwendig ist und den Rahmen dieses Buches sprengen würde. Im

Rahmen eines funktionsfähigen Rechnungswesens ist eine Aufteilung der Preisnachlässe auf die einzelnen Bestandskonten unverzichtbar, weil sich nur dadurch genaue Aussagen machen lassen, wie hoch die tatsächlichen Materialkosten waren.

Erhält das Unternehmen beispielsweise am Jahresende einen Bonus in Höhe von 10 % des Wertes der bezogenen Rohstoffe und wird dieser Bonus nicht auf dem Konto Rohstoffe erfaßt, werden die kalkulatorischen Rohstoffkosten immer 10 % zu hoch angesetzt, was zu einem erhöhten Verkaufspreis führt. Dadurch könnte ein Unternehmen aus dem Markt ausscheiden, weil es in der Preisgestaltung nicht mehr konkurrenzfähig ist. Am Gesamtergebnis ändert sich dadurch jedoch nichts.

Aus diesen Gründen soll der Abschluß der Konten Bonierträge und Skontoerträge in diesem Buch über das Gewinn- und Verlustkonto erfolgen.

Aufgabe 184

Erklären Sie mit Ihren Worten, warum es für den Unternehmenserfolg gleichgültig ist, ob die Konten Bonierträge, Skontoerträge über die zugehörigen Bestandskonten oder über das Gewinn- und Verlustkonto abgeschlossen werden.

12.2 Gewährung an Kunden

Während die Unternehmung einerseits Preisnachlässe erhält, gewährt es andererseits auch solche. Die Arten der gewährten Preisnachlässe entsprechen dabei denen, die eine Unternehmung erhält. Sie tragen auch die gleichen Bezeichnungen. Die Veränderungen, die dadurch eintreten, sind gleichfalls buchmäßig zu erfassen.

1. Erfassung gewährter Skonti

Gewährte Skonti stellen für das Unternehmen Aufwand dar und werden auf dem Konto Skontoaufwand erfaßt. Im Buchungsgeschehen und in der Bildung von Buchungssätzen wird das Konto Skontoaufwand gleich einem Aufwandskonto behandelt.

Am 17.4. kauft ein Kunde auf Ziel Fertigerzeugnisse im Wert von netto 25 000,- DM. Er begleicht die Rechnung am 22.4. bar unter Abzug von 2 % Skonto. Der Verkauf der Fertigerzeugnisse wird durch folgenden Buchungssatz erfaßt:

Forderungen an Umsatzerlöse	27 500	25 000
Mehrwertsteuer		2 500

Zum Zeitpunkt der Zahlung ist auch der vom Kunden einbehaltene Skonto buchmäßig zu erfassen. Wie schon bei den einbehaltenen Skontoerträgen, bestehen auch hier zwei Möglichkeiten der buchmäßigen Erfassung. Bei der Bruttobuchung ergibt sich folgender Buchungssatz:

Kasse	26 950	
Skontoaufwand an Forderungen	550	27 500

Für die Berichtigung der Mehrwertsteuer ergibt sich der Buchungssatz

Mehrwertsteuer an Skontoaufwand	50	50

Die Erfassung der Zahlung ist natürlich auch im Nettoverfahren möglich:

Kasse	26 950	
Skontoaufwand	500	
Mehrwertsteuer an Forderungen	50	27 500

Für den Abschluß des Kontos Skontoaufwand bestehen auch hier zwei Möglichkeiten:

   a) Über das Gewinn- und Verlustkonto.
   b) Über das Konto Umsatzerlöse.

In beiden Fällen ändert sich nichts am Betriebsergebnis.

2. Erfassung gewährter Rabatte

Die Erfassung gewährter Rabatte vollzieht sich auf die gleiche Art wie bei den von Lieferanten gewährten Rabatten.

BEMERKUNG:

Der Leser/Die Leserin sollte sich zu der Erfassung gewähr-
ter Rabatte in Anlehnung an die Vorgehensweise bei erhalte-
nen Rabatten zunächst seine/ihre eigenen Gedanken machen,
ehe er/sie weiterliest.

Werden Rabatte gewährt, werden diese auf der Rechnung direkt ausgewiesen und mindern die Umsatzerlöse um einen im voraus bekannten Betrag. Rechnungen, die einen Rabatt ausweisen, werden mit dem Betrag gebucht, den diese ausweisen. Es erfolgt also keine direkte Buchung.

Wird ein Rabatt nicht ausgewiesen und im nachhinein gewährt, empfiehlt es sich, die ungültige Rechnung zu stornieren und eine neue Rechnung zu erstellen. Wenn jedoch eine nachträgliche Rabattgutschrift ergeht, die bei Zahlung mit dem Rechnungsbetrag verrechnet werden soll, erfolgt eine Erfassung über das Konto Rabattaufwand. Der Buchungssatz würde wie folgt lauten:

Rabattaufwand
Mehrwertsteuer an Sonstige Verbindlichkeiten

Eine Erfassung ist auf dem Wege der Bruttobuchung ebenfalls möglich.

Aufgabe 185

Wie lauten die Buchungssätze bei Bruttobuchung ?
Wie ist zu buchen, wenn der Kunde durch Banküberweisung begleicht und die Rabattgutschrift in Abzug bringt ?

Hinsichtlich des Abschlusses des Kontos Rabattaufwand bestehen die gleichen Möglichkeiten wie auch bei dem Abschluß des Kontos Skontoaufwand.

3. Erfassung gewährter Boni

Auch bei gewährten Boni bestehen die Möglichkeiten der Gutschriftsanzeige oder der Scheckzahlung.

Für den Fall einer Übersendung einer <u>Gutschriftsanzeige</u> entsteht für das gewährende Unternehmen eine Verbindlichkeit. Da es jedoch keine Verbindlichkeit im eigentlichen Sinne ist, erfolgt die Erfassung auf den Konten Boniaufwendungen und Sonstige Verbindlichkeiten.

Ein Kunde erhält eine Bonusgutschrift in Höhe von netto 1 000,- DM.

Die Restforderung an den Kunden beträgt 6 380,- DM

Erfolgt die Erfassung im Nettoverfahren, ergibt sich folgender Buchungssatz:

Boniaufwand	1 000	
Mehrwertsteuer an Sonst. Verbindlichk.	100	1 100

166

Im Bruttoverfahren ergeben sich folgende Buchungssätze:

Boniaufwand an Sonst. Verbindlichk.	1 100	1 100

Für die Steuerberichtigung:

Mehrwertsteuer an Boniaufwand	100	100

Wenn der Kunde den ausstehenden Betrag durch Banküberweisung begleicht und die Bonusgutschrift in Abzug bringt, ergibt sich folgender Buchungssatz:

Bank	5 280	
Sonst. Verbindlichk. an Forderungen	1 100	6 380

Anders verhält es sich, wenn der Kunde einen Scheck übersandt bekommt. In einem solchen Fall hat der Empfänger die Möglichkeit, seinen Bonus eher zu erhalten. Der Scheck braucht dann nur der Bank eingereicht zu werden.

Ausgehend von den Werten des obigen Beispiels erfolgt in der bonusgewährenden Unternehmung die Erfassung im Nettoverfahren nach folgendem Buchungssatz:

Boniaufwand	1 000	
Mehrwertsteuer an Bank	100	1 100

Aufgabe 186
Wie lauten die Buchungssätze im Bruttoverfahren ?

Für den Abschluß des Kontos Boniaufwand bestehen die folgenden Möglichkeiten:

    a) Abschluß über das Gewinn- und Verlustkonto.
    b) Abschluß über das Konto Umsatzerlöse.

Aufgabe 187
Erklären Sie mit Ihren Worten, warum das Unternehmensergebnis, unabhängig davon, ob das Konto Boniaufwand über ein Bestandskonto oder über das Gewinn- und Verlustkonto abgeschlossen wird, gleich bleibt.

167

12.3 Sonstige Erlösschmälerungen

12.3.1 Rücksendungen von Kunden

Senden Kunden Waren zurück, wird ein abgeschlossenes Geschäft teilweise oder ganz rückgängig gemacht. Wurden die zurückgesandten Waren auf Ziel gekauft und noch nicht bezahlt, erfolgt die Erfassung der Rücksendung in Form einer Stornobuchung. Sendet ein Kunde unbezahlte Waren im Wert von netto 500,- DM zurück, erfolgt folgende Buchung:

Umsatzerlöse		500	
Mehrwertsteuer an Forderungen		50	550

12.3.2 Preisnachlässe

Erhält ein Kunde einen Preisnachlaß, werden ebenfalls die Umsatzerlöse verringert. Zum Zeitpunkt der Übersendung der Gutschriftsanzeige bucht das gutschrifterteilende Unternehmen nach folgendem Buchungssatz:

Umsatzerlöse		500	
Mehrwertsteuer an Sonst. Verbindlichk.		50	550

Bei Scheck- oder Barauszahlung erfolgt folgende Buchung:

Umsatzerlöse		500	
Mehrwertsteuer an Kasse _oder_ Bank		50	550

12.3.3 Naturalrabatte

Erhält ein Kunde mehr Ware ausgeliefert als er bezahlen muß, handelt es sich um einen Naturalrabatt. Wie bereits die anderen Rabatte, wird auch diese Rabattform nicht gebucht. Erhält ein Kunde 600 Stück eines Artikels zum Preise von netto 12,- DM, muß jedoch nur 500 Stück des Artikels zum Preise von netto 12,- DM bezahlen, ergibt sich für die Buchung der Ausgangsrechnung folgender Buchungssatz:

Forderungen an Umsatzerlöse	6 600	6 000
Mehrwertsteuer		600

Es wird nur der Warenwert für 500 Stück (netto 6000,- DM) gebucht.

168

Aufgaben zu Kapitel 12

188. und 189.

Erstellen Sie die Buchungssätze zu Aufgabe 188 für Bruttobuchungen.

Erstellen Sie die Buchungssätze zu Aufgabe 189 für Nettobuchungen.

		188.	189.
1. Rohstoffeinkauf auf Ziel Listenpreis netto	.	45 000,-	64 600,-
./. 25 % Rabatt	.	11 250,-	16 150,-
Nettowarenwert	.	33 750,-	48 450,-
+ 10 % Umsatzsteuer	.	3 375,-	4 845,-
Rechnungsbetrag	.	37 125,-	53 295,-

2. Barzahlung der Rohstofftransportrechnung	..	220,-	330,-
+ 10 % Umsatzsteuer		?	?
Rechnungsbetrag	.	?	?

3. Ausgleich der Rohstoffrechnung Rechnungsbetr.		37 125,00	53 295,00
./. 2 % Skonto	.	742,50	1 065,90
Höhe der Banküberweisung	.	36 382,50	52 229,10

4. 2 % Bonusgewährung am Quartalsende netto	..	900,00	1 292,00
+ 10 % Umsatzsteuer	.	90,00	129,20
Höhe der Gutschrift	.	990,00	1 421,20

5. Zielverkauf von Erzeugnissen Listenpr. netto		85 000,-	65 000,-
./. 20 % Rabatt		17 000,-	13 000,-
Nettowarenwert		68 000,-	52 000,-
+ 10 % Umsatzsteuer		6 800,-	5 200,-
Rechnungsbetrag		74 800,-	57 200,-

6. Spediteurrechnung für die Auslieferung netto		250,-	330,-
+ 10 % Umsatzsteuer		25,-	33,-
Barzahlungsbetrag		275,-	363,-

7. Kunde begleicht die Rechnung Rechnungsbetrag		74 800,-	57 200,-
./. 2 % Skonto		1 496,-	1 144,-
Scheckbetrag		73 304,-	56 056,-

8. 2 % Bonus an Kunden am Halbjahresende netto		1 700,-	1 300,-
+ 10 % Umsatzsteuer		170,-	130,-
Scheckbetrag		1 870,-	1 430,-

9. Ein anderer Kunde sendet Ware zurück netto .   1 200,-   2 100,-

+ 10 % Umsatzsteuer   120,-   210,-

Gutschriftsbetrag   1 320,-   2 310,-

10. Zielverkauf von 120 Einheiten zum Preis von netto 25,- DM je Einheit. Dem Kunden werden wegen Selbstabholung nur 110 Einheiten berechnet.

11. Gutschrift eines Lieferers wegen Mängelrüge   650,-   1 820,-

+ 10 % Umsatzsteuer   65,-   182,-

12. Ausgleich einer Verbindlichkeit Rechnungsbetr.   9 680,-   14 278,-

./. Gutschriftsanzeige (aus Aufgabe 11)   715,-   2 002,-

Banküberweisungsbetrag   8 965,-   12 276,-

Verwenden Sie bei den Buchungssätzen auch die Kontonummern des Kontenrahmens.

190., 191., 192. und 193.

Erstellen Sie entsprechend den nachfolgenden Angaben die Bilanzen.

		190.	191.	192.	193.
280	Bank	38 600,-	54 720,-	95 410,-	86 710,-
288	Kasse	14 628,-	18 341,-	8 600,-	13 640,-
240	Forderungen . . .	97 565,-	85 400,-	74 520,-	87 610,-
22	Fertigerzeugnisse	68 500,-	67 850,-	79 800,-	72 500,-
21	Unfertigerzeugnisse	29 750,-	30 100,-	18 150,-	37 200,-
484	Noch abzuf. Abgaben	4 600,-	12 811,-	26 800,-	17 610,-
203	Betriebsstoffe . .	21 300,-	22 100,-	23 920,-	19 600,-
480	Mehrwertsteuer . .	12 800,-	24 600,-	20 520,-	17 500,-
202	Hilfsstoffe . . .	42 600,-	44 200,-	46 900,-	43 800,-
44	Verbindlichkeiten	145 612,-	204 700,-	180 000,-	168 300,-
201	Rohstoffe	85 200,-	88 400,-	90 800,-	78 250,-
050	Grundstücke . . .	280 000,-	310 000,-	200 000,-	210 000,-
425	Darlehen	283 000,-	269 000,-	278 000,-	300 000,-
083	Fuhrpark	87 600,-	100 000,-	96 900,-	75 700,-
426	Hypotheken	140 000,-	200 000,-	160 000,-	190 000,-
051	Gebäude	150 000,-	180 000,-	170 000,-	185 000,-
07	Maschinen	80 000,-	110 000,-	95 000,-	100 000,-
300	Eigenkapital . . .	?	?	?	?

194. und 195.

Erstellen Sie zu den nachfolgenden Geschäftsfällen die Buchungssätze und buchen Sie entsprechend. Die Anfangsbestände sind den Aufgaben 190 bis 193 zu entnehmen.

Kontenplan

Neben den obigen Konten sind folgende Konten einzurichten:

265, 3001, 48, 500, 516, 52, 57, 600, 602, 603, 614, 62, 640, 65, 670, 694, 75, 800, 801, 802.

Geschäftsfälle

	194.	195.
1. Lohnzahlung bar Bruttolohnsumme	6 000,-	5 500,-
Arbeitnehmeranteile zur Sozialversicherung .	900,-	850,-
einbehaltene Lohnsteuer .	800,-	760,-
einbehaltene Kirchensteuer .	420,-	385,-
Auszahlungsbetrag .	3 880,-	3 505,-
2. Kunde begleicht eine Rechnung. Rechnungsbetrag	6 600,-	7 700,-
./. 2 % Skonto	132,-	154,-
Kasseneingang	6 468,-	7 546,-
3. Zielverkauf von Fertigerzeugnissen Listenpreis	10 000,-	12 500,-
./. 20 % Rabatt	2 000,-	2 500,-
Nettowarenwert	8 000,-	10 000,-
+ 10 % Umsatzsteuer	800,-	1 000,-
Rechnungsbetrag	8 800,-	11 000,-
4. Ausgleich einer Verbindlichkeit. Bruttobetrag	18 700,-	17 600,-
./. 2 % Skonto	374,-	352,-
überweisungsbetrag	18 326,-	17 248,-
5. Barverkauf von Erzeugnissen Nettolistenpreis	25 000,-	32 000,-
Der Kunde erhält 10 % Wiederverkäuferrabatt.		
6. Bareinzahlung auf das Bankkonto	15 000,-	20 000,-
7. Tilgung einer Hypothek durch Banküberweisung .	10 000,-	15 000,-
8. Zielkauf von Rohstoffen. Rechnungsbetrag . . .	15 400,-	16 280,-
9. Kauf von Hilfsstoffen gegen Bankscheck netto .	8 200,-	9 400,-
10. Kauf von Betriebsstoffen auf Ziel netto	4 230,-	5 550,-
11. Belastungen des Bankkontos a) Sollzinsen . . .	200,-	240,-
b) Urlaubsreise des Inhabers	1 500,-	2 000,-
c) Geschäftsmiete	900,-	1 100,-
d) überweisung an Lieferanten Rechnungsbetrag	3 300,-	2 200,-
./. 3 % Skonto	99,-	66,-

	194.	195.
12. Barverkauf eines gebrauchten LKW. Buchwert . .	5 000,-	7 000,-
Jahresabschreibung . .	9 600,-	7 200,-
Verkaufsdatum . .	15.2.	20.4.
Verkaufserlös netto . .	6 500,-	6 800,-
13. Vorschußgewährung an einen Angestellten bar . .	1 000,-	850,-
14. Ein Kunde erhält Bonusgutschriftsanzeige netto	400,-	550,-
15. Banküberweisung der n. abzuf. Abg. des Vorjahres	?	?
16. Gutschriften auf dem Bankkonto a) Habenzinsen .	650,-	420,-
b) Überweisungen von Kunden Rechnungsbetrag . .	37 400,-	34 100,-
./. 2 % Skonto	748,-	682,-
Gutschriftsbetrag . .	36 652,-	33 418,-
c) von Kunden übersandte Schecks	12 000,-	16 500,-
17. Eingangsrechnung des Spediteurs für		
a) Ausgangsfrachten netto	1 300,-	950,-
b) Eingangsfrachten netto	500,-	1 100,-

Angaben für den Abschluß

1. Inventurbestände:

Unfertigerzeugnisse 25 620,-; Fertigerzeugnisse 69 700,-;

Rohstoffe 75 900,-; Hilfsstoffe 35 290,-; Betriebsstoffe 17 400,-.

2. Abschreibungen auf die Buchwerte:

Fuhrpark 20 %; Gebäude 5 %; Maschinen 10 %.

3. Die Zahllast soll passiviert werden.

4. Die übrigen Buchwerte entsprechen den Inventurwerten.

196. und 197.

Erstellen Sie zu den nachfolgenden Geschäftsfällen die Buchungssätze und führen Sie die entsprechenden Buchungen durch. Als Ausgangswerte dienen die Anfangsbestände der Aufgaben 190 bis 193.

Kontenplan

Neben den obenstehenden Konten sind die folgenden Konten einzurichten: 260, 265, 266, 50, 516, 52, 600, 602, 603, 63, 640, 65, 682, 694, 75, 800, 801, 802.

Geschäftsfälle

	196.	197.
1. Barzahlung eines Gehaltsvorschusses	500,-	600,-
2. Banküberweisung der noch abzuführenden Abgaben	?	?

172

		196.	197.
3.	Bankscheck zum Ausgleich des Kontos 480 (MWSt)	?	?
4.	Zielverkauf von Fertigerzeugnissen Listenpreis	10 000,-	15 000,-
	./. 2 % Treuerabatt .	200,-	300,-
	Nettowarenwert .	9 800,-	14 700,-
	+ 10 % Umsatzsteuer .	980,-	1 470,-
	Rechnungsbetrag .	10 780,-	16 170,-
5.	Kunde begleicht eine Forderung Rechnungsbetrag	36 300,-	31 350,-
	./. 2 % Skonto .	726,-	627,-
	Bareingang .	35 574,-	30 723,-
6.	Barkauf eines LKW Listenpreis netto	25 000,-	22 000,-
	./. 2 % Rabatt . .	500,-	440,-
	Nettowert . .	24 500,-	21 560,-
	+ 10 % Umsatzsteuer	2 450,-	2 156,-
	Gezahlter Betrag	26 950,-	23 716,-
7.	Verkauf von Erzeugnissen a) gegen bar	8 000,-	11 000,-
	b) gegen Bankscheck	41 500,-	40 700,-
	Bruttowarenwert	49 500,-	51 700,-
8.	Gehaltszahlung durch Banküberweisung brutto	10 800,-	12 300,-
	Steuerbelastung	2 150,-	2 470,-
	Arbeitgeberanteile zur Sozialversicherung	1 620,-	1 845,-
	Verrechnung einbehaltener Vorschüsse	500,-	600,-
9.	Eingang von zwei Bonusgutschriften a) netto	2 100,-	1 800,-
	b) netto	2 700,-	2 300,-
10.	Barzahlung der Telefonrechnung	418,-	451,-
11.	Barkauf von Postwertzeichen	44,-	66,-
12.	Darlehensaufnahme bei der Bank	5 000,-	4 500,-
13.	Umwandlung einer Verbindlichkeit in Darlehen	2 200,-	3 300,-
14.	Zinsrechnung für Darlehen	100,-	150,-
15.	Rohstoffeinkauf auf Ziel. Nettolistenpreis .	24 600,-	25 000,-
	./. 25 % Rabatt . .	6 150,-	6 250,-
	Nettowarenwert . .	18 450,-	18 750,-
	+ 10 % Umsatzsteuer	1 845,-	1 875,-
	Rechnungsbetrag .	20 295,-	20 625,-
16.	Zieleinkauf von Hilfsstoffen netto	8 400,-	9 200,-
17.	Zieleinkauf von Betriebsstoffen netto	6 500,-	7 250,-
18.	Rücksendung von Rohstoffen Nettolistenpreis .	800,-	1 200,-
	./. 25 % erhaltener Rabatt	200,-	300,-
	+ 10 % Umsatzsteuer	60,-	90,-
	Gutschriftsbetrag	660,-	990,-

```
19. Verkauf von Erzeugnissen gegen bar . . . . .      9 500,-     10 000,-
                         gegen Bankscheck  .     47 800,-     32 700,-
                         auf Ziel . . . . .      47 200,-     54 980,-
       Bruttowarenwert  der verkauften Waren .  104 500,-     97 680,-
20. Überweisung an einen Lieferer Rechnungsbetrag 24 200,-   25 300,-
                   ./. Bonusgutschrift            2 310,-     1 980,-
```

Angaben für den Abschluß

1. **Inventurbestände:**
   Unfertigerzeugnisse 24 830,-; Fertigerzeugnisse 66 900,-;
   Rohstoffe 81 700,-; Hilfsstoffe 30 920,-; Betriebsstoffe 12 830,-.
2. **Abschreibungen auf die Buchwerte:**
   Maschinen 15 %; Fuhrpark 25 %; Gebäude 2 %.
3. **Passivierung der Zahllast.**
4. **Überweisung der noch abzuführenden Abgaben.**
5. **Die übrigen Buchwerte entsprechen den Inventurwerten.**

198. und 199.

Erstellen Sie zu folgenden Geschäftsfällen die Buchungssätze:

```
                                                   198.        199.
1. Ausgleich einer Liefererschuld Rechnungsbetrag 53 900,-   47 300,-
                         ./. 2 % Skonto            1 078,-       946,-
                         Zwischensumme           52 822,-    46 354,-
                         ./. Bonusgutschrift       1 540,-     2 090,-
                         Überweisungsbetrag       51 282,-    44 264,-


2. Gutschrift an Kunden für mangelhafte Ware netto 3 000,-   4 000,-


3. Eingangsrechnung des Spediteurs Rechnungsbetrag 4 620,-   5 940,-
       Auf Abholungen von Lieferern entfallen netto 3 400,-   2 800,-
       Auf Lieferungen an Kunden entfallen netto       800,-   2 600,-


4. Begleichung der obigen Rechnung durch Bankscheck.


5. Barkauf von Rohstoffen. Es werden 500 Einheiten à    13,-       17,-
   geliefert. Es werden nur 250 Einh. berechnet.


6. Bonusgewährung an Kunden (Gutschrift) netto     3 500,-     1 900,-
```

174

13. Scheck- und Wechselbuchungen

13.1 Buchungen im Scheckverkehr

Wenn in den bisherigen Geschäftsfällen Schecks auftauchten, erfolgte deren buchmäßige Erfassung stets auf dem Bankkonto. Diese Form der Erfassung entspricht der Vorgehensweise in der Praxis.

Es besteht jedoch auch die Möglichkeit, Schecks auf eigens dafür eingerichteten Konten zu erfassen. Das ist besonders dann sinnvoll, wenn Kunden Schecks einreichen, die mit einer zeitlichen Verzögerung der Bank zur Gutschrift eingereicht werden.

Ein Grund für eine zeitliche Abweichung zwischen Scheckerhalt und Einreichung bei der Bank kann darin liegen, daß dem Scheck noch die notwendige Deckung fehlt. Eine Einreichung erfolgt dann zu dem Zeitpunkt, wenn nach Angaben des Kunden Deckung vorhanden ist.

Neben dieser Möglichkeit bestehen noch weitere.

Begleicht ein Kunde eine Forderung in Höhe von 1 100,- DM durch Scheckzahlung und werden in dem annehmenden Unternehmen die Schecks von Kunden auf einem separaten Konto erfaßt, lautet der Buchungssatz:

Kundenschecks an Forderungen	1 100	1 100

Bei dem Konto Kundenschecks handelt es sich um ein Aktivkonto. Wenn ein Scheck eingeht, findet eine Mehrung statt, die auf dem Konto Kundenschecks im Soll erfaßt wird.

Bei Weitergabe an die Bank erfolgt folgende Buchung:

Bank an Kundenschecks	1 100	1 100

Es wird ersichtlich, daß das Konto Kundenschecks den Charakter eines Durchgangskontos hat. Ergibt sich bei dem Abschluß des Kontos Kundenschecks ein Saldo, so ist dieser zu bilanzieren. Wenn der obige Scheck nicht bei der Bank eingereicht worden wäre, ergäbe sich am Jahresende folgende Buchung:

Schlußbilanzkonto an Kundenschecks	1 100	1 100

13.2 Buchungen im Wechselverkehr

Eine Unternehmung kann eine Verbindlichkeit auf verschiedene Arten ausgleichen. Die häufigste Form ist die der Banküberweisung bzw. der Übersendung eines Bankschecks. In diesen Fällen wird, ebenso wie bei der Barzahlung, vorausgesetzt, daß die zahlende Unternehmung liquiditätsmäßig zur Begleichung in der Lage ist. Auch wenn ein Unternehmen nicht über genügend flüssige Mittel verfügt, sind Rechnungen zu begleichen.

Für solche Fälle steht den Unternehmungen als weiteres Zahlungsinstrument der Wechsel zur Verfügung.

Zum Wechsel, seinen Arten und seiner Funktion in der Wirtschaft ist viel zu sagen. Das kann jedoch nicht Ziel dieses Buches sein. Es wird auf entsprechende Fachliteratur verwiesen. Hier soll nur die am häufigsten vorkommende Wechselverwendung erklärt werden.

Der Wechsel stellt eine Urkunde dar, die verbrieft, daß der Schuldner an einem festgelegten Tag eine in dieser Urkunde genannte Summe zahlt, wenn der Wechsel ihm am Verfalltag vorgelegt wird.

Dadurch, daß der Wechsel zu einem späteren Datum eingelöst wird, entstehen Zinsen. Im Zusammenhang mit Wechseln tragen die Zinsen die Bezeichnung **Diskont**.

Die Möglichkeit des Einsatzes eines Wechsels zur Begleichung von offenen Posten besteht in einem Unternehmen für dessen Kunden, die Forderungen auf diesem Wege begleichen, aber auch für das Unternehmen selbst.

Daher erfolgt für die buchmäßige Erfassung eine Unterscheidung in

Besitzwechsel und **Schuldwechsel**.

Wechsel von Kunden tragen die Bezeichnung Besitzwechsel und eigene Wechsel werden als Schuldwechsel erfaßt.

13.2.1 Besitzwechsel

Das Konto Besitzwechsel stellt ein Aktivkonto dar.

Übersendet ein Kunde einen Wechsel zum Ausgleich einer Forderung über 5 280,- DM, erfolgt die buchmäßige Erfassung nach dem Buchungssatz:

Besitzwechsel an Forderungen	5 280	5 280

Der Wechselempfänger hat folgende Möglichkeiten der Wechselverwendung:

A **Verwahrung bis zum Fälligkeitstag.**

B **Weitergabe an einen Lieferanten zum Rechnungsausgleich.**

C **Einreichung bei der Bank zur Gutschrift.**

Zu A

Für den Fall, daß der Wechselempfänger nicht auf das Geld angewiesen ist, wird er den Wechsel verwahren und am Fälligkeitstag vorlegen. Wird der Wechsel dann am Verfalltag bar eingelöst, erfolgt folgende Buchung:

Kasse an Besitzwechsel	5 280	5 280

Der Vorteil dieser Vorgehensweise liegt darin, daß der verwahrende Unternehmer den Diskont in voller Höhe erhält. Diskont stellt eine Erhöhung des vereinnahmten Entgeltes dar und ist somit umsatzsteuerpflichtig.

über den angefallenen Diskont erhält der Schuldner eine Diskontrechnung. Bei einem Diskont von netto 50,- DM ergeht folgende Buchung:

Forderungen an Zinserträge	55	50
Mehrwertsteuer		5

Der Wechselschuldner bucht die Rechnung nach folgendem Buchungssatz:

Zinsaufwand	50	
Vorsteuer an Verbindlichkeiten	5	55

Zu B

Ein erhaltener Besitzwechsel muß nicht bis zum Verfalltag im Unternehmen behalten werden. Es besteht auch die Möglichkeit, erhaltene Wechsel zum Ausgleich eigener Verbindlichkeiten zu verwenden. Zu diesem Zweck wird der erhaltene Wechsel an einen Lieferanten weitergegeben. Dadurch verringern sich die Verbindlichkeiten. Buchmäßig erfolgt die Erfassung durch folgenden Buchungssatz:

Verbindlichkeiten an Besitzwechsel	5 280	5 280

177

Dafür berechnet der Lieferant ebenfalls Diskont. Die Diskontrechnung wird im weiterreichenden Unternehmen nach obigem Buchungssatz erfaßt.

Zu C

Benötigt das empfangende Unternehmen flüssige Mittel, kann der Wechsel auch bei der Hausbank zur Gutschrift auf dem Bankkonto eingereicht werden. Die Bank schreibt jedoch nicht den ganzen Betrag gut. Auch sie berechnet Diskont und schreibt den Betrag gut, der sich nach Abzug des Diskonts ergibt. Bei Banken fällt dabei keine Umsatzsteuer an. Wenn die Bank 40,- DM Diskont berechnet, ergibt sich folgende Buchung:

Bank	5 240	
Zinsaufwand an Besitzwechsel	40	5 280

Weist das Konto Besitzwechsel am Jahresende einen Saldo aus, so ist dieser zu bilanzieren.

13.2.2 Schuldwechsel

Begleicht ein Unternehmen eine Verbindlichkeit mit eigenem Wechsel, heißt dieser im ausstellenden Unternehmen **Schuldwechsel**.
Bei dem Konto Schuldwechsel handelt es sich um ein Passivkonto.
Soll eine Rechnung in Höhe von 6 270,- DM durch einen eigenen Wechsel beglichen werden, lautet der Buchungssatz dafür:

Verbindlichkeiten an Schuldwechsel	6 270	6 270

Berechnet der Lieferant netto 80,- DM Diskont, erfolgt dafür folgende Buchung:

Zinsaufwand	80	
Vorsteuer an Verbindlichkeiten	8	88

Wird der Wechsel am Verfalltag vorgelegt und bar eingelöst, ergeht folgende Buchung:

Schuldwechsel an Kasse	6 270	6 270

In der Praxis erfolgt die Einlösung häufig nicht mehr bar, sondern man bedient sich des Bankenapparates. Wechsel werden dann über das Bankkonto eingelöst. In solchen Fällen tritt bei den Buchungen zur Einlösung an die Stelle des Kontos Kasse das Konto Bank.

Wechsel unterliegen einer Besteuerung. Die Wechselsteuer beträgt je angefangene 100,- DM der Wechselsumme 0,15 DM. Träger der Wechselsteuer ist der Schuldner. Für diesen stellt sie Kosten des Geldverkehrs dar. Die Entrichtung der Wechselsteuer geschieht durch Wechselsteuermarken, die bei Postämtern gekauft werden können. Sie werden auf die Rückseite der Wechselurkunde aufgeklebt und durch Eintragung des Datums entwertet.

Im allgemeinen werden in Unternehmen Vorräte an Wechselsteuermarken gehalten. Bei Einkauf erfolgt die Buchung:

Kosten des Geldverkehrs   an   Kasse

Dann erfolgt bei Entwertung der Wechselsteuermarken keine weitere Buchung. Wurden für diesen Wechsel, der mit 9,45 DM zu versteuern ist, die Wechselsteuermarken extra gekauft, lautet der Buchungssatz:

| Kosten des Geldverkehrs   an   Kasse | 9,45 | 9,45 |

Aufgabe 200
Der Schlafzimmerhersteller Arno Amsel, Brokenlande, erhielt von dem Sägewerk Grothkopp, Wasbek, eine Lieferung Holzfurniere im Nettowarenwert von 20 000,- DM.
a) Erstellen Sie die Buchungssätze für beide Seiten.
Da die Ware Mängel aufweist, erhält Amsel von Grothkopp eine Gutschrift über netto 1 000,- DM.
b) Wie haben Amsel und Grothkopp zu buchen ?
Am Fälligkeitstag unterschreibt Amsel einen Wechsel zum Rechnungsausgleich über 20 900,- DM. *c) Wie ist in beiden Unternehmen zu buchen ?*
Die Wechselsteuermarken werden von Amsel eingekauft. *d) Wie bucht er ?*
Für die Annahme des Wechsels sendet Grothkopp eine Diskontrechnung in Höhe von 80,- DM + 10 % Umsatzsteuer an Amsel. *e) Wie buchen beide ?*
Grothkopp gibt den Wechsel seinerseits weiter an den Holzlieferanten Baumwech, Bad Segeberg, zum Rechnungsausgleich. *f) Wie buchen beide ?*
Baumwech sendet eine Diskontrechnung an Grothkopp über brutto 55,- DM.
g) Wie ist in beiden Unternehmen zu buchen ?
Am Fälligkeitstag legt Baumwech den Wechsel Amsel vor, der diesen bar einlöst. *h) Wie haben beide Seiten den Wechsel buchmäßig zu erfassen ?*

179

14. Der Jahresabschluß

Am Ende eines Geschäftsjahres sind die Vermögens- und Schuldenposten eines Unternehmens schriftlich festzuhalten.

Gemäß § 283 HGB haben Kapitalgesellschaften das gezeichnete Kapital zum Nennbetrag auszuweisen. Ferner müssen Kapitalgesellschaften zusätzlich zur Bilanz und zur Gewinn- und Verlustrechnung einen Anhang und einen Lagebericht erstellen. Die Vorschriften dafür finden sich in den §§ 284 ff HGB.

Die Erfassung der Positionen erfolgt durch die Inventur. Sind die einzelnen Positionen erfaßt, erfolgt deren Bewertung. Das heißt, der Wert, mit dem die Wirtschaftsgüter in der Bilanz bzw. in der Gewinn- und Verlustrechnung erscheinen müssen, wird ermittelt.

Einige Wertermittlungsverfahren wurden bereits in Kapitel 6 besprochen (Abschreibungen, Inventurbestände an Stoffen und Erzeugnissen). Es bestehen jedoch noch weitere Gesichtspunkte, die Berücksichtigung finden müssen.

Für die Bewertung sind einige Punkte von grundsätzlicher Bedeutung.

14.1 Allgemeine Bewertungsgrundsätze

§ 252 HGB benennt 6 Grundsätze, die für die Bewertung der im Jahresabschluß ausgewiesenen Vermögens- und Schuldposten zu beachten sind.

1. Bilanzkontinuität

Der Grundsatz der Bilanzkontinuität besagt, daß die Werte der Eröffnungsbilanz eines Geschäftsjahres denen der Schlußbilanz des vorausgegangenen Geschäftsjahres entsprechen müssen.

2. Annahme der Unternehmensfortführung

Bei den Bewertungen der Vermögens- und Schuldposten ist davon auszugehen, daß das Unternehmen fortgeführt werden soll, sofern dem nicht tatsächliche oder rechtliche Gegebenheiten entgegenstehen.

Die Vermögenswerte sollen nicht nach den Werten bilanziert werden, die sich bei Auflösung und Einzelveräußerung des Unternehmens ergeben würden.

Befindet sich ein Unternehmen in Liquidation, besteht die Möglichkeit, von diesem Grundsatz abzuweichen.

3. Einzelbewertung zum Bilanzstichtag

Die Bewertungen der Vermögens- und Schuldposten sollen sich auf den Bilanzstichtag beziehen und für jedes Wirtschaftsgut einzeln vorgenommen werden.

Für den Bezug auf den Bilanzstichtag wurden die Methoden auf den Seiten 9 ff aufgezeigt.

In bezug auf die Einzelbewertung ergeben sich zwangsläufig Widersprüche, die auf Rationalisierungsgesichtspunkten beruhen.

Eine Abweichung von diesem Grundsatz ermöglicht § 240 Abs. 3 HGB. Dort wird die Bildung eines Festwertes gleichartiger Güter behandelt.

Vermögensgegenstände des Sachanlagevermögens sowie Roh-, Hilfs- und Betriebsstoffe können, wenn sie regelmäßig ersetzt werden und ihr Gesamtwert für das Unternehmen von nachrangiger Bedeutung ist, mit einer gleichbleibenden Menge und einem gleichbleibenden Wert angesetzt werden, sofern ihr Bestand in seiner Größe, seinem Wert und seiner Zusammensetzung nur geringen Veränderungen unterliegt. Jedoch ist in der Regel alle drei Jahre eine körperliche Bestandsaufnahme durchzuführen.

§ 240 Abs. 3 HGB. Unterstreichungen vom Autor zur Verdeutlichung

Diese Regelung läßt sich beispielsweise auf Teller in einem Restaurant, Bettbezüge in einem Hotel, Schaltafeln für Hochbauunternehmen oder auf Blechschrauben in einem Industrieunternehmen anwenden.

Eine weitere Abweichung gestattet § 240 Abs. 4 HGB, der die Gruppenbewertung erlaubt. Dort heißt es:

Gleichartige Vermögensgegenstände des Vorratsvermögens sowie andere gleichartige oder annähernd gleichwertige bewegliche Vermögensgegenstände können jeweils zu einer Gruppe zusammengefaßt und mit dem gewogenen Durchschnittswert angesetzt werden.

Für die Gruppenbewertung kommen Gegenstände gleicher Art in verschiedenen Ausführungen, wie z. B. Porzellan, Glaswaren, Kleidung usw., in Betracht.

Auch der folgende Grundsatz begründet eine Abweichung.

181

4. Grundsatz der Vorsicht (Imparitätsprinzip)

Dieser Grundsatz besagt, daß bei der Bewertung eingetretene Gewinne nur dann ausgewiesen werden dürfen, wenn diese auch durch Umsätze realisiert wurden. Der Fall eines eingetretenen, jedoch nicht realisierten Gewinns liegt beispielsweise dann vor, wenn im Lager vorhandene Kupferrohre durch das Ansteigen des Kupferpreises an Wert zunehmen. Die Werterhöhung darf dann nicht von der Buchhaltung erfaßt werden.

Verliert ein Vermögensgegenstand an Wert, so tritt ein Verlust ein. Dieser Verlust ist zwar nicht realisiert, muß aber trotzdem buchmäßig erfaßt werden. Der Grundsatz der Vorsicht geht sogar so weit, daß eine Wertminderung auch dann zu berücksichtigen ist, wenn zwischen Geschäftsjahresende und dem Zeitpunkt der Bilanzaufstellung eine bessere Erkenntnis über den Stichtagswert entsteht.

Der Grundsatz der Ungleichbehandlung nicht realisierter Gewinne und nicht realisierter Verluste (Imparitätsprinzip) läßt sich folgendermaßen zusammenfassen:

Nicht realisierte **Gewinne dürfen nicht** erfaßt werden.

Nicht realisierte **Verluste müssen** erfaßt werden.

5. Periodengerechte Erfassung

Aufwendungen und Erträge einer Unternehmung müssen für die Periode erfaßt werden, für die sie entstanden sind. Das gilt unabhängig von dem Zeitpunkt, zu dem die zugehörige Zahlung erfolgt.

Treten Aufwendungen bzw. Erträge im einen und die Begleichung im anderen Geschäftsjahr auf, müssen die Aufwendungen bzw. Erträge in dem Geschäftsjahr erfaßt werden, in dem diese entstehen.

Erfolgen Zahlungen für Aufwendungen bzw. Erträge für Zeiträume, die in zwei Geschäftsjahre fallen, so sind die Aufwendungen bzw. Erträge zeitanteilig aufzuteilen (siehe Kapitel 14.3).

6. Stetigkeit der Bewertungsmethoden

Wurde einmal festgelegt, nach welchen Kriterien die Bewertung eines Vermögens- bzw. Schuldpostens vorgenommen werden soll, ist diese getroffene Entscheidung beizubehalten.

§ 252 Abs. 2 HGB gestattet die Abweichung von den obengenannten Grundsätzen nur in begründeten Ausnahmefällen.

Die Bewertungsgrundsätze sind das Fundament für die Bewertung im Jahresabschluß. Auf ihnen bauen die Vorschriften für die Wertansätze auf.

182

14.2 Wertansätze

Dabei ist vorauszuschicken, daß der Jahresabschluß nach zwei Gesetzen erstellt wird: nach handelsrechtlichen und steuerrechtlichen Vorschriften. Die handelsrechtlichen Vorschriften für den Jahresabschluß finden sich im Handelsgesetzbuch und teilweise in gesellschaftsformabhängigen Nebengesetzen. Die steuerrechtlichen Vorschriften für den Jahresabschluß finden sich im Einkommensteuergesetz und im Körperschaftsteuergesetz. Das Körperschaftsteuergesetz gilt für Kapitalgesellschaften und baut für deren Besteuerung auf das Einkommensteuergesetz auf.

Die Bilanz, die nach Handelsrecht erstellt wird, trägt die Bezeichnung **Handelsbilanz.**

Die Bilanz, die den steuerrechtlichen Vorschriften entspricht, trägt die Bezeichnung **Steuerbilanz.**

Daß diese zwei Gesetze den Abschluß verschieden gestalten, braucht den Lernenden nicht zu verwirren. Es gilt für den Abschluß das Maßgeblichkeitsprinzip der Handelsbilanz für die Steuerbilanz.

Daß heißt, daß zunächst ein Abschluß nach Handelsrecht erstellt wird und anschließend eine **Erstellung der Steuerbilanz aus der Handelsbilanz** erfolgt.

Dieses Prinzip wird nur von § 254 HGB durchbrochen. Er gestattet, daß Abschreibungen, die nach Handelsrecht unzulässig sind, doch durchgeführt werden können, wenn diese steuerrechtlich erlaubt sind.

Wenn in den Ausführungen nichts anderes erwähnt wird, handelt es sich um handelsrechtliche Vorschriften. Steuerrechtliche Vorschriften sind stets als solche kenntlich gemacht.

Für beide Bilanzen gibt es verschiedene Interessengruppen.

Für die **Handelsbilanz** interessieren sich Gläubiger, Mitarbeiter, Geldgeber und interessierte Öffentlichkeit.

Interessenten für die **Steuerbilanz** sind die Finanzämter. Durch die Bilanzierungs- und Bewertungsvorschriften der obengenannten Gesetze soll erreicht werden, daß Gewinne der Personengesellschaften, für die das Einkommensteuergesetz gilt, und Gewinne der Kapitalgesellschaften, für die über das Einkommensteuergesetz hinaus das Körperschaftsteuergesetz gilt, richtig ermittelt werden.

Generell kann gesagt werden, daß die Unternehmen auch ein Interesse an zwei Bilanzen haben. In der Steuerbilanz wird mit dem Ziel einer geringen Steuerlast ein Bild des Unternehmens gezeichnet, das einen möglichst geringen Gewinn ausweist. Würde ein Unternehmen eine Steuerbi-

lanz bei der Bank einreichen, wäre es nicht im selben Maße kreditwür-
dig wie in der Handelsbilanz.

Dagegen gestatten die handelsrechtlichen Vorschriften eine Bewertung
der Posten des Jahresabschlusses nach vernünftigen kaufmännischen Gesichtspunkten, ohne daß die Gefahr der "Schönfärberei" besteht.
Grundsätzlich besteht die Möglichkeit der Erstellung einer Bilanz, die
beiden Gesetzen entspricht. Je größer ein Unternehmen jedoch ist,
desto mehr ist es in der Regel an den Kapitalmarkt gebunden. Damit ergibt sich eine unter Umständen existentielle Notwendigkeit für eine
Handelsbilanz. Je größer das Unternehmen, desto stärker das Interesse
an einer Handels- und einer Steuerbilanz.

Die handelsrechtlichen Wertansätze finden sich in § 253 HGB, die
steuerrechtlichen Wertansätze in § 6 EStG.

Generell gilt für alle Vermögensgegenstände, daß sie höchstens mit den
Anschaffungs- bzw. Herstellungskosten angesetzt werden können.

Der Anschaffungswert ermittelt sich aus:

> Kosten für den Erwerb des Gegenstandes
>
> + Aufwand für die Schaffung der Betriebsbereitschaft
>
> + Anschaffungsnebenkosten
>
> + nachträgliche Anschaffungskosten
>
> - Preisnachlässe
> _____
>
> = Anschaffungskosten

Für die Ermittlung der Herstellungskosten besteht eine handelsrechtliche Anwendungsvorschrift in § 255 Abs. 2 und 3 HGB. Es besteht jedoch
auch eine steuerrechtliche Vorschrift, die aus Abschnitt 33 EStR hervorgeht.

Beide Vorschriften kennen eine Wertuntergrenze, die aus Werten gebildet wird, die in die Ermittlung der Herstellungskosten einbezogen werden müssen, und eine Wertobergrenze, die aus Werten besteht, die zusätzlich in die Errechnung der Herstellungskosten eingerechnet werden
können.

Wurden in der Handelsbilanz Herstellungskosten angesetzt, für die ein
Wahlrecht besteht, sind diese auch in der Steuerbilanz anzusetzen.

Die folgenden Aufstellungen zeigen die Definitionen nach § 255 HGB und
Abschnitt 33 EStR. Die *kursiv* gedruckten Positionen gehören dabei zu
den Positionen, die die Wertuntergrenze bilden.

Positionen der Herstellungskosten

gemäß § 255 HGB	gemäß Abschn. 33 EStR
Materialkosten	*Materialkosten*
+ Fertigungskosten	*+ Fertigungskosten*
+ Sonderkosten der Fertigung	*+ Sonderkosten der Fertigung*
+ Materialgemeinkosten	*+ Materialgemeinkosten*
+ Fertigungsgemeinkosten	*+ Fertigungsgemeinkosten*
+ Abschreibungen	*+ Absetzung für Abnutzung*
+ allgem. Verwaltungskosten	+ allgem. Verwaltungskosten
+ Aufw. f. soziale Einrichtungen	+ Aufw. f. soziale Einrichtungen
+ freiwillige Sozialleistungen	+ freiwillige Sozialleistungen
+ Aufw. f. betr. Altersversorgung	+ Aufw. f. betr. Altersversorgung
+ Fremdkapitalzinsen	+ Fremdkapitalzinsen

Vertriebskosten stellen grundsätzlich keine Herstellungskosten dar.

Ein die Anschaffungs- bzw. Herstellungskosten überschreitender Bilanzansatz ist *grundsätzlich* nicht möglich, ohne daß der Vermögensgegenstand durch nachträglichen Herstellungsaufwand im Wert erhöht wurde.
Unterliegen Vermögensgegenstände der Abnutzung, so sind die Anschaffungs- bzw. Herstellungskosten um die planmäßigen Abschreibungen zu vermindern.
Nach Handelsrecht besteht die Möglichkeit, darüberhinaus nach vernünftiger kaufmännischer Beurteilung abzuschreiben.
Im Steuerrecht besteht die Möglichkeit, auf den Teilwert abzuschreiben, wenn dieser geringer als der Buchwert ist.
Der Begriff des Teilwertes ist in § 6 Abs. 1 Nr. 1 EStG definiert.
Dort heißt es:

> *Teilwert ist der Betrag, den ein Erwerber des ganzen Betriebs im Rahmen des Gesamtkaufpreises für das einzelne Wirtschaftsgut ansetzen würde; dabei ist davon auszugehen, daß der Erwerber den Betrieb fortführt.*

Laut Handelsrecht besteht die Möglichkeit, die vorgenommene Abschreibung nach Wegfall des Abschreibungsgrundes wieder aufzuheben. Hier besteht für Personengesellschaften ein Wahlrecht, während für Kapitalgesellschaften gemäß § 280 Abs. 1 HGB grundsätzlich ein Wertaufholungsgebot besteht. Von einer Wertaufholung kann gemäß § 280 Abs. 2 HGB jedoch abgesehen werden, wenn der niedrigere Wertansatz nach Steuerrecht beibehalten werden kann.

14.2.1 Wertansätze des Anlagevermögens

Abnutzbares Anlagevermögen ist zu den Anschaffungs- bzw. Herstellungskosten abzüglich der planmäßigen Abschreibung zu bewerten.

Anlagevermögen, das keiner Abnutzung unterliegt, ist zu den Anschaffungs- bzw. Herstellungskosten zu bewerten.

Für beide Vermögensarten besteht jedoch die Möglichkeit, am Jahresende eine außerplanmäßige Abschreibung vorzunehmen, wenn der Wert der Vermögensposten unter den Buchwert sinkt. Diese Möglichkeit besteht jedoch nur, wenn die Wertminderung voraussichtlich über einen kurzen Zeitraum besteht (gemildertes Niederstwertprinzip).

Handelt es sich voraussichtlich um eine dauerhafte Wertminderung, wird aus der Möglichkeit der außerplanmäßigen Abschreibung eine Pflicht (strenges Niederstwertprinzip).

Die außerplanmäßige Abschreibung darf handelsrechtlich nach vernünftiger kaufmännischer Beurteilung vorgenommen werden. Steuerrechtlich bildet der Teilwert die Untergrenze, bis zu der abgeschrieben werden darf.

14.2.2 Wertansätze des Umlaufvermögens

Wie auch beim Anlagevermögen bilden beim Umlaufvermögen die Anschaffungs- bzw. Herstellungskosten die Wertobergrenze für die Bilanzierung.

Ergibt sich am Geschäftsjahresende ein niedrigerer Börsen- oder Marktpreis, so ist auf diesen abzuschreiben. Es gilt also das strenge Niederstwertprinzip. Ist ein Börsen- oder Marktpreis nicht zu ermitteln, so ist ein anderer beizulegender Wert zu ermitteln, auf den abgeschrieben werden muß, wenn er niedriger als die Anschaffungs- bzw. Herstellungskosten ist.

Die Vorschriften der Zuschreibung bzw. Wertaufholung bleiben unberührt.

Forderungen nehmen in der Bilanzierung eine besondere Rolle ein. Ihre Bilanzierung erfolgt mit besonderer Vorsicht. Forderungen aus Lieferungen und Leistungen sind unter Berücksichtigung des Ausfallrisikos zu bilanzieren (siehe Kapitel 14.4).

Forderungen aus Besitzwechseln, die bekanntlich zu ihren Nominalwerten auf dem Konto Besitzwechsel erfaßt wurden, sind auf den Bilanzstichtag abzuzinsen.

Bei Kapitalgesellschaften bestehen hinsichtlich der Bewertung einige Abweichungen. Die wichtigsten sind:

Ein **Wertaufholungsgebot**, wenn der Grund für eine außerplanmäßig vorgenommene Abschreibung in späteren Perioden entfällt.
Außerplanmäßige Abschreibungen dürfen nicht vorgenommen werden, wenn die Wertminderung nur kurzfristig ist.
Abschreibungen nach **vernünftiger kaufmännischer Beurteilung** sind nicht gestattet.

Weitere Vorschriften finden sich in den §§ 279 ff HGB.

14.2.3 Wertansätze der Passivposten

Entsprechend dem Vorsichtsprinzip sind die Schulden eines Unternehmens zu ihren Rückzahlungsbeträgen zu bewerten. Ein Disagio (Darlehenssumme ./. Disagio = Auszahlungsbetrag) kann handelsrechtlich sofort als Aufwand erfaßt oder auf die Laufzeit des Darlehens verteilt werden (siehe Kapitel 14.3). Steuerrechtlich ist nur die Verteilung auf die Jahre der Laufzeit zulässig.
In beiden Fällen wird jedoch die volle Darlehenssumme und nicht der Auszahlungsbetrag bilanziert. Es wird deutlich, daß für Verbindlichkeiten das Höchstwertprinzip Gültigkeit hat. Das heißt, daß Schulden stets mit dem Betrag zu bewerten sind, der zurückzuzahlen ist. Zinsbelastungen sind jedoch nicht hinzuzurechnen.

14.3 Kosten und Erträge für verschiedene Perioden

Nicht immer gelingt es, Kosten und Erträge in den Rechnungsperioden zu realisieren, in denen sie entstanden sind. Das gilt beispielsweise für Versicherungsprämien, die für einen mehrmonatigen Zeitraum gezahlt

werden, der das Geschäftsjahresende überschreitet.
Wurde eine Lagerhalle vermietet und der Mieter zahlt für einen Zeitraum, der mehrere Geschäftsjahre berührt, so ergibt sich die gleiche Schwierigkeit der Aufteilung auf die betroffenen Geschäftsjahre.

Wurde ein Darlehen aufgenommen und unter Abzug eines Damnums (= Disagio) ausgezahlt, ist dieses Disagio steuerrechtlich auf die Jahre der Laufzeit zu verteilen.

Bei den mehrperiodigen Aufwendungen und Erträgen ist zu unterscheiden, ob die Zahlung im abgelaufenen Geschäftsjahr erfolgte oder im folgenden Geschäftsjahr erfolgen wird.

Lag der Zahlungsvorgang für einen Aufwand bzw. Ertrag des Folgejahres im abgelaufenen Geschäftsjahr, ist ein Rechnungsabgrenzungsposten zu bilden, der Zahlungen, die das Folgejahr betreffen, in der Bilanz ausweist.

Erfolgt die Zahlung für periodenübergreifende Aufwendungen bzw. Erträge erst im Folgejahr, so müssen zum Geschäftsjahresende die Konten Sonstige Forderungen oder Sonstige Verbindlichkeiten angesprochen werden.
Sie weisen jeweils den auf das alte Jahr entfallenden Betrag aus.
Die folgende Grafik veranschaulicht noch einmal das oben Gesagte.

Zahlungszeitpunkt im

abgelaufenen Geschäftsjahr	neuen Geschäftsjahr
= Rechnungsabgrenzungsposten	= So. Forderungen/Verbindlichk.
(transitorische Posten)	(antizipative Posten)

31.12.

14.3.1 Transitorische Posten

Rechnungsabgrenzungsposten unterscheiden sich in Aktive Posten der Rechnungsabgrenzung und in Passive Posten der Rechnungsabgrenzung. Ihre Anwendung soll jeweils an Beispielen erklärt werden.

14.3.1.1 Aktive Posten der Rechnungsabgrenzung

Im Laufe des Geschäftsjahres wurde der Jahresbeitrag für die Feuerversicherung in Höhe von 1 200,- DM durch Banküberweisung beglichen. Das Versicherungsjahr läuft jeweils vom 1. Juli bis zum 30. Juni des Folgejahres. Das Geschäftsjahr läuft vom 1. Januar bis zum 31. Dezember. Zum Zeitpunkt der Zahlung erfolgt die Buchung:

Versicherungsbeiträge an Bank	1 200	1 200

Es wird also zunächst der volle Versicherungsbeitrag als Aufwand erfaßt, obwohl nur 600,- DM auf das ablaufende Geschäftsjahr entfallen. Am Jahresende wird der gebuchte Aufwandsbetrag um den auf das Folgejahr entfallenden Betrag bereinigt.

Der von dem Unternehmen erworbene Anspruch auf Versicherungsschutz stellt eine Art Vermögensposten dar. Vermögensposten werden bekanntlich auf der Aktivseite der Bilanz ausgewiesen. Daher erfolgt die Buchung am Jahresende auf dem Konto Aktive Posten der Rechnungsabgrenzung durch den Buchungssatz:

Aktive Posten der Rechnungsabgrenzung an Versicherungsbeiträge	600	600

Für die Bilanzierung ergeht folgende Buchung:

Schlußbilanzkonto an Aktive P. d. Ra.	600	600

Zu Beginn des Folgejahres erfolgt die Umbuchung aus der Eröffnungsbilanz auf das Konto Aktive Posten der Rechnungsabgrenzung:

Aktive P. d. Ra. an Eröffnungsbilanzkonto	600	600

Anschließend erfolgt die letztendliche Umbuchung der Kosten:

Versicherungsbeiträge an Aktive P. d. Ra.	600	600

Durch diese Buchungen ist gewährleistet, daß für jedes Jahr nur der Aufwand erfaßt wird, der für das Geschäftsjahr entstanden ist.

14.3.1.2 Passive Posten der Rechnungsabgrenzung

Es wurde eine Lagerhalle vermietet und die Mietzahlungen sind viertel-

jährlich im voraus zu zahlen. Am 5. Dezember zahlt der Mieter für die
Monate Dezember, Januar und Februar 1 500,- DM bar. Es erfolgt folgende Buchung:

Kasse an Mieterträge	1 500	1 500

Am Geschäftsjahresende wird der Betrag von 1000,- DM, der nicht in das
abgelaufene Geschäftsjahr gehört, abgegrenzt. Für die erhaltene Miete
besteht eine Art Verbindlichkeit gegenüber dem Mieter, die Lagerhalle
noch weiter zu benutzen. Daher erfolgt die Erfassung auf dem Konto Passive Posten der Rechnungsabgrenzung durch folgenden Buchungssatz:

Mieterträge an Passive P. d. Ra.	1 000	1 000

Die Bilanzierung erfolgt nach folgendem Buchungssatz:

Passive P. d. Ra. an Schlußbilanzkonto	1 000	1 000

Bei Geschäftsjahresbeginn erfolgt die Umbuchung:

Eröffnungsbilanzkonto an Passive P. d. Ra.	1 000	1 000

Anschließend erfolgt die endgültige Erfassung:

Passive P. d. Ra. an Mieterträge	1 000	1 000

Auch hier wurde der Anteil einer Zahlung, die im abgelaufenen Geschäftsjahr vorgenommen wurde, durch Abgrenzung in das Geschäftsjahr
übertragen, für das der Anteil bestimmt war.

Aufgaben zu Kapitel 14.3.1
Erstellen Sie zu den nachfolgenden Zahlungen die Buchungen für die
Rechnungsabgrenzung auf:
201. und 202.
Banklastschrift vorschüssiger Halbjahreszinsen für Darlehen. Zeitraum
Oktober bis März (November bis April). Betrag 360,- DM (420,- DM).
203. und 204.
Darlehensaufnahme bei der Bank zum 1.7. Das Disagio beträgt 6 500,- DM
(12 000,- DM). Die Laufzeit beträgt 6 1/2 Jahre (8 Jahre). Wie ist zum
Ende jedes Geschäftsjahres zu buchen ?

14.3.2 Antizipative Posten

Fließen die Gelder für Aufwendungen und Erträge erst im Folgejahr, so müssen die auf das Abschlußjahr entfallenden Beträge erfolgswirksam erfaßt werden. Die Erfassung geschieht einerseits auf dem Konto Sonstige Forderungen bzw. Sonstige Verbindlichkeiten und andererseits auf dem entsprechenden Erfolgskonto.

14.3.2.1 Sonstige Forderungen

Ein Mieter begleicht seine Mietschulden vereinbarungsgemäß immer für drei Monate rückwirkend. Ende Februar hätte er 2 100,- DM für die Monate Dezember, Januar und Februar zu zahlen. Die Mieteinnahme für den Dezember fällt jedoch noch in das abgelaufene Geschäftsjahr und muß noch für dieses erfaßt werden.

Es sind eine Sonstige Forderung und ein Mietertrag von je 700,- DM im abgelaufenen Kalenderjahr entstanden, auch wenn diese noch nicht gezahlt wurden. Die Erfassung erfolgt nach dem Buchungssatz:

Sonstige Forderungen an Mieterträge	700	700

Die Bilanzierung erfolgt nach dem Buchungssatz:

Schlußbilanzkonto an Sonstige Forderungen	700	700

Der Buchungssatz für die Eröffnungsbuchung im Folgejahr lautet:

Sonstige Forderungen an Eröffnungsbilanzkonto	700	700

Begleicht der Mieter seine Mietschulden durch Banküberweisung, erfolgt die Buchung:

Bank an Mieterträge	2 100	1 400
Sonstige Forderungen		700

Von den 2 100,- DM, die der Mieter überweist, entfallen nur 1 400,- DM auf das neue Geschäftsjahr. Die verbleibenden 700,- DM wurden bereits im abgelaufenen Geschäftsjahr buchmäßig erfaßt. Obwohl der Eingang des Mietertrages im Folgejahr lag, wurden alle Beträge periodengerecht erfaßt.

14.3.2.2 Sonstige Verbindlichkeiten

Die Zinsen für ein Darlehen betragen halbjährlich 960,- DM und sind nachträglich zu zahlen. Im Januar soll die Zahlung für August, September, Oktober, November, Dezember und Januar erfolgen. Damit entsteht im abgelaufenen Geschäftsjahr ein Aufwand, dem erst im Folgejahr ein Geldabfluß gegenübersteht. Es muß jedoch noch eine Erfassung im abgelaufenen Geschäftsjahr erfolgen. Dies geschieht durch das Konto Sonstige Verbindlichkeiten. Der Buchungssatz zur Erfassung des Zinsaufwands, der auf das abgelaufene Geschäftsjahr entfällt, lautet:

Zinsaufwand an Sonstige Verbindlichkeiten	800	800

Nach der periodengerechten Erfassung erfolgt die Bilanzierung:

Sonstige Verbindlichk. an Schlußbilanzkonto	800	800

Zu Beginn des neuen Geschäftsjahres erfolgt die entsprechende Umbuchung auf das Konto Sonstige Verbindlichkeiten:

Eröffnungsbilanzkto an Sonst. Verbindlichk.	800	800

Buchung bei Begleichung der Zinsen durch Banküberweisung:

Zinsaufwand	160	
Sonstige Verbindlichkeiten an Bank	800	960

Durch diese Buchungen wurden sowohl die 800,- DM als auch die 160,- DM in der Periode erfaßt, zu der diese gehören.

Aufgaben zu Kapitel 14.3.2

Erstellen Sie zu den nachfolgenden Aufgaben die Buchungssätze für eine periodengerechte Erfassung.

205. und 206.

Mietzahlung für gemietete Räumlichkeiten für zwei (drei) Monate rückwirkend. Ende Januar sind 2 100,- DM (2 400,- DM) zu überweisen.

207. und 208.

Für Pflege und Wartung der EDV-Geräte zahlt ein Kunde 250,- DM monatlich (320,- DM). Die Bezahlung erfolgt vierteljährlich (halbjährlich) rückwirkend. Die nächste Zahlung erfolgt Ende Februar (April).

14.4 Bewertung von Forderungen

Werden Waren auf Ziel verkauft, entstehen Forderungen und Umsatzerlöse. Die Umsatzerlöse werden jedoch erst in dem Zeitpunkt realisiert, in dem der Kunde die Forderung begleicht. Es besteht jedoch die Möglichkeit, daß der Kunde in Konkurs geht oder zahlungsunfähig wird. In solch einem Fall wird die Realisierung des Umsatzerlöses in Frage gestellt bzw. unmöglich. Es wird deutlich, daß Forderungen in einem Unternehmen grundsätzlich einem Ausfallrisiko unterliegen.

Dieses Ausfallrisiko gilt es bei der Erstellung der Bilanz zu berücksichtigen, da eine Bilanz nach dem Vorsichtsprinzip zu erstellen ist. Daraus ergeben sich drei Arten von Forderungen. Es handelt sich dabei um Forderungen

- **einwandfreier** Natur. Bei ihnen deutet nichts auf einen Ausfall hin.
- **zweifelhafter** Natur. Hier bestehen Anhaltspunkte für einen teilweisen oder vollen Forderungsausfall.
- **uneinbringlicher** Natur. Forderungen, deren Ausfallhöhe feststeht.

Für die Ermittlung des bilanziellen Wertansatzes bestehen grundsätzlich drei Möglichkeiten:

1. **Einzelbewertung** jeder einzelnen Forderung.
2. **Pauschalbewertung** aller Forderungen unter Zugrundelegung eines prozentualen Erfahrungssatzes vergangener Jahre.
3. **Mischform** beider Bewertungsmethoden.

Zu 1.
Im Rahmen der Einzelbewertung wird jede Forderung eines Unternehmens auf ihre Einbringlichkeit geprüft.
Verfügt ein Unternehmen über Hinweise, die darauf schließen lassen, daß eine Forderung nicht zu den Forderungen gehört, deren Eingang ausser Zweifel steht, so ist diese als zweifelhaft anzusehen und auf dem Konto Zweifelhafte Forderungen zu erfassen. Das folgende Beispiel zeigt den buchungstechnischen Ablauf:

Das Industrieunternehmen Schütz, Laboe, hat an den Großhandel Schmitt eine Forderung in Höhe von 3 300,- DM. Kurz vor Ablauf des Geschäftsjahres erfährt Schütz, daß Schmitt Konkurs angemeldet hat.
Um dem Vorsichtsprinzip zu entsprechen, muß die Forderung an Schmitt

in der Bilanz als zweifelhaft ausgewiesen werden.

Das wird durch folgende Buchung erreicht:

Zweifelhafte Forderungen an Forderungen	3 300	3 300

Eine Umbuchung der enthaltenen Umsatzsteuer erfolgt zu diesem Zeitpunkt noch nicht. Sie erfolgt immer erst bei endgültiger Ausfallbuchung.

Die Forderung an Schmitt verbleibt auf dem Konto Zweifelhafte Forderungen, bis ein Bescheid über die tatsächliche Ausfallhöhe ergeht oder ein Ausgleich erfolgt.

Im Laufe des Geschäftsjahres ergeht ein Bescheid des Konkursrichters, daß die Konkursquote 40 % beträgt. Der Betrag von 1 320,- DM geht auf dem Bankkonto ein.

Jetzt steht fest, wie hoch der tatsächliche Ausfall der Forderung ist. Der Forderungsausfall ist mit seinem Nettowert abzuschreiben und die Mehrwertsteuer um den Betrag zu berichtigen, der in dem Ausfallbetrag enthalten war.

Dies geschieht durch folgende Buchungsvorgänge:

1. Buchung des Zahlungseingangs.
2. Buchung der Abschreibung auf Forderungen und Berichtigung der Mehrwertsteuer.

1. Bank an Zweifelhafte Forderungen	1 320	1 320
2. Abschreibungen auf Forderungen	1 800	
Mehrwertsteuer an Zweifelh. Forderungen	180	1 980

Damit ist der Forderungsausfall buchmäßig erfaßt. Der Umsatzerlös wurde durch die Aufwandsbuchung auf dem Konto Abschreibungen auf Forderungen ausgeglichen. In diesem Beispiel entsteht der tatsächliche Aufwand erst im Folgejahr und wird dann endgültig erfaßt.

Erfolgt nach Durchführung der obigen abschließenden Buchungen doch noch eine weitere Zahlung von dem Kunden Schmitt in Höhe von beispielsweise 990,- DM auf das Bankkonto, so ist diese auf den Konten Mehrwertsteuer und Außerordentliche Erträge zu erfassen. Der Buchungssatz lautet dann:

Bank an Außerordentliche Erträge	990	900
Mehrwertsteuer		90

Zu 2.

Wird der Ausfall der Forderungen pauschal ermittelt, ist ein prozentualer Wert anzusetzen, der sich aus den Ausfallwerten der Vergangenheit ergibt. Er sollte 5 % nicht überschreiten und wird aus der Summe der Forderungen zum Jahresschluß ohne die darin enthaltene Mehrwertsteuer errechnet. Bei der Bildung einer Pauschalwertberichtigung erfolgt folglich keine Berichtigung der Mehrwertsteuer. Folgendes Beispiel veranschaulicht die buchungstechnische Handhabung der Pauschalwertberichtigung:

Das Industrieunternehmen Schütz, Laboe, hat errechnet, daß der Ausfall der Forderungen in den letzten Jahren durchschnittlich 3 % betrug. Daher erfolgt im Rahmen des Jahresabschlusses eine Pauschalwertberichtigung der Forderungen in Höhe von 3 %. Bei einem Forderungsbestand von 550 000,- DM ergibt sich folgende Rechnung:

Forderungssumme	550 000,- DM	
./. enthaltene Mehrwertsteuer	50 000,- DM	
Nettobetrag der Forderungen	500 000,- DM	
davon 3 %	15 000,- DM	

Buchmäßig erfolgt die Erfassung der Pauschalwertberichtigung durch den Buchungssatz:

Abschreibungen auf Forderungen an Pauschalwertberichtigung auf Forderungen	15 000	15 000

Das Konto Pauschalwertberichtigung auf Forderungen wird bei Personengesellschaften in die Bilanz abgeschlossen, wo es auf der Passivseite erscheint. Der Buchungssatz dafür lautet:

Pauschalwertberichtigung auf Forderungen an Schlußbilanzkonto	15 000	15 000

Bei Kapitalgesellschaften besteht diese Möglichkeit seit der Neufassung des Handelsgesetzbuches nicht mehr. Dort muß der Saldo des Kontos Pauschalwertberichtigung auf Forderungen auf das Konto Forderungen umgebucht werden. Der Buchungssatz lautet dort:

Pauschalwertberichtigung auf Forderungen an Forderungen	15 000	15 000

Fällt nun im Laufe des Geschäftsjahres eine Forderung aus, so erfolgt die Erfassung über das Konto Pauschalwertberichtigung auf Forderungen. Ein Kunde meldet im Laufe des Geschäftsjahres Konkurs an. Die Forderung gegen ihn beträgt 5 500,- DM. Nach Abwicklung ergibt sich eine Konkursquote von 30 %. Der Betrag von 1 650,- DM geht auf dem Bankkonto ein und es erfolgen folgende Buchungen:

1. Erfassung der Zahlung:

Bank an Forderungen	1 650	1 650

2. Erfassung des Forderungsausfalls mit Mehrwertsteuerberichtigung:

Pauschalwertberichtigung auf Forderungen		3 500	
Mehrwertsteuer an Forderungen		350	3 850

Bleibt dieser Forderungsausfall der einzige, so bleiben 11 500,- DM der gebildeten Pauschalwertberichtigung unberührt.

Am Ende des Geschäftsjahres sind Überlegungen anzustellen, ob die Pauschalwertberichtigung des vergangenen Jahres ausgereicht hat. Besteht die Meinung, daß der angesetzte Prozentsatz angemessen ist, erfolgt eine Neuberechnung der zu bildenden Pauschalwertberichtigung. Dabei wird der nicht verbrauchte Teil der ehemaligen Pauschalwertberichtigung entsprechend berücksichtigt. Hat der Forderungsbestand eine Höhe von 330 000,- DM, ergibt sich folgende Rechnung:

Forderungssumme	330 000,- DM
./. enthaltene Mehrwertsteuer	30 000,- DM
Nettobetrag der Forderungen	300 000,- DM
davon 3 %	9 000,- DM

Es wäre also eine Pauschalwertberichtigung in Höhe von 9 000,- DM zu bilden. Da jedoch noch 11 500,- DM nicht ausgeschöpfter Pauschalwertberichtigungen bestehen, handelt es sich hier um eine Herabsetzung der Pauschalwertberichtigung. Wurde der Betrag der Pauschalwertberichtigung bei deren Bildung als Aufwand erfaßt, so muß die Herabsetzung auf dem Konto Außerordentlicher Ertrag erfolgen:

Pauschalwertberichtigung auf Forderungen an Außerordentl. Ertrag	2 500	2 500

Beträgt der Forderungsbestand 770 000,- DM, ergibt sich folgende Rechnung:

Forderungssumme	770 000,- DM
./. enthaltene Mehrwertsteuer	70 000,- DM
Nettobetrag der Forderungen	700 000,- DM
davon 3 %	21 000,- DM

Es ist eine Pauschalwertberichtigung in Höhe von 21 000,- DM zu bilden. Da jedoch noch 11 500,- DM an Pauschalwertberichtigungen bestehen, müssen diese nur um 9 500,- DM aufgestockt werden. Dies geschieht durch folgende Buchung:

Abschreibungen auf Forderungen an	Pauschalwertberichtigung auf Forderungen	9 500	9 500

Dieser Vorgang wird als Heraufsetzung der Pauschalwertberichtigung auf Forderungen bezeichnet.

Zu 3.

Es besteht in einem Unternehmen auch die Möglichkeit einer Mischform aus Einzelbewertung und Pauschalwertberichtigung.

Die Mischform aus beiden vorgestellten Methoden ist in der Praxis häufig, weil sie auch am genauesten ist. Auch wenn die Forderungen einzeln bewertet werden, treten bei den als nicht zweifelhaft benannten Forderungen in geringem Umfang Forderungsausfälle auf. Andererseits können nicht einige wenige Großausfälle mit einer Pauschalwertberichtigung erfaßt werden, weil dadurch ein falsches Bild entstehen würde.

Wird die Mischform angewandt, erfolgt die Berechnung der Pauschalwertberichtigung von der Summe der Forderungen abzüglich der Summe der zweifelhaften Forderungen. Jedoch auch ohne Berichtigung der Mehrwertsteuer. Folgendes Beispiel soll das Gesagte verdeutlichen:

Die Möbelfabrik Ennak, Soest, setzt stets einen Satz von 4 % für die Pauschalwertberichtigung an. Einem Kunden, dem gegenüber eine Forderung in Höhe von 15 400,- DM besteht, meldet kurz vor Jahresende Konkurs an. Der gesamte Forderungsbestand beläuft sich auf 660 000,- DM. Es ergibt sich folgende Rechnung:

660 000,- DM ./. 15 400,- DM = 644 600,- DM ./. 58 600,- DM USt = 586 000,- DM * 4 % = 23 440,- DM Pauschalwertberichtigungsbetrag

Aufgaben zu Kapitel 14

201.

Erklären Sie mit Ihren Worten folgende Begriffe:

- Bilanzkontinuität
- Annahme der Unternehmensfortführung
- Einzelbewertung zum Bilanzstichtag
- Vorsichtsgrundsatz
- Periodengerechte Erfassung
- Stetigkeit der Bewertungsmethoden

Erklären Sie gleichzeitig die Bedeutungen der Begriffe für den Jahresabschluß.

202.

Das Hochbauunternehmen Schal & Tafel hat im abgelaufenen Geschäftsjahr
für eigene Zwecke 2 Gebäude errichtet. Dabei fielen folgende Kosten
an:

Gebäude	A	B
Baumaterial	80 000,-	120 000,-
Materialgemeinkosten	10 000,-	15 000,-
Fremdkapitalzinsen	1 000,-	2 000,-
Fertigungslöhne	80 000,-	100 000,-
Fertigungsgemeinkosten	40 000,-	50 000,-
Sondereinzelk. d. Fertigung	8 000,-	5 000,-
Abschreibungen	800,-	1 000,-

Ermitteln Sie für das Gebäude A die handelsrechtliche Wertunter- und
Wertobergrenze.
Ermitteln Sie für das Gebäude B die steuerrechtliche Wertunter- und
Wertobergrenze.

203.

Erklären Sie mit Ihren Worten die folgenden Begriffe:

- Teilwert   - Wertaufholungswahlrecht   - Wertaufholungsgebot

204.

Wie ermittelt sich grundsätzlich der Bilanzansatz für Wirtschaftsgüter
des Anlagevermögens ?

205.

Nach welchem Prinzip werden Schuldposten in der Bilanz bewertet ?
Was besagt das Prinzip ?

206.

Was ist bei Aufwendungen und Erträgen zu beachten, wenn diese sich auf Zeiträume erstrecken, die über das Geschäftsjahresende hinausreichen ?

207.

Erklären Sie mit Ihren Worten die Begriffe transitorische und antizipative Posten. Auf welchen Konten werden diese jeweils erfaßt ?

208.

Ein Mieter zahlt im Dezember die Miete für Dezember bis März in Höhe von 2 400,- DM bar.
Welche Buchungen fallen im alten, welche im neuen Geschäftsjahr an ?

209.

Am 1.7. wird die Jahresprämie für die Feuerversicherung für den Zeitraum bis zum 30.6. des Folgejahres in Höhe von 2 520,- DM durch Banküberweisung beglichen. Wie ist in beiden Geschäftsjahren zu buchen ?

210.

Der Beitrag zur Rechtsschutzversicherung in Höhe von 1 440,- DM für den Zeitraum vom 1.10. bis zum 30.9. wird am 15.3. des laufenden Geschäftsjahres durch Postgiroüberweisung beglichen.
Welche Buchungen sind in beiden Geschäftsjahren erforderlich ?

211.

Ein Mitarbeiter hat zur Finanzierung seines Eigenheimes ein Arbeitnehmerdarlehen erhalten. Die Zinsen für Dezember bis Februar in Höhe von 600,- DM werden am 28.2. von seinem Gehalt einbehalten.
Welche Buchungen fallen an ?

212.

Was ist bei der Bewertung von Forderungen zu beachten und welche Formen der Bewertung von Forderungen gibt es ?

213.

Ein Kunde, gegen den eine Forderung in Höhe von 33 000,- DM besteht, meldet Konkurs an. Im Folgejahr wird der Konkurs abgeschlossen. Die Konkursquote beträgt 30 %. Der Betrag geht auf dem Bankkonto ein.
Wie ist jeweils zu buchen ?

214.

Im vorherigen Geschäftsjahr betrug der Forderungsbestand in einem Unternehmen 250 000,- DM. Davon fielen 12 500,- DM aus. Damit lag der Forderungsausfall im Rahmen der Vorjahre. Im abgelaufenen Geschäftsjahr betrug der Forderungsbestand 363 000,-
Wie ist entsprechend dem Vorsichtsprinzip am Jahresende zu bewerten ?

215.

Besteht die Möglichkeit, daß eine Pauschalwertberichtigung auf Forderungen am Geschäftsjahresende zwar prozentual gleichbleibt, in seiner Höhe jedoch abnimmt ?

216.

Im Durchschnitt betrugen die Forderungsausfälle der letzten Jahre 4 %.
In diesem Geschäftsjahr beträgt der Forderungsbestand 275 000,- DM.
Wie ist zu buchen, wenn die Pauschalwertberichtigung auf Forderungen im vergangenen Geschäftsjahr ganz aufgebraucht wurde ?
Wie lautet der Buchungssatz, wenn die Pauschalwertberichtigung noch 4 000,- DM beträgt ?
Wie wäre bei einem Bestand von 12 500,- DM zu buchen ?

217.

Wie kann gebucht werden, wenn eine als zweifelhaft bewertete Forderung im Folgejahr ausfällt ?

218.

Die Summe der Forderungen betrug im Vorjahr 264 000,- DM. Es wurden 3 % in die Pauschalwertberichtigung auf Forderungen eingestellt. Von dem Betrag wurden 4 000,- DM ausgebucht. In diesem Jahr beträgt der Forderungsbestand 154 000,- DM. Es sollen 2 % in die Pauschalwertberichtigung eingestellt werden. Wie ist zu buchen ?

219.

Erklären Sie mit Ihren Worten, wann eine Herabsetzung und wann eine Erhöhung der Einstellungen in die Pauschale Wertberichtigung auf Forderungen sinnvoll ist ?

220.

Wann erfolgt bei zweifelhaften Forderungen eine Berichtigung der Umsatzsteuer ?

15. Die Kostenrechnung

Bisher wurden alle Aufwendungen und Erträge im Gewinn- und Verlustkonto gegenübergestellt. Bei dieser Vorgehensweise wird der wirtschaftliche Erfolg des gesamten Unternehmens ermittelt.

Die Wichtigkeit des Unternehmenserfolges steht dabei außer Frage. Das Zustandekommen des Unternehmenserfolges ist jedoch nicht minder von Bedeutung.

Zur Verdeutlichung des letzteren soll das nachfolgende Gewinn- und Verlustkonto näher betrachtet werden:

Soll		Gewinn und Verlust		Haben
Rohstoffaufwand	200 000,-	Umsatzerlöse		280 000,-
Löhne	80 000,-	Mieterträge		50 000,-
Sozialkosten	20 000,-	Zinserträge		2 000,-
Abschreibungen	80 000,-	A. o. Erträge		160 000,-
Mietaufwand	30 000,-			
Gewinn	82 000,-			
	492 000,-			492 000,-

Wird in dieser Gewinn- und Verlustrechnung nur das Unternehmensergebnis betrachtet, so ist es mit einem Gewinn von 82 000,- DM positiv zu beurteilen. Wird das Unternehmensergebnis näher betrachtet, ergibt sich dem Untersuchenden, daß der Unternehmenserfolg ohne die Außerordentlichen Erträge negativ wäre.

Mit Außerordentlichen Erträgen verhält es sich so wie mit dem Glück. Man kann darauf vertrauen, man kann sich jedoch nicht darauf verlassen. Es ist daher notwendig, den Jahresabschluß auf solche und andere Entwicklungen hin zu untersuchen. Bei der Untersuchung handelt es sich um eine der Aufgaben der Kostenrechnung.

Im Rahmen der Kostenrechnung soll festgestellt werden, WO im Unternehmen Kosten anfallen, WELCHE Kosten anfallen und WOFüR Kosten anfallen.

Eine Betrachtung der Kosten nach den obigen Gesichtspunkten ermöglicht es, ungünstige Kostenverläufe eher zu erkennen als es in der bisher praktizierten Kostenerfassung möglich ist.

Dafür besteht die Kostenrechnung aus drei Teilbereichen:

1. der Kosten- und Leistungsrechnung,
2. der Kostenstellenrechnung und
3. der Kostenträgerrechnung.

15.1 Die Kosten- und Leistungsrechnung

Ehe mit der Kosten- und Leistungsrechnung begonnen werden kann, müssen die Aufwendungen und Erträge aus der Gewinn- und Verlustrechnung aufgeteilt werden. Die Aufteilung erfolgt auf die betrieblichen und auf die außerbetrieblichen Bereiche eines Unternehmens. Als betrieblich ist in diesem Zusammenhang die Unternehmenstätigkeit anzusehen, die dem eigentlichen Unternehmenszweck entspricht.

Für ein Industrieunternehmen, das Sicherheitsschuhe produziert, stellt diese Tätigkeit die betriebliche Tätigkeit dar.

Besitzt das Unternehmen auch Mietshäuser, so gehören diese zwar auch zum Unternehmen, nicht jedoch zum betrieblichen, sondern zum außerbetrieblichen Bereich.

Bei der Aufteilung der Aufwendungen verhält es sich so, daß alle betriebsfremden, periodenfremden oder außerordentlichen Aufwendungen von den Aufwendungen abgesetzt werden. Übrig bleiben dann die betrieblichen Aufwendungen, die als Kosten bezeichnet werden. Die Aufwendungen, die nicht zu den betrieblichen Aufwendungen gehören, werden als neutrale Aufwendungen bezeichnet. Es ergibt sich folgende Darstellung:

```
   Summe der Aufwendungen aus dem Gewinn- und Verlustkonto
./. Aufwendungen, die nicht dem Betriebsziel dienten        ┌─────────┐
                                                            │ neutrale│
./. Aufwendungen, die zu anderen Rechnungsperioden gehörten │ Aufwen- │
./. Aufwendungen, die außerordentlich waren                 │ dungen  │
                                                            └─────────┘
 =  Aufwendungen des Betriebes (Grundkosten)
```

Auch die Erträge eines Unternehmens müssen nach den gleichen Gesichtspunkten aufgeteilt werden. Dabei ist zu beachten, daß zu den Erträgen nicht nur monetäre Größen gehören, sondern auch Bestandsveränderungen und selbsterstellte Wirtschaftsgüter. Der Grund hierfür liegt darin, daß die Aufwendungen für diese ebenfalls als Kosten erfaßt werden. Da nicht nur monetäre Größen angesprochen werden, tragen die betrieblichen Erträge die Bezeichnung Leistungen.

```
   Summe der Erträge aus dem Gewinn- und Verlustkonto
./. Erträgen, die nicht dem Betriebsziel entstammten      ┌─────────┐
                                                          │ neutrale│
./. Erträgen, die zu anderen Rechnungsperioden gehörten   │ Erträge │
./. Erträgen, die außerordentlich waren                   └─────────┘
 =  Erträge aus betrieblicher Tätigkeit (Leistungen)
```

Die betrieblichen Aufwendungen und die betrieblichen Erträge tragen die Bezeichnung Kosten und Leistungen.

Aufwendungen und Erträge, die nicht in den betrieblichen Bereich fallen, werden als neutrale Aufwendungen und neutrale Erträge bezeichnet.

Zur Verdeutlichung soll das folgende Gewinn- und Verlustkonto dienen:

Soll	Gewinn und	Verlust	Haben
Rohstoffaufwand	120 000,-	Umsatzerlöse	350 000,-
Löhne	65 000,-	Mieterträge	33 000,-
Gehälter	55 000,-	Bestandsverän-	
Sozialkosten	22 000,-	derungen	24 300,-
Schadensfälle	15 500,-	Zinserträge	4 200,-
Mietaufwand	15 000,-	A. o. Erträge	11 000,-
Abschreibungen:		Skontoerträge	3 500,-
- auf Maschinen	22 000,-		
- auf Mietshäuser	7 500,-		
Gewinn	104 000,-		
	426 000,-		426 000,-

Die Aufteilung vollzieht sich nach folgendem Schema:

| G + V Posten | neutraler | | kostenrechnerische | |
	Aufwand	Ertrag	Kosten	Leistungen
Rohstoffaufwand			120 000,-	
Löhne			65 000,-	
Gehälter			55 000,-	
Sozialkosten			22 000,-	
Schadensfälle	15 500,-			
Mietaufwand			15 000,-	
Abschreibungen auf				
- Maschinen			22 000,-	
- Mietshäuser	7 500,-			
Umsatzerlöse				350 000,-
Mieterträge		33 000,-		
Bestandsveränder.				24 300,-
Zinserträge		4 200,-		
A. o. Erträge		11 000,-		
Skontoerträge		3 500,-		
Summen:	23 000,-	51 700,-	299 000,-	374 300,-
Jahresergebnisse	28 700,-		75 300,-	
	51 700,-	51 700,-	374 300,-	374 300,-

Nach dieser Aufschlüsselung ist eine nähere Aussage über das Unternehmensergebnis möglich. Der Unternehmensgewinn besteht aus einem neutralen Gewinn in Höhe von 28 700,- DM und einem betrieblichen Gewinn in Höhe von 75 300,- DM.

Aus diesem Beispiel wird ersichtlich, daß der Betriebsgewinn den eindeutig größeren Anteil am Unternehmenserfolg einnimmt.

Die Trennung der Aufwendungen und Erträge nach den obigen Gesichtspunkten kann sich generell auf den Konten der Buchhaltung vollziehen. Dazu dient die Kontenklasse 9 mit ihren Konten. In der Praxis findet für die Kostenrechnung jedoch die Tabellenform Anwendung, weil diese Darstellungsform wesentlich übersichtlicher als die Darstellung auf Konten ist.
Die Aufwendungen, die als Kosten in der obigen Aufstellung erscheinen, tragen auch die Bezeichnung Kostenarten. Die Kostenarten lassen sich unterteilen. Die Unterteilung ist für die nächste Stufe in der Kostenrechnung unbedingt notwendig.

15.2 Die Kostenstellenrechnung

Betrachtet man die unterschiedlichen Kostenarten, so stellt man fest, daß sich diese in zwei Gruppen aufteilen lassen. Einerseits in Einzelkosten und andererseits in Gemeinkosten.
Einzelkosten sind jene Kosten, die sich den einzelnen Leistungen (produzierte Waren, Dienstleistungen oder Eigenleistungen) direkt zurechnen lassen. Dazu gehören beispielsweise Rohstoffe, Fertigungslöhne und Versandkartons.
Gemeinkosten sind Kosten, die sich den erstellten Leistungen nicht direkt zurechnen lassen. Dabei handelt es sich beispielsweise um Hilfslöhne, Gehälter, Strom- oder Wasserkosten.

Aufgabe der Kostenstellenrechnung ist es, die Kosten auf die Stellen im Betrieb zu verteilen, in denen diese entstanden sind.
Dafür muß der Betrieb in Kostenstellen aufgeteilt werden. Eine Kostenstelle liegt dort vor, wo betriebliche Leistungen erstellt und Werte verzehrt werden.
Die Bildung von Kostenstellen und die Ermittlung der dort anfallenden Kosten ermöglicht einerseits eine Kontrollfunktion und andererseits

besteht die Möglichkeit der Vereinfachung der Preiskalkulation.

Eine **Kontrollmöglichkeit** besteht dahingehend, daß die Kosten, die in einer Kostenstelle entstanden sind, mit denen vergangener Rechnungsperioden verglichen werden können. Bei Abweichungen kann dann eine zielgerichtete Ursachenforschung betrieben werden.

Ausgangsbasis für die **Preiskalkulation** ist die Ermittlung der Herstellungskosten eines jeden Produktes. Die Schwierigkeit bei der Ermittlung der Herstellungskosten besteht darin, die Gemeinkosten auf die erstellten Leistungsträger (hergestellte Produkte) zu verteilen. Während die Einzelkosten direkt den einzelnen Leistungsträgern zugeordnet werden können, müssen die Gemeinkosten auf die Leistungsträger aufgeteilt werden. Für die Verteilung existieren verschiedene Methoden. Wie die Verteilung erfolgt, soll noch behandelt werden.

Wurden die Kosten je Kostenstelle erfaßt, erfolgt eine Errechnung des prozentualen Anteils der Gemeinkosten je Kostenstelle an den Einzelkosten. Damit wird der Anteil errechnet, der sich neben den Einzelkosten je Kostenträger an zusätzlichen Herstellungskosten ergibt.

Durch die Kostenaufteilung läßt sich feststellen, welche Kosten für ein Produkt entstehen, das die Kostenstelle durchläuft. Dadurch wird eine genauere Ermittlung der Herstellungskosten möglich. Je genauer eine Kostenstellenrechnung durchgeführt wird, desto genauer sind die Kalkulationen für jedes Produkt, das in einem Unternehmen hergestellt wird, weil es nur mit den Kosten belastet wird, die die durchlaufenen Kostenstellen verursachen.

Bei der Aufteilung des Betriebes in Kostenstellen ergeben sich vier Bereiche, in die sich die Kostenstellen aufteilen lassen. Es sind dies Kostenstellen im

---

- Materialbereich
  z. B. Materialprüfung, Materialverwaltung oder Warenannahme
- Fertigungsbereich
  z. B. Konstruktionsbüro, Arbeitsvorbereitung oder Endkontrolle
- Verwaltungsbereich
  z. B. Gehälter, Rechnungswesen oder kaufmännische Verwaltung
- Vertriebsbereich
  z. B. Fahrzeugwartung, Werbung, Versand oder Verpackung

Für eine Berechnung der Herstellungskosten müssen dann die direkt zurechenbaren Einzelkosten errechnet werden. Auf den sich ergebenden Be-

trag werden dann nur noch die nach den Gemeinkostenzuschlägen errechneten anteiligen Gemeinkosten aufgeschlagen. Es ergeben sich so die Herstellungskosten für die Leistungsträger.

Neben den Erleichterungen für eine genauere Preisgestaltung besteht
durch die Kostenstellenrechnung auch eine Erleichterung für die Bewertung des Lagerbestandes zum Jahresende. Die Errechnung der Herstellungskosten eines Lagerbestandes mit den gesetzlichen Möglichkeiten
(siehe Kapitel 14.2) wäre ohne eine Kostenstellenrechnung deutlich
schwieriger.

Letztgesagtes gilt nicht für Unternehmen, die nur ein Produkt herstel-
len. Die dort anfallenden Kosten sind ohne Schwierigkeiten auf die
Kostenträger zu verteilen. Es muß die Summe der Kosten durch die hergestellte Stückzahl dividiert werden. Bei Mehrproduktunternehmen ist die
Kostenverteilung jedoch weitaus komplexer.

Für die Berechnung der Gemeinkostenzuschläge bilden die Einzelkosten
die Berechnungsgrundlage. Einzelkosten fallen jedoch nur in den Bereichen Material und Fertigung an. Daher ist für die Kostenbereiche Verwaltung und Vertrieb eine andere Größe als Berechnungsgrundlage zu verwenden.

Dort stellen die Herstellkosten des Umsatzes die Grundlage für den Ver-
waltungsgemeinkosten- und den Vertriebsgemeinkostenzuschlag dar, die
sich nach folgendem Schema errechnen:

> Materialkosten
> + Materialgemeinkosten
> + Fertigungskosten
> + Fertigungsgemeinkosten
> = Herstellkosten der Produktion
> - Bestandsmehrungen
> + Bestandsminderungen
> = Herstellkosten des Umsatzes

In der Praxis erfolgt die Kostenstellenrechnung in Tabellenform. Die
Tabelle, in der sich die Kostenstellenrechnung vollzieht, wird als Betriebsabrechnungsbogen (BAB) bezeichnet. Ein BAB befindet sich auf der
folgenden Seite. Es gelten folgende Ausgangswerte:

> Wert des eingesetzten Materials: 450 000,- DM
> Gezahlte Fertigungslöhne: 250 000,- DM

Die Gemeinkosten sind dem Betriebsabrechnungsbogen zu entnehmen.

Betriebsabrechnungsbogen (BAB)

Gemeinkostenart	Betrag	Aufteilungsschlüssel	Materialbereich	Fertigungsbereich	Verwaltungsbereich	Vertriebsbereich
Hilfsstoffe	40.000,-	Materialentnahmescheine	17.000,-	23.000,-	-	-
Betriebsstoffe/Kleinmaterial	49.500,-	Materialentnahmescheine	8.000,-	34.200,-	1.300,-	6.000,-
Gehälter/Hilfslöhne	90.000,-	Lohn- und Gehaltslisten	18.200,-	26.600,-	36.000,-	9.200,-
Sozialkosten	14.555,-	Lohn- und Gehaltslisten	2.400,-	5.280,-	5.400,-	1.475,-
Strom	18.000,-	Zählerstände	3.500,-	14.000,-	200,-	300,-
Fremdreparaturen	12.500,-	Eingangsrechnungen	4.000,-	6.000,-	1.500,-	1.000,-
Heizkosten	10.000,-	Beheizte Fläche	2.000,-	3.500,-	2.000,-	2.500,-
Abschreibungen	56.000,-	Anlagenkartei	10.000,-	32.600,-	7.550,-	5.850,-
Betriebssteuern	9.520,-	Nach gebundenes Kapital	2.400,-	4.820,-	1.100,-	1.200,-
Summe der Gemeinkosten	300.075,-		67.500,-	150.000,-	55.050,-	27.525,-
Berechnungsgrundlage für Gemeinkostenzuschlagssatz			Fertigungsmaterial 450.000,-	Fertigungslöhne 250.000,-	Herstellkosten des Umsatzes 917.500,-	
Gemeinkostenzuschlagssätze:			15 %	60 %	6 %	3 %

Aus dem Betriebsabrechnungsbogen geht hervor, daß neben den Kosten für das direkt dem Endprodukt zurechenbare Fertigungsmaterial noch Materialgemeinkosten in Höhe von 15 % des Fertigungsmaterials zu berücksichtigen sind.   ,

Die ebenfalls direkt dem Endprodukt zurechenbaren Fertigungslöhne sind noch um einen Fertigungsgemeinkostenzuschlag in Höhe von 60 % zu erhöhen.

Die Summe der beiden Werte ergibt die Herstellkosten der Produktion.

Auf die Herstellkosten der Produktion sind anschließend 9 % (6 % + 3%) für Verwaltungs- und Vertriebsgemeinkosten aufzuschlagen.

Der vorstehende BAB stellt nur ein vereinfachtes Beispiel dar. Die Kostenbereiche ließen sich noch in die einzelnen Kostenstellen unterteilen. Als Resultat läßt sich dann der Gemeinkostenzuschlagssatz je durchlaufener Kostenstelle errechnen.

Auch wurden hier aus Vereinfachungsgründen die Bestandsveränderungen außer acht gelassen, so daß sich die Herstellkosten des Umsatzes nur aus den Materialkosten + Materialgemeinkosten + Fertigungslöhnen + Fertigungsgemeinkosten errechnen.

Als Beispiel sollen die Herstellkosten eines Auftrages mit folgenden Daten errechnet werden:

Fertigungsmaterialkosten: 2 000,- DM; Fertigungslöhne: 1 500,- DM

Fertigungsmaterial	2 000,- DM
+ 15 % Materialgemeinkosten	300,- DM
Summe der Materialkosten	2 300,- DM

Fertigungslöhne	1 500,- DM
+ 60 % Fertigungsgemeinkosten	900,- DM
Summe der Fertigungskosten	2 400,- DM

Materialkosten	2 300,- DM
+ Fertigungskosten	2 400,- DM
Herstellkosten der Produktion	4 700,- DM

Herstellkosten der Produktion	4 700,- DM
+ 6 % Verwaltungsgemeinkosten	282,- DM
+ 3 % Vertriebsgemeinkosten	141,- DM
Herstellkosten des Auftrages	5 123,- DM

Die Selbstkosten für diesen Auftrag betragen 5 123,- DM.

15.3 Kostenträgerrechnung

Mit den bisherigen Zahlen aus der Gewinn- und Verlustrechnung war der Unternehmenserfolg zu errechnen. In der anschließenden Kosten- und Leistungsrechnung erfolgte die Aufteilung der Aufwendungen und Erträge in Kosten und Leistungen. Es ließ sich das Betriebsergebnis und das neutrale Ergebnis errechnen. In der Kostenstellenrechnung wurden die Kosten auf die einzelnen Kostenstellen im Betrieb aufgeteilt.

Eine Berechnung, aus der hervorgeht, wie hoch der Anteil verschiedener Produktgruppen am Unternehmenserfolg ist, erfolgte jedoch in keinem Fall.

Für diesen Zweck wurde die Kostenträgerrechnung entwickelt. Sie unterteilt sich in die Bereiche

Kostenträgerstückrechnung und Kostenträgerzeitrechnung

15.3.1 Kostenträgerstückrechnung

Im Wege der Kostenträgerstückrechnung erfolgt eine Umlegung der Kosten auf die Kostenträger bzw. Leistungseinheiten.

Es werden die Selbstkosten der Produktion je Kostenträger bzw. je Leistungseinheit errechnet.

Damit wird eine Grundlage für die Berechnung der Wirtschaftlichkeit eines Auftrages geliefert. Dabei sind zwei wesentliche Ausgangsbasen zu unterscheiden. Zum einen die Preiskalkulation in ihrem eigentlichen Sinne. Für den Fall, daß der Verkaufspreis einer Leistung errechnet werden soll, muß auf die errechneten Selbstkosten nur noch ein Gewinnaufschlag erfolgen, um den Verkaufspreis ermitteln zu können.

Diese Form der Preisgestaltung besteht in der heutigen Zeit jedoch nur noch in Ausnahmefällen (z. B. Monopolisten, Maschinenersatzteile ohne Fremdanbieter).

Zum anderen ist es immer häufiger der Fall, daß für eine Leistung oder ein Produkt der Verkaufspreis aufgrund der Marktgegebenheiten bereits feststeht. Für solche Fälle liefert die Kostenträgerstückrechnung Informationen, aus denen hervorgeht, ob und in welcher Höhe ein Auftrag seine Selbstkosten übersteigt.

Im Rahmen der Kostenträgerstückrechnung bestehen drei Rechnungsmethoden. Ihre Anwendung ist abhängig von Zahl und Art der verschiedenen Produkte.

Die Divisionskalkulation

Im Rahmen der Divisionskalkulation werden die angefallenen Gesamtkosten einer Periode auf die Anzahl der erstellten Leistungen verteilt, indem die Summe der Kosten durch die Ausbringungsmenge dividiert wird. Dieses Verfahren findet vorrangig bei Massen- und Sonderfertigung Anwendung. Das folgende Beispiel soll das oben Gesagte verdeutlichen:

Summe der entstandenen Kosten: 300 000,- DM

Erstellte Anzahl der Leistungen: 50 000 Stück

Selbstkosten je Stück: 300 000,- DM : 50 000 Stück = 6,- DM je Stück

Die Zuschlagskalkulation

Erfolgt eine Einzel- oder Serienfertigung, müssen die Selbstkosten der Kostenträger mit Hilfe der Zahlen des Betriebsabrechnungsbogens errechnet werden.

Dabei wird von den Einzelkosten ausgegangen und die anfallenden Gemeinkosten durch die Gemeinkostenzuschlagssätze errechnet. Je genauer dabei die Einzelkosten ermittelt und den Kostenträgern zugeordnet werden, desto präziser entwickelt sich die Preisgestaltung.

Werden für die Herstellung einer Produktionsserie Fertigungsmaterialien für 100 000,- DM und Fertigungslöhne in Höhe von 70 000,- DM eingesetzt, ergibt sich, auf den BAB aufbauend, folgende Zuschlagskalkulation:

Fertigungsmaterial:	100 000,- DM
+ 15 % Materialgemeinkosten:	15 000,- DM
+ Fertigungslöhne:	70 000,- DM
+ 60 % Fertigungsgemeinkosten:	42 000,- DM
Herstellkosten der Produktion:	227 000,- DM
+ 6 % Verwaltungsgemeinkosten:	13 620,- DM
+ 3 % Vertriebsgemeinkosten:	6 810,- DM
Selbstkosten der Produktion:	247 430,- DM

Bei einer Produktionsstückzahl von 50 000 Stck lassen sich die Selbstkosten je Stück auf divisionalem Wege errechnen:

247 430,- DM : 50 000 Stück = 4,9486 DM je Stück

Die Äquivalenzziffernkalkulation

Die Äquivalenzziffernkalkulation ist dann anwendbar, wenn in einem Unternehmen Güter gleicher Art in verschiedenen Ausführungen hergestellt werden. Beispielsweise Bleche verschiedener Stärken, Draht verschiedener Stärken oder Fliesen verschiedener Größen und Stärken.

Trotz ihrer Artgleichheit verursachen die Güter verschieden hohe Kosten, weil die Menge des verarbeiteten Fertigungsmaterials und die Beanspruchung der Kostenstellen im Betrieb verschieden hoch sind. Für die Preisberechnung werden dann Äquivalenzziffern gebildet. Dazu wird das Grundprodukt, für das meistens am wenigsten Kosten entstehen oder dessen Stückzahl am höchsten ist, gleich 1 gesetzt. Ein Produkt, dessen Kosten 20 % höher liegen, erhält dann die Ziffer 1,2. Trägt also ein Produkt die Äquivalenzziffer 2, so bedeutet das, daß für das Produkt doppelt so hohe Kosten anfallen wie für das Grundprodukt.

Die Verteilung der Kosten erfolgt dann anhand der Äquivalenzziffern nach folgendem Schema:

Produkt- art	Äqui- valenz- ziffern	Produkti- onsmenge in Stück	Verrech- nungsein- heiten	Produktart- kosten in DM	Kosten je Stück in DM
A1	1	2 500	2 500	375 000	150
A2	1,5	1 500	2 250	337 500	225
A3	1,8	1 000	1 800	270 000	270
			6 550	982 500	

Bei der Erstellung wurde in folgenden Schritten vorgegangen:

1. *Multiplikation der Äquivalenzziffern mit der Produktionsmenge. Es ergaben sich die Verrechnungseinheiten.*

2. *Division der Gesamtkosten (982 500,– DM) durch die Verrechnungseinheiten. Es ergab sich der Wert je Verrechnungseinheit (150,– DM).*

3. *Multiplikation des Wertes je Verrechnungseinheit mit der Anzahl der Verrechnungseinheiten je Produktart. Es ergaben sich die Produktartkosten.*

4. *Division der Produktartkosten durch die Produktionsmenge. Es ergaben sich die Kosten je Stück.*

211

15.3.2 Kostenträgerzeitrechnung

In der Kostenträgerzeitrechnung sollen die Betriebserfolge der Produkte in einer Rechnungsperiode errechnet werden. Die Kostenträgerzeitrechnung wird daher auch als kurzfristige Erfolgsrechnung bezeichnet.

Eine Erfolgsrechnung ist sie insofern, als den Selbstkosten der Produkte deren Umsatzerlöse gegenübergestellt werden.

Ausgehend von den Einzelkosten werden die Herstellkosten der Produktion errechnet. Diese werden anschließend um die Bestandsveränderungen bereinigt. Es ergeben sich daraus die Herstellkosten des Umsatzes, aus denen die Verwaltungs- und Vertriebsgemeinkosten errechnet werden.

Den sich daraus ergebenden Selbstkosten des Umsatzes werden die Nettoverkaufserlöse gegenübergestellt. Es ergibt sich das **kalkulatorische** Betriebsergebnis. Auf den Begriff des **kalkulatorischen** Betriebsergebnisses soll nachfolgend eingegangen werden.

Für ein Unternehmen, das drei Produkte herstellt, gelten folgende Zahlen:

Produkt	Fertigungs-material	Fertigungs-löhne	Bestandsveränderungen		Verkaufs-erlöse
			Unfertigerz.	Fertigerz.	
I	80 000,-	30 000,-	- 2 000,-	- 8 000,-	208 000,-
II	40 000,-	50 000,-	+ 6 000,-	+12 000,-	110 000,-
III	60 000,-	45 000,-	- 5 500,-	+ 4 000,-	197 000,-

Nach diesen Angaben wird folgendes **Kostenträgerblatt** erstellt:

Produkt	I	II	III
Fertigungsmaterial	80 000,-	40 000,-	60 000,-
15 % Materialgemeinkosten	12 000,-	6 000,-	9 000,-
Materialkosten	**92 000,-**	**46 000,-**	**69 000,-**
Fertigungslöhne	30 000,-	50 000,-	45 000,-
60 % Fertigungsgemeinkosten	18 000,-	30 000,-	27 000,-
Fertigungskosten	**48 000,-**	**80 000,-**	**72 000,-**
Herstellk. der Produktion	**140 000,-**	**126 000,-**	**141 000,-**
Bestandsveränderungen			
Unfertigerzeugnisse	+ 2 000,-	- 6 000,-	+ 5 500,-
Fertigerzeugnisse	+ 8 000,-	-12 000,-	- 4 000,-
Herstellk. des Umsatzes	**150 000,-**	**108 000,-**	**142 500,-**
6 % Verwaltungsgemeink.	9 000,-	6 480,-	8 550,-
3 % Vertriebsgemeink.	4 500,-	3 240,-	4 275,-
Selbstkosten des Umsatzes	**163 500,-**	**117 720,-**	**155 325,-**
Verkaufserlöse	**208 000,-**	**110 000,-**	**197 000,-**
Kalkulatorisches Ergebnis	**44 500,-**	**- 7 720,-**	**41 675,-**

212

Aus dem Kostenträgerblatt läßt sich erkennen, daß die Produkte einen Ertrag erbringen. Produkt II liegt unter seinen Selbstkosten.

Die obige Rechnung basiert in der Verteilung der Gemeinkosten auf den Werten vergangener Perioden. Ob diese Werte auch in der abgelaufenen Periode zutrafen, muß bei der Ermittlung des Betriebsergebnisses Berücksichtigung finden.

Die entstandenen Kosten werden als kalkulatorische Kosten oder als Normalkosten bezeichnet. Auch die Bezeichnung Sollkosten ist gebräuchlich.

Die tatsächlich entstandenen Kosten der abgelaufenen Periode werden als Istkosten bezeichnet.

Lagen die Istkosten unter den Normalkosten, so lag eine Kostenüberdeckung vor. Der die Istkosten übersteigende Betrag ist dann dem kalkulatorischen Betriebsergebnis zuzurechnen. Das Betriebsergebnis ist höher als das kalkulatorische Betriebsergebnis.

Lagen die Istkosten über den verrechneten Normalkosten, so ist das kalkulatorische Betriebsergebnis um den übersteigenden Betrag zu mindern. Das Betriebsergebnis ist niedriger als das kalkulatorische Betriebsergebnis.

Aus dem Gesagten geht hervor, daß die Gemeinkostenzuschläge einer ständigen Überprüfung unterliegen müssen, damit diese nicht im Laufe der Zeit realitätsfremd werden.

BEMERKUNG:

Nachfolgend findet der Leser Aufgaben zu den einzelnen Bereichen der Kostenrechnung, die hier behandelt wurden.
Damit soll der Bereich der Kostenrechnung beendet werden. Eine weitergehende Behandlung dieses Themas soll nicht Gegenstand dieses Buches sein. Im Literaturverzeichnis findet der Leser eine Auswahl an Büchern, die die Kostenrechnung zum Gegenstand haben. Nach Bearbeitung des vorangegangenen Kapitels ist es für den Leser leichter, sein Wissen über die Kostenrechnung dort zu vertiefen.

Aufgaben zu Kapitel 15

1. Kosten- und Leistungsrechnung

Das Gewinn- und Verlustkonto der Boostedter Maschinenfabriken weist
folgende Werte aus:

Umsatzerlöse	1 890 000,-	2 500 000,-
Löhne	350 000,-	295 600,-
Gehälter	125 800,-	200 000,-
Sozialkosten	63 000,-	75 000,-
Abschreibungen auf Maschinen . .	21 000,-	35 500,-
Abschreibungen auf Mietgebäude .	7 200,-	18 800,-
Außerordentlicher Aufwand . . .	15 400,-	1 800,-
Zinsaufwand	1 200,-	2 300,-
Werbekosten	41 500,-	28 400,-
Zinserträge	2 800,-	25 400,-
Mieterträge	28 500,-	10 000,-
Rohstoffaufwand	277 990,-	405 600,-
Hilfsstoffaufwand	140 000,-	99 800,-
Betriebsstoffaufwand	85 600,-	66 700,-

Ermitteln Sie das Unternehmensergebnis, das neutrale Ergebnis und das
Betriebsergebnis.

Das Gewinn- und Verlustkonto der Schuhfabrik Karina, Neumünster, weist
zum Quartalsende folgende Werte aus:

Umsatzerlöse	2 785 900,-
Außerordentliche Erträge	550 000,-
Gewinne aus Aktienverkäufen	80 000,-
Erhaltene Gewinne von verbundenen Unternehmen. .	29 000,-
Löhne und Gehälter	275 600,-
Sozialkosten	41 600,-
Rohstoff-, Hilfsstoff- und Betriebsstoffaufwand.	890 800,-
Abschreibungen	112 000,-
Verluste aus Kursschwankungen gehaltener Aktien.	12 500,-
Aufwendungen aus dem Handel mit Wertpapieren . .	1 500,-
Instandhaltungen	11 000,-
Zinsaufwendungen	1 210,-
Abschreibungen auf Forderungen	14 500,-
Provisionen an eigene Vertreter	25 390,-

Es gilt die Aufgabenstellung der letzten Aufgabe.

2. Kostenstellenrechnung

Die Bergerschen Mühlenbetriebe, Lütjenburg, weisen für den Monat April in ihrer Buchhaltung folgende Zahlen aus:

    Fertigungsmaterial 250 000,- DM

    Fertigungslöhne   200 000,- DM

    Bestandsmehrung Fertigerzeugnisse   5 500,- DM

    Bestandsminderung Unfertigerzeugnisse   12 200,- DM

Die Gemeinkosten verteilen sich auf die Kostenbereiche wie folgt:

Summe	Material	Fertigung	Verwaltung	Vertrieb
330 000,-	12 500,-	210 000,-	75 000,-	32 500,-

Ermitteln Sie die Herstellkosten des Umsatzes und die Gemeinkostenzuschlagssätze.

Die Bücher der Elektrowerke Jastrow, Frankfurt, weisen folgende Kosten aus:

Fertigungsmaterial 440 000,-	Fertigungslöhne 680 000,-
Mietaufwand 13 680,-	Abschreibungen . 812 500,-
Hilfsstoffe 146 000,-	Betriebsstoffe . 54 250,-
Gehälter 110 000,-	Hilfslöhne . . . 18 000,-
Sozialkosten . . . 70 200,-	Sonst. Aufwand . 95 000,-

Die Gemeinkosten verteilen sich nach folgenden Schlüsseln:

Kostenart	Schlüssel	Material	Fertigung	Verwaltung	Vertrieb
F.- Material		440 000,-			
F.- Löhne			680 000,-		
Mietaufwand	Flächen	200	1 000	90	150
Abschreib.	geb. Kapital	110 000,-	890 000,-	200 000,-	50 000,-
Hilfsst.	Entn.- Sch.	5 000,-	140 000,-	./.	1 000,-
Betr.- St.	Entn.- Sch.	2 500,-	18 400,-	5 000,-	28 350,-
Gehälter	Geh.- L.	20 000,-	27 000,-	54 500,-	8 500,-
Hilfslöhne	Stunden	4 000	12 500	300	1 200
Sozialkosten	gez. Entgelt	24 000,-	379 500,-	54 800,-	9 700,-
So. Aufw.	anteilig	1	4	2	3

Erstellen Sie einen Betriebsabrechnungsbogen.

Übernehmen Sie die Aufgabenstellung der vorhergehenden Aufgabe.

3. Die Kostenträgerstückrechnung

Für einen Großauftrag benötigen die Jastrowschen Elektrowerke Fertigungsmaterial im Wert von 120 000,- DM, Fertigungslöhne in Höhe von 85 000,- DM. Die Rüstkosten der Maschinen betragen 25 000,- DM. Errechnen Sie auf dem Wege der Zuschlagskalkulation und unter Zugrundelegung der Gemeinkostenzuschläge des BAB aus der vorherigen Aufgabe die Selbstkosten der Produktion.

Der Industrielle Wittnik, Wuppertal, besitzt mehrere Fabriken, in denen er Fast Food produziert. Die nachstehende Tabelle zeigt Artikel, Ausbringungsmenge und Gesamtkosten:

Artikel	Produktionsmenge	Gesamtkosten
Hamburger	250 000 Stück	187 500,- DM
Hot Dogs	112 000 Stück	48 160,- DM
Hähnchenkeulen	85 420 Stück	224 996,- DM
Putensteaks	22 400 Stück	42 336,- DM

Errechnen Sie im Wege der Divisionskalkulation die Selbstkosten je Stück der einzelnen Artikelgruppen.

Die Pyrotechnischen Werke Juds, Kaltenkirchen, stellen Feuerwerkskörper her, die verschiedene Effekte erbringen. Die Feuerwerkskörper durchlaufen die gleichen Produktionsstätten, belasten diese jedoch unterschiedlich. Für die Ermittlung der Stückkosten wird in dem Unternehmen die Äquivalenzziffernkalkulation durchgeführt. Die nachfolgende Tabelle zeigt die den Produkten zugeordneten Äquivalenzziffern:

Produkt	Stückzahl	Äquivalenzziffer
1	12 500	1
2	8 900	1,4
3	14 320	0,9
4	2 500	2,3
5	7 600	1,2
6	19 000	1,7

Die Kosten der Periode belaufen sich auf 148 781,50 DM. Errechnen Sie die Stückkosten.

4. Kostenträgerzeitrechnung

Die Eppmann Stahlwerke, Dortmund, produzieren drei verschiedene Produkte. Die Preisgestaltung basiert auf folgenden Gemeinkostenzuschlagssätzen:

Materialgemeinkosten 12,5 %, Fertigungsgemeinkosten 115 %, Verwaltungsgemeinkosten 8 %, Vertriebsgemeinkosten 3,5 %

Für die drei Produkte ergeben sich folgende Werte:

Bezeichnung	Betrag	Anteile je Produkt		
		A	B	C
Fertigungsmaterial	155 000,-	45 000,-	86 700,-	23 300,-
Fertigungslöhne	220 000,-	85 000,-	97 000,-	38 000,-
Rüstkosten	22 000,-	8 000,-	8 000,-	6 000,-
Andere Einzelkosten	55 600,-	17 890,-	22 000,-	15 710,-
Bestandsveränderungen				
Unfertigerzeugnisse		- 5 000,-	- 2 000,-	- 8 500,-
Fertigerzeugnisse		- 6 500,-	+ 9 500,-	- 4 000,-
Nettoverkaufserlöse	875 000,-	204 500,-	305 200,-	365 300,-

Ermitteln Sie die kalkulatorischen Betriebsergebnisse für jedes der drei Produkte.

Wie lautet das tatsächliche Betriebsergebnis, wenn die Istgemeinkosten auf folgende Beträge lauten:

Materialgemeinkosten   16 275,- DM
Fertigungsgemeinkosten   216 700,- DM
Verwaltungsgemeinkosten   44 488,- DM
Vertriebsgemeinkosten   29 659,- DM

Welche Gemeinkostenzuschlagssätze würden für die folgende Rechnungsperiode gelten ?

Worin sehen Sie die Vorteile dieser Rechnung gegenüber den anderen gezeigten Formen der Kostenrechnung ?

Es sei noch einmal erwähnt, daß die Kostenrechnung hier nur als kompakter Einblick behandelt werden soll. Für vertiefende Studien hält das Literaturverzeichnis einige Werke der Kostenrechnung bereit.

KONTENKLASSE 0	KONTENKLASSE 2
Materielle und immaterielle Anlagen	**Umlaufvermögen und aktive Rechnungs-abgrenzung**

KONTENKLASSE 0		KONTENKLASSE 2	
00	Ausstehende Einlagen	20	Stoffebestände
01	Aufwendungen für Ingangsetzung und Erweiterung des Geschäfts-betriebes i.S.v. § 269 HGB	201	Rohstoffe
		202	Hilfsstoffe
		203	Betriebsstoffe
02	Erworbene Patente, Lizenzen und ähnliche Rechte	21	Unfertige Erzeugnisse
		22	Fertigerzeugnisse
03	Firmenwert	23	Geleistete Anzahlungen auf Vor-räte
04	Geleistete Anzahlungen auf im-materielle Vermögensgegenstände		
		24	Forderungen
05	Grundstücke und Gebäude	240	Forderungen aus Lieferungen und Leistungen
050	unbebaute Grundstücke		
051	mit Betriebs- und Geschäftsge-bäuden bebaute Grundstücke	245	Besitzwechsel
		249	Wertberichtigungen zu Forde-rungen aus Lieferungen und Leistungen
052	Betriebs- und Geschäftsbauten auf fremden Grundstücken		
053	Wohngebäude	2491	Einzelwertberichtigungen
06	frei	2492	Pauschalwertberichtigungen
07	Technische Anlagen und Maschinen	25	Forderungen gegen verbundene Unternehmen und gegen Unter-nehmen, mit denen ein Betei-ligungsverhältnis besteht
08	Betriebs- und Geschäftsausstat-tung, andere Anlagen		
081	Werkstätteneinrichtung		
082	Werkzeuge	26	Sonstige Vermögensgegenstände und Forderungen
083	Fuhrpark		
084	Büroausstattung	260	Vorsteuer
085	geringwertige Wirtschaftsgüter	265	Forderungen aus Vorschüssen
09	Geleistete Anzahlungen und Anlagen im Bau	266	Sonstige Forderungen
		27	Wertpapiere des Umlaufvermögens
090	geleistete Anzahlungen auf Sach-anlagen	28	Flüssige Mittel
		280	Guthaben bei Kreditinstituten (Bank)
091	Anlagen im Bau		
		285	Postgiroguthaben
		286	Kundenschecks
		288	Kasse
		29	Aktive Rechnungsabgrenzung (ARA)

KONTENKLASSE 1	KONTENKLASSE 3
Finanzanlagen	**Eigenkapital und Rückstellungen**

KONTENKLASSE 1		KONTENKLASSE 3	
10	frei	30	Kapitalkonto/Gezeichnetes Kapital
11	Anteile an verbundenen Unter-nehmen i.S.v. § 271 Abs. 2 HGB	Bei Einzelfirmen und Personengesell-schaften:	
12	Ausleihungen an verbundene Un-ternehmen	300	Kapitalkonto Gesellschafter A
		3001	Eigenkapital
13	Beteiligungen i.S.v. § 271 Abs. 1 HGB	3002	Privatkonto
		301	Kapitalkonto Gesellschafter B
14	Ausleihungen an Unternehmen, mit denen ein Beteiligungsverhältnis besteht	3011	Eigenkapital
		3012	Privatkonto
		Bei Kapitalgesellschaften:	
15	Wertpapiere des Anlagevermögens	300	Gezeichnetes Kapital
16	Sonstige Ausleihungen	305	noch nicht eingeforderte Ein-lagen
		31	Kapitalrücklage
		32	Gewinnrücklagen
		33	Ergebnisverwendung
		34	Jahresüberschuß/Jahresfehlbetrag
		35	Sonderposten mit Rücklageanteil
		36	Wertberichtigungen
		37	Rückstellungen für Pensionen und ähnliche Verpflichtungen
		38	Steuerrückstellungen
		39	Sonstige Rückstellungen

KONTENKLASSE 4

Verbindlichkeiten und passive Rechnungsabgrenzung

40	frei
41	Anleihen
42	Verbindlichkeiten gegenüber Kreditinstituten
420	Kredite
425	Darlehen
426	Hypotheken
429	sonstige Verbindlichkeiten gegenüber Kreditinstituten
43	Erhaltene Anzahlungen
44	Verbindlichkeiten aus Lieferungen und Leistungen
45	Schuldwechsel
46	Verbindlichkeiten gegenüber verbundenen Unternehmen
47	Verbindlichkeiten gegenüber Unternehmen, mit denen ein Beteiligungsverhältnis besteht
48	Sonstige Verbindlichkeiten
480	Umsatzsteuer (Mehrwertsteuer)
484	Verbindlichkeiten gegenüber Sozialversicherungsträgern und Finanzämtern aus einbehaltenen Abzügen und Arbeitgeberanteilen (noch abzuführende Abgaben)
486	sonstige Verbindlichkeiten
49	Passive Rechnungsabgrenzung (PRA)

KONTENKLASSE 5

Erträge

50	Umsatzerlöse
516	Erhaltene Skonti, Boni und Gutschriften
518	andere Erlösberichtigungen
52	Erhöhung oder Verminderung des Bestandes an unfertigen und fertigen Erzeugnissen (Bestandsveränderungen)
53	Andere aktivierte Eigenleistungen
54	Sonstige betriebliche Erträge
541	sonstige Erlöse
5411	aus Provisionen
5412	aus Lizenzen
5413	aus Veräußerung von Patenten
5414	Mieterträge
55	Erträge aus Beteiligungen
56	Erträge aus anderen Wertpapieren und Ausleihungen des Finanzanlagevermögens
57	Zinserträge
58	Außerordentliche Erträge
59	Erträge aus Verlustübernahme

KONTENKLASSE 6

Betriebliche Aufwendungen

60	Aufwendungen an Roh-, Hilfs- und Betriebsstoffen und an bezogenen Waren
600	Rohstoff-/Fertigungsmaterialaufwand
601	Vorprodukte/Fremdbauteile
602	Hilfsstoffaufwand
603	Betriebsstoffaufwand
606	Reparaturmaterial und Fremdinstandhaltung (sofern nicht unter Kto. 617, weil die Fremdinstandhaltung überwiegt)
61	Aufwendungen für bezogene Leistungen
611	Kfz-Kosten
614	Bezugskosten
615	Transportkosten/Ausgangsfrachten
616	Verpackungsmaterial
617	Fremdinstandhaltung und Reparaturmaterial (alternativ zu Kto. 606, sofern die Fremdinstandhaltung überwiegt; eine Trennung von Fremdleistung und Material erscheint bei der Instandhaltung nicht sinnvoll)
62	Löhne
620	Löhne für geleistete Arbeitszeit incl. tariflicher, vertraglicher oder arbeitsbedingter Zulagen
623	freiwillige Zuwendungen
63	Gehälter
630	Gehälter incl. tariflicher, vertraglicher oder arbeitsbedingter Zulagen
633	freiwillige Zuwendungen
64	Soziale Abgaben und Aufwendungen für Altersversorgung und für Unterstützung
640	Arbeitgeberanteil zur Sozialversicherung (Sozialkosten)
642	Beiträge zur Berufsgenossenschaft
649	Beihilfen und Unterstützungsleistungen
65	Abschreibungen
652	Abschreibungen auf Grundstücke und Gebäude
653	Abschreibungen auf technische Anlagen und Maschinen
654	Abschreibungen auf Betriebs- und Geschäftsausstattung, Fuhrpark und andere Anlagen
66	Sonstige Personalaufwendungen
660	Aufwendungen für Personaleinstellung
661	Aufwendungen für übernommene Fahrtkosten
662	Aufwendungen für Werkarzt und Arbeitssicherheit
663	personenbezogene Versicherungen
664	Aufwendungen für Fort- und Weiterbildung
665	Aufwendungen für Dienstjubiläen
666	Aufwendungen für Belegschaftsveranstaltungen
667	frei

KONTENKLASSE 6	KONTENKLASSE 8
Betriebliche Aufwendungen	**Ergebnisrechnungen**

KONTENKLASSE 6	KONTENKLASSE 8
668 Ausgleichsabgabe nach dem Schwerbehindertengesetz 669 übrige sonstige Personalaufwendungen 67 Aufwendungen für die Inanspruchnahme von Rechten und Diensten 670 Mietaufwand 671 Pachten und Erbbauzinsen 672 Lizenzen und Konzessionen 673 Gebühren 674 Vertreterprovisionen 675 Bankspesen/Kosten des Geldverkehrs und der Kapitalbeschaffung 677 Prüfung, Beratung, Rechtsschutz 68 Aufwendungen für Kommunikation (Dokumentation, Informatik, Reisen, Werbung) 680 Büromaterial und Drucksachen 681 Zeitungen und Fachliteratur 682 Porti 683 Telefonkosten 684 Werbekosten 685 Reisekosten 686 Gästebewirtung und Repräsentation 689 sonstige Aufwendungen für Kommunikation 69 Aufwendungen für Beiträge und Sonstiges sowie Wertkorrekturen und periodenfremde Aufwendungen 690 Versicherungsbeiträge, diverse 692 Beiträge zu Wirtschaftsverbänden und Berufsvertretung 693 andere sonstige betriebliche Aufwendungen 694 gewährte Skonti, Boni und Gutschriften	80 Eröffnung/Abschluß 800 Eröffnungsbilanzkonto 801 Schlußbilanzkonto 802 Gewinn- und Verlustkonto

KONTENKLASSE 9
Konten der Kostenrechnung

KONTENKLASSE 7
Weitere Aufwendungen
70 Betriebliche Steuern 700 Gewerbekapitalsteuer 701 Vermögensteuer 702 Grundsteuer 703 Kraftfahrzeugsteuer 704 frei 705 Wechselsteuer 706 Gesellschaftssteuer 707 Ausfuhrzölle 708 Verbrauchsteuern 709 sonstige betriebliche Steuern 71 Fachliteratur 72 frei 73 frei 74 Abschreibungen auf Finanzierungen und auf Wertpapiere des Umlaufvermögens und Verluste aus entsprechenden Abgängen 75 Zinsaufwand 76 Außerordentliche Aufwendungen 77 Steuern vom Einkommen und Ertrag 78 Sonstige Steuern 79 Aufwendungen aus Gewinnabführungsvertrag

Literaturverzeichnis

Hans Hantke
Traditionelle Verfahren der Kostenrechnung
Stollfuß Verlag

Hans Hantke
Moderne Verfahren der Kostenrechnung II
Stollfuß Verlag

Hans Hantke
Handels- und steuerrechtlicher Jahresabschluß
Hanser Verlag

Günter Loos
Betriebsabrechnung und Kalkulation
Verlag Neue Wirtschaftsbriefe

Rudolf Michel, Hans-Dieter Torspecken
Grundlagen der Kostenrechnung, Kostenrechnung I
Hanser Verlag

Rudolf Michel, Hans-Dieter Torspecken
Neuere Formen der Kostenrechnung, Kostenrechnung II
Hanser Verlag

Michael Popp, Hans Hantke
Der Einzelabschluß nach dem neuen Bilanzrichtliniengesetz
Verlag Neue Wirtschaftsbriefe

Schmolke/Deitermann
Industrielles Rechnungswesen GKR
Winklers Verlag

Günter Wöhe
Einführung in die Allgemeine Betriebswirtschaftslehre
Vahlen Verlag

Der Autor

Jörg Hißnauer

Geboren 1960 in Boostedt, Kreis Bad Segeberg.
1969 Wohnortwechsel nach Unna.
1975 bis 1978 Ausbildung zum Bürokaufmann.

1980 Aufnahme des Studiums der Wirtschaftswissenschaften an der Fachhochschule Dortmund.

Während des Studiums:
  Mitarbeiter am Lehrstuhl für Rechnungswesen an obiger
  Fachhochschule.
  Aufnahme des ersten Lehrauftrages an der Volkshochschule Unna.

1984 Abschluß des Studiums mit dem Grad des Diplom Betriebswirts.

Seit 1984 selbständig tätig als Dozent und Unternehmensberater
bei verschiedenen Industrie- und Handelskammern, Handwerkskammern,
anderen Berufsverbänden und Privatunternehmen aus Industrie und Handel.

1985 Annahme eines Lehrauftrages am Lehrstuhl für Rechnungswesen an
der Fachhochschule Dortmund.

Dipl.-Betriebswirt

Jörg Hißnauer

DAS LÖSUNGSBUCH

BUCHFÜHRUNG

Geschäftsfall · Buchung · Abschluß

ORBIS VERLAG

IMPRESSUM

Autor:	Jörg Hißnauer
Satz:	Jörg Hißnauer
Druck u. Einband:	Mohndruck, Graphische Betriebe GmbH, Gütersloh

Sonderausgabe 1992
Orbis Verlag für Publizistik GmbH, München
© by WUTH-VERLAG, Lünen 1987/1991

AUFGABE 1

Forderungen	= A/UmlaV		Maschinen	= A/AV
Betriebsstoffe	= A/UV		Barguthaben	= Kasse = A/UV
Hypotheken	= B/langfr.FK		Darlehen	= B/langfr.FK
Unf. Erzeugnisse	= A/UV		Grundstücke	= A/AV
Rohstoffe	= A/UV		Verbindlichk.	= B/kurzfr.FK
Fahrz./Fuhrpark	= A/AV		Postgiroguth.	= A/UV
Fertigerzeugnisse	= A/UV		BGA	= A/AV
Gebäude	= A/AV			

AUFGABE 2

Gliederung	19B	19A
A Vermögen		
I. Anlagevermögen		
1. Gebäude	317.000,-	309.600,-
2. Maschinen	146.800,-	125.600,-
3. BGA	53.000,-	37.000,-
4. Fuhrpark	74.000,-	46.000,-
II. Umlaufvermögen		
1. Rohstoffe	141.800,-	145.000,-
2. Betriebsstoffe	52.900,-	54.700,-
3. Unfertige Erzeugnisse	56.260,-	109.000,-
4. Fertigerzeugnisse		138.500,-
5. Forderungen	182.080,-	129.000,-
6. Kasse	8.690,-	12.870,-
7. Bank	104.520,-	89.090,-
Summe des Vermögens	1.137.050,-	1.196.360,-
B Schulden		
1. Hypotheken	282.800,-	280.000,-
2. Darlehen	216.200,-	198.000,-
3. Verbindlichkeiten	201.700,-	289.500,-
Summe der Schulden	700.700,-	767.500,-
C Reinvermögen/Eigenkapital		
Summe des Vermögens	1.137.050,-	1.196.360,-
Summe der Schulden	700.700,-	767.500,-
Eigenkapital	436.350,-	428.860,-

AUFGABE 3

I. a/e/c/d/b   II. a/f/b/d/g/c/e/h   III. b/c/a

AUFGABE 4 und AUFGABE 5

Gliederung	4:	5:
A Vermögen		
I.Anlagevermögen		
1. Grundstücke	750.000,-	806.000,-
2. Gebäude	452.700,-	430.065,-
3. Maschinen	378.900,-	405.500,-
4. BGA	57.400,-	198.600,-
5. Fuhrpark	87.400,-	183.900,-
II.Umlaufvermögen		
1. Rohstoffe	111.210,-	119.890,-
2. Hilfsstoffe	54.600,-	48.500,-
3. Unfertige Erzeugnisse	47.700,-	76.800,-
4. Fertigerzeugnisse	124.500,-	102.300,-
5. Forderungen	302.580,-	274.360,-
6. Kasse	24.369,-	19.546,-
7. Bank	84.650,-	68.980,-
Summe des Vermögens	2.476.009,-	2.734.441,-
B Schulden		
1. Hypotheken	205.600,-	345.290,-
2. Darlehen	489.080,-	518.600,-
3. Verbindlichkeiten	489.700,-	527.400,-
Summe der Schulden	1.184.380,-	1.391.290,-
C Reinvermögen/Eigenkapital		
Summe des Vermögens	2.476.009,-	2.734.441,-
Summe der Schulden	1.184.380,-	1.391.290,-
Eigenkapital	1.291.629,-	1.343.151,-

AUFGABE 6

Aktiva		Bilanz zu Aufgabe 4		Passiva
I. Anlagevermögen		I. Eigenkapital	1.291.629,-	
1. Grundstücke	750.000,-	II.Fremdkapital		
2. Gebäude	452.700,-	A) Langfr.FK		
3. Maschinen	378.900,-	1. Hypotheken	205.600,-	
4. BGA	57.400,-	2. Darlehen	489.080,-	
5. Fuhrpark	87.400,-	B) Kurzfr.FK		
II.Umlaufvermögen		1. Verbindlk.	489.700,-	
1. Rohstoffe	111.210,-			
2. Hilfsstoffe	54.600,-			
3. Betriebsstoffe				
4. Unf.Erzeugnisse	47.700,-			
5. Fert.-Erzeugn.	124.500,-			
6. Forderungen	302.580,-			
7. Kasse	24.369,-			
8. Bank	84.650,-			
	2.476.009,-		2.467.009,-	

AUFGABE 6

Aktiva		Bilanz zu Aufgabe 5		Passiva
I. Anlagevermögen		I. Eigenkapital		1.343.151,-
Grundstücke	806.000,-	II.Fremdkapital		
Gebäude	430.065,-	A) Langfr.FK		
Maschinen	405.500,-	Hypotheken		345.290,-
BGA	198.600	Darlehen		518.600,-
Fuhrpark	183.900,-	B) Kurzfr.FK		
II.Umlaufvermögen		Verbindlk.		527.400,-
Rohstoffe	119.890,-			
Hilfsstoffe	48.500,-			
Unf.Erzeugnisse	76.800,-			
Fert.-Erzeugn.	102.300,-			
Forderungen	274.360,-			
Kasse	19.546,-			
Bank	68.980,-			
	2.734.441,-			2.734.441,-

Aufgabe 7

```
    4.587.400,-   Vermögen
-   1.912.800,-   Fremdkapital
    2.674.600,-   Eigenkapital am Jahresende

-   2.589.890,-   Eigenkapital am Jahresanfang
       84.710,-   vorläufiger Gewinn

+      84.690,-   Entnahmen
-     120.000,-   Einlagen
       49.400,-   Gewinn
```

AUFGABE 8

```
    1.467.830,-
-     632.600,-
      835.230,-   Eigenkapital 1 zum Jahresanfang


    1.512.960,-
-     638.890,-
      874.070,-   Eigenkapital 2
-     835.230,-   Eigenkapital   zum Jahresanfang
       38.840,-   Vorläufiger Gewinn
+      54.000,-   Entnahmen
       92.840,-   Gewinn
```

AUFGABE 9

```
    1.580.000,-
-     800.000,-
      780.000,-   Eigenkapital 2
-     730.000,-   Eigenkapital 1
       50.000,-   Vorläufiger Gewinn
+      35.000,-   Entnahmen
       85.000,-   Gewinn
```

AUFGABE 10

siehe Seite 20 im Lehrbuch

Aufgabe 11

Berechnung EK1	498.700,-	
	+ 608.000,-	
	1.106.700,-	Summe Vermögen
	- 587.980,-	Summe Schulden
	518.720,-	EK1

Berechnung EK2	1.113.480,-	Vermögen
	- 208.800,-	kurzfristige Schulden
	- 362.000,-	langfristige Schulden
	542.680,-	EK2

Berechnung Gewinn	542.680,-	EK2
	- 518.720,-	EK1
	23.960,-	Vorläufiger Gewinn
	+ 36.790,-	Entnahmen
	60.750,-	Gewinn

	AUFGABE 12	AUFGABE 13	AUFGABE 14
Inv.-Best.	893	753	903
+ Zugänge	585	754	788
- Abgänge	450	478	661
= Stichtagsbestand	1028	1029	1030

Der Zugang vom 13.10. ist bereits im Inv.-Best vom 18.10. enthalten und muß daher nicht mit in die Berechnung einbezogen werden.

	AUFGABE 15	AUFGABE 16	AUFGABE 17
Inv.-Best.	4.839	5.131	5.560
+ Zugänge	5.485	5.508	6.718
- Abgänge	7.000	5.731	5.513
= Inv.-Bestand	6.354	5.354	4.355

Der Zugang vom 27.02. mußte nicht berücksichtigt werden, da dieser nach dem Inventurzeitpunkt 21.02. liegt.

	AUFGABE 18	AUFGABE 19	AUFGABE 20
Anl.- Verm.	859.987,-	647.923,-	731.983,-
Um.- Verm. +	978.269,-	1.056.782,-	994.876,-
Bilanzsumme	1.838.256,-	1.704.705,-	1.726.859,-
langfr. FK -	464.250,-	316.843,-	406.138,-
kurzfr. FK -	512.873,-	493.847,-	582.983,-
	861.133,-	894.015,-	737.738,-

AUFGABE 21

```
Grundstücke           = A/AV  (Anlagevermögen)
Unfertige Erzeugnisse = A/UV  (Umlaufvermögen)
Darlehen              = B/langfr.FK (Fremdkapital)
Hypotheken            = B/langfr.FK
Forderungen           = A/UV
Maschinen             = A/AV
Betriebsstoffe        = A/UV
Gebäude               = A/AV
BGA                   = A/AV
Fertigerzeugnisse     = A/UV
Rohstoffe             = A/UV
Verbindlichkeiten     = B/kurzfr.FK
Fuhrpark              = A/AV
Postgiroguthaben      = A/UV
```

AUFGABE 22

Gliederung	19A	19B
A Vermögen		
I.Anlagevermögen		
1. Gebäude	320.300,-	327.700,-
2. Maschinen	136.300,-	156.600,-
3. BGA	47.300,-	61.900,-
4. Fuhrpark	56.700,-	83.800,-
II.Umlaufvermögen		
1. Rohstoffe	156.100,-	151.600,-
2. Betriebsstoffe	65.400,-	62.700,-
3. Unfertige Erzeugnisse	119.600,-	66.060,-
4. Fertigerzeugnisse	149.300,-	88.900,-
5. Forderungen	139.700,-	181.880,-
6. Kasse	23.570,-	9.790,-
7. Bank	99.790,-	123.020,-
Summe des Vermögens	1.314.060,-	1.313.950,-
B Schulden		
1. Hypotheken	290.550,-	294.100,-
2. Darlehen	199.850,-	224.500,-
3. Verbindlichkeiten	300.200,-	211.500,-
Summe der Schulden	690.900,-	730.100,-
C Reinvermögen/Eigenkapital		
Summe des Vermögens	1.314.060,-	1.313.950,-
Summe der Schulden	690.900,-	730.100,-
Eigenkapital	623.160,-	583.850,-

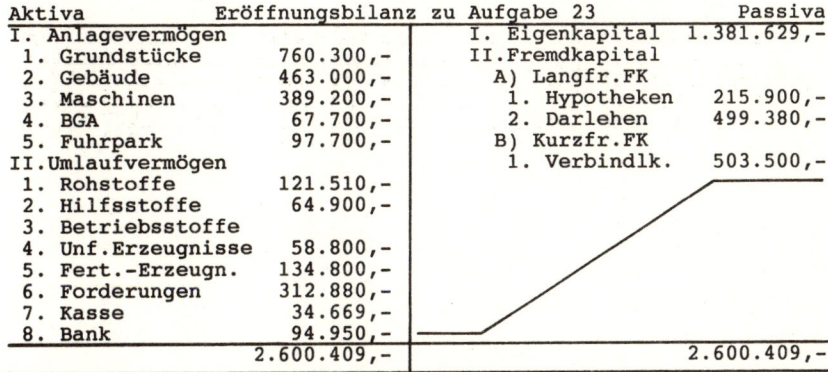

Aktiva	Eröffnungsbilanz zu Aufgabe 23		Passiva
I. Anlagevermögen		I. Eigenkapital	1.381.629,-
1. Grundstücke	760.300,-	II.Fremdkapital	
2. Gebäude	463.000,-	A) Langfr.FK	
3. Maschinen	389.200,-	1. Hypotheken	215.900,-
4. BGA	67.700,-	2. Darlehen	499.380,-
5. Fuhrpark	97.700,-	B) Kurzfr.FK	
II.Umlaufvermögen		1. Verbindlk.	503.500,-
1. Rohstoffe	121.510,-		
2. Hilfsstoffe	64.900,-		
3. Betriebsstoffe			
4. Unf.Erzeugnisse	58.800,-		
5. Fert.-Erzeugn.	134.800,-		
6. Forderungen	312.880,-		
7. Kasse	34.669,-		
8. Bank	94.950,-		
	2.600.409,-		2.600.409,-

```
Aktiva              Eröffnungsbilanz zu Aufgabe 24              Passiva
I. Anlagevermögen                     I. Eigenkapital  1.500.550,-
  1. Grundstücke        771.100,-     II.Fremdkapital
  2. Gebäude            492.800,-     A) Langfr.FK
  3. Maschinen          399.600,-       1. Hypotheken    225.700,-
  4. BGA                 77.650,-       2. Darlehen      502.160,-
  5. Fuhrpark           107.580,-     B) Kurzfr.FK
II.Umlaufvermögen                       1. Verbindlk.    519.800,-
  1. Rohstoffe          131.310,-
  2. Hilfsstoffe         74.700,-
  3. Unf.Erzeugnisse     67.950,-
  4. Fert.-Erzeugn.     144.600,-
  5. Forderungen        323.690,-
  6. Kasse               48.475,-
  7. Bank              108.755,-
                     2.748.210,-                      2.748.210,-
```

```
Aktiva              Eröffnungsbilanz zu Aufgabe 25              Passiva
I. Anlagevermögen                     I. Eigenkapital  1.521.129,-
  1. Grundstücke        775.500,-     II.Fremdkapital
  2. Gebäude            478.200,-     A) Langfr.FK
  3. Maschinen          404.400,-       1. Hypotheken    231.100,-
  4. BGA                 82.900,-       2. Darlehen      514.580,-
  5. Fuhrpark           112.900,-     B) Kurzfr.FK
II.Umlaufvermögen                       1. Verbindlk.    515.200,-
  1. Rohstoffe          136.710,-
  2. Hilfsstoffe         80.100,-
  3. Unf.Erzeugnisse     73.200,-
  4. Fert.-Erzeugn.     150.000,-
  5. Forderungen        328.080,-
  6. Kasse               49.869,-
  7. Bank              110.150,-
                     2.782.009,-                      2.782.009,-
```

	AUFGABE 26	AUFGABE 27	AUFGABE 28
EK am Jahresende	1.412.780,-	1.599.725,-	996.940,-
- EK am Jahresanfang	1.381.960,-	1.612.830,-	982.930,-
+ Entnahmen	35.995,-	43.327,-	35.810,-
- Einlagen	11.270,-	8.000,-	62.705,-
= Gewinn/Verlust	55.545,-	22.222,-	-12.858,-

	AUFGABE 29	AUFGABE 30	AUFGABE 31
EK am Jahresende	1.711.280,-	1.395.812,-	728.177,-
- EK am Jahresanfang	1.612.489,-	1.464.285,-	726.460,-
+ P-Entnahmen	37.884,-	57.428,-	41.367,-
- P-Einlagen	21.346,-	14.000,-	2.685,-
= Gewinn/Verlust	115.329,-	-25.045,-	40.399,-

AUFGABE 32

Zu Geschäftsjahresbeginn			Zu Geschäftsjahresende		
	512.890,-	AV		1.356.670,-	Vermögen
+	732.780,-	UV	-	288.800,-	kurzfr.FK
	1.245.670,-	Bilanzsumme	-	412.600,-	langfr.FK
-	789.990,-	Schulden		655.270,-	EK
	455.680,-	EK			

	655.270,-	EK Geschäftsjahresende
-	455.680,-	EK Geshäftsjahresanfang
	199.590,-	Vorläufiger Gewinn
+	35.870,-	Entnahmen
	235.460,-	Gewinn

AUFGABE 33

Aktiva	Eröffnungsbilanz zu Aufgabe 33	(22a)	Passiva
I. Anlagevermögen		I. Eigenkapital	523.460,-
1. Grundstücke		II.Fremdkapital	
2. Gebäude	320.300,-	A) Langfr.FK	
3. Maschinen	136.300,-	1. Hypotheken	290.550,-
4. BGA	47.300,-	2. Darlehen	199.850,-
5. Fuhrpark	56.700,-	B) Kurzfr.FK	
II.Umlaufvermögen		1. Verbindlk.	300.200,-
1. Rohstoffe	156.100,-		
2. Betriebsstoffe	65.400,-		
3. Unf.Erzeugnisse	119.600,-		
4. Fert.-Erzeugn.	149.300,-		
5. Forderungen	139.700,-		
6. Kasse	23.570,-		
7. Bank	99.790,-		
	1.314.060,-		1.314.060,-

Aktiva	Eröffnungsbilanz zu Aufgabe 33	(22b)	Passiva
I. Anlagevermögen		I. Eigenkapital	583.850,-
1. Grundstücke		II.Fremdkapital	
2. Gebäude	327.700,-	A) Langfr.FK	
3. Maschinen	156.600,-	1. Hypotheken	294.100,-
4. BGA	61.900,-	2. Darlehen	224.500,-
5. Fuhrpark	83.800,-	B) Kurzfr.FK	
II.Umlaufvermögen		1. Verbindlk.	211.500,-
1. Rohstoffe	151.600,-		
2. Betriebsstoffe	62.700,-		
3. Unf.Erzeugnisse	66.060,-		
4. Fert.-Erzeugn.	88.900,-		
5. Forderungen	181.880,-		
6. Kasse	9.790,-		
7. Bank	123.020,-		
	1.313.950,-		1.313.950,-

AUFGABE 34

a)	Fuhrpark	und	Kasse
b)	Bank	und	Verbindlichk.
c)	Bank	und	Rohstoffe
d)	Verbindlichk.	und	Darlehen
e)	Bank	und	Fuhrpark
f)	BGA	und	Verbindlichk.
g)	Hilfsstoffe	und	Verbindlichk.
h)	Bank	und	Grundstücke
i)	Girokonto	und	Forderungen
j)	BGA	und	Forderungen
k)	Eigenkapital	und	Kasse
l)	Gebäude	und	Bank
m)	Maschinen	und	Kasse
n)	Bank	und	Verbindlichk.
o)	Bank	und	Hypothekenschulden
p)	Maschinen	und	Verbindlichk.
q)	BGA	und	Verbindlichk.
r)	Hilfstoffe	und	Kasse
s)	Bank	und	Kasse
t)	Darlehen	und	Bank
u)	BGA	und	Kasse
v)	Forderungen	und	Kasse
w)	Maschinen	und	Kasse
x)	Kasse	und	Verbindlichk.
y)	Bank	und	Darlehen
z)	Forderungen	und	Gebäude

AUFGABE 35 AUFGABE 36

		Soll	Haben
a)	=1		
b)	=8	H	S
c)	=1	H	S
d)	=2	S	H
e)	=1	S	H
f)	=9	S	H
g)	=9	S	H
h)	=1	S	H
i)	=1	S	H
j)	=1	H	S
k)	=9	H	S
l)	=1	S	H
m)	=1	H	S
n)	=8	H	S
o)	=9	S	H
p)	=9	S	H
q)	=9	S	H
r)	=1	S	H
s)	=1	S	H
t)	=8	S	H
u)	=1	S	H
v)	=1	H	S
w)	=1	S	H
x)	=8	H	S
y)	=9	S	H
z)	=1	S	H

AUFGABE 37

```
          Grundstücke                           BGA
AB  135.000,- | SB  135.000,-     AB   68.800,- | Ka    9.350,-
     135.000,- |     135.000,-     Ka      220,- | SB   59.670,-
                                         69.020,- |      69.020,-

           Rohstoffe                         Forderungen
AB  138.009,- | SB  151.210,-     AB   86.400,- | Ka    1.430,-
Vb   13.201,- |                                  | SB   84.970,-
     151.210,- |     151.210,-          86.400,- |      86.400,-

             Kasse                             Bank
AB   12.700,- | BGA      220,-    AB  109.980,- | Vb   64.900,-
BGA   9.350,- | Ba     2.000,-    Ka    2.000,- | SB   57.080,-
Fo    1.430,- | Ba    10.000,-    Ka   10.000,- |
              | SB    11.260,-        121.980,- |     121.980,-
      23.480,- |      23.480,-

          Eigenkapital                       Hypotheken
SB  289.229,- | AB  289.229,-     SB  103.000,- | AB  103.000,-

            Darlehen                      Verbindlichkeiten
SB   45.900,- | AB   45.900,-     Ba   64.900,- | AB  112.760,-
                                  SB   61.061,- | RS   13.201,-
                                      125.961,- |     125.961,-
```

AUFGABE 37 und AUFGABE 38

Aktiva	Eröffnungsbilanz zu Aufgabe 37 u. 38	Passiva
I. Anlagevermögen		I. Eigenkapital 289.229,-
1. Grundstücke 135.000,-		II.Fremdkapital
2. Gebäude		A) Langfr.FK
3. Maschinen		1. Hypotheken 103.000,-
4. BGA 68.800,-		2. Darlehen 45.900,-
5. Fuhrpark		B) Kurzfr.FK
II.Umlaufvermögen		1. Verbindlk. 112.760,-
1. Rohstoffe 138.009,-		
2. Forderungen 86.400,-		
3. Kasse 12.700,-		
4. Bank 109.980,-		
550.889,-		550.889,-

AUFGABE 37

Aktiva	Schlußbilanz zu Aufgabe 37	Passiva
I. Anlagevermögen		I. Eigenkapital 289.229,-
1. Grundstücke 135.000,-		II.Fremdkapital
2. Gebäude		A) Langfr.FK
3. Maschinen		1. Hypotheken 103.000,-
4. BGA 59.670,-		2. Darlehen 45.900,-
5. Fuhrpark		B) Kurzfr.FK
II.Umlaufvermögen		1. Verbindlk. 61.061,-
1. Rohstoffe 151.210,-		
2. Forderungen 84.970,-		
3. Kasse 11.260,-		
4. Bank 57.080,-		
499.190,-		499.190,-

AUFGABE 38

```
          Grundstücke                           BGA
AB  135.000,- | SB  135.000,-     AB   68.800,- | Ka    7.150,-
                                  Ka      418,- | SB   62.068,-
                                       69.218,- |      69.218,-


          Rohstoffe                          Forderungen
AB  138.009,- | SB  149.010,-     AB   86.400,- | Ka    2.420,-
Vb   11.001,- |                                 | SB   83.980,-
    149.010,- |     149.010,-          86.400,- |      86.400,-


            Kasse                              Bank
AB   12.700,- | BGA     418,-     AB  109.980,- | Vb   46.890,-
Fo    2.420,- | Ba    4.500,-     Ka    4.500,- | SB   79.590,-
BGA   7.150,- | Ba   12.000,-     Ka   12.000,- |
              | SB    5.352,-         126.480,- |     126.480,-
     22.270,- |      22.270,-


         Eigenkapital                        Hypotheken
SB  289.229,- | AB  289.229,-     SB  103.000,- | AB  103.000,-


          Darlehen                      Verbindlichkeiten
SB   45.900,- | AB   45.900,-     Ba   46.890,- | AB  112.760,-
                                  SB   76.871,- | RS   11.001,-
                                      123.761,- |     123.761,-
```

AUFGABE 38

Aktiva	Schlußbilanz zu Aufgabe 38		Passiva
I. Anlagevermögen		I. Eigenkapital	289.229,-
1. Grundstücke	135.000,-	II. Fremdkapital	
2. Gebäude		A) Langfr.FK	
3. Maschinen		1. Hypotheken	103.000,-
4. BGA	62.068,-	2. Darlehen	45.900,-
5. Fuhrpark		B) Kurzfr.FK	
II. Umlaufvermögen		1. Verbindlk.	76.871,-
1. Rohstoffe	149.010,-		
2. Forderungen	83.980,-		
3. Kasse	5.352,-		
4. Bank	79.590,-		
	515.000,-		515.000,-

AUFGABE 39 u.40

Aktiva	Eröffnungsbilanz zu Aufgabe 39/40 S.46		Passiva
I. Anlagevermögen		I. Eigenkapital	360.080,-
Grundstücke	185.000,-	II. Fremdkapital	
Gebäude	125.000,-	A) Langfr.FK	
Maschinen	85.600,-	Hypotheken	133.500,-
BGA	58.700,-	Darlehen	65.700,-
Fuhrpark		B) Kurzfr.FK	
II. Umlaufvermögen		Verbindlk.	134.890,-
Rohstoffe	99.800,-		
Forderungen	76.500,-		
Kasse	8.900,-		
Bank	54.670,-		
	694.170,-		694.170,-

AUFGABE 39

Grundstücke			
AB	185.000,-	Ba	35.500,-
		SB	154.500,-

Gebäude			
AB	125.000,-	SB	125.000,-

Maschinen			
AB	85.600,-	Fo	11.000,-
		SB	74.600
	85.600,-		85.600,-

Forderungen			
AB	76.500,-	Ba	11.000,-
Ma	11.000	SB	76.500,-
	87.500,-		87.500,-

Rohstoffe			
AB	99.800,-	SB	110.680,-
Vb	10.880,-		
	110.680,-		110.680,-

BGA			
AB	58.700,-	SB	66.180,-
Ka	7.480,-		
	66.180,-		66.180,-

Kasse			
AB	8.900,-	BGA	7.400,-
		SB	1.420,-
	8.900,-		8.900,-

Bank			
AB	54.670,-	Da	12.700,-
Fo	11.000,-	Hyp	25.000,-
GS	30.500,-	SB	58.470,-
	96.170,-		96.170,-

Eigenkapital			
SB	360.080,-	AB	360.080,-

Hypotheken			
Ba	25.000,-	AB	133.500,-
SB	108.500,-		
	133.500,-		133.500,-

Darlehen			
Ba	12.700,-	AB	65.700,-
SB	53.000,-		
	65.700		65.700,-

Verbindlichkeiten			
SB	145.770,-	AB	134.890,-
		RS	10.880,-
	145.770,-		145.770,-

AUFGABE 39

Aktiva	Schlußbilanz zu	Aufgabe 39	Passiva
I. Anlagevermögen		I. Eigenkapital	360.080,-
Grundstücke	154.500,-	II.Fremdkapital	
Gebäude	125.000,-	A) Langfr.FK	
Maschinen	74.600,-	Hypotheken	108.500,-
BGA	66.180,-	Darlehen	53.000,-
Fuhrpark		B) Kurzfr.FK	
II.Umlaufvermögen		Verbindlk.	145.770,-
Rohstoffe	110.680,-		
Forderungen	76.500,-		
Kasse	1.420,-		
Bank	58.470,-		
	667.350,-		667.350,-

AUFGABE 40

Aktiva	Schlußbilanz zu	Aufgabe 40	Passiva
I. Anlagevermögen		I. Eigenkapital	360.080,-
Grundstücke	161.000	II.Fremdkapital	
Gebäude	125.000,-	A) Langfr.FK	
Maschinen	73.500,-	Hypotheken	109.500,-
BGA	63.980,-	Darlehen	56.000,-
Fuhrpark		B) Kurzfr.FK	
II.Umlaufvermögen		Verbindlk.	148.970,-
Rohstoffe	113.880,-		
Forderungen	77.600,-		
Kasse	3.620,-		
Bank	55.970,-		
	674.550,-		674.550,-

AUFGABE 41 u. 42

Aktiva	Eröffnungsbilanz zu	Aufgabe 41/42 S.47	Passiva
I. Anlagevermögen		I. Eigenkapital	445.850,-
Grundstücke	146.000,-	II.Fremdkapital	
Gebäude	108.200,-	A) Langfr.FK	
Maschinen	85.600,-	Hypotheken	118.900,-
BGA	58.700,-	Darlehen	76.900,-
Fuhrpark	25.000,-	B) Kurzfr.FK	
II.Umlaufvermögen		Verbindlk.	84.980,-
Rohstoffe	99.800,-		
Hilfsstoffe	29.000,-		
Forderungen	96.600,-		
Kasse	12.300,-		
Bank	65.430,-		
	726.630,-		726.630,-

AUFGABE 41

Aktiva	Schlußbilanz zu Aufgabe 41	Passiva
I. Anlagevermögen		I. Eigenkapital 445.850,-
Grundstücke 256.000,-		II.Fremdkapital
Gebäude 108.200,-		A) Langfr.FK
Maschinen 120.800,-		Hypotheken 198.900,-
BGA 57.600,-		Darlehen 76.900,-
Fuhrpark 18.620,-		B) Kurzfr.FK
II.Umlaufvermögen		Verbindlk. 106.980,-
Rohstoffe 99.800,-		
Hilfsstoffe 33.400,-		
Forderungen 83.000,-		
Kasse 16.280,-		
Bank 34.930,-		
828.630,-		828.630,-

AUFGABE 42

Aktiva	Schlußbilanz zu Aufgabe 42	Passiva
I. Anlagevermögen		I. Eigenkapital 445.850,-
Grundstücke 248.000,-		II.Fremdkapital
Gebäude 108.200,-		A) Langfr.FK
Maschinen 121.900,-		Hypotheken 188.900,-
BGA 57.490,-		Darlehen 76.900,-
Fuhrpark 17.520,-		B) Kurzfr.FK
II.Umlaufvermögen		Verbindlk. 106.980,-
Rohstoffe 99.800,-		
Hilfsstoffe 31.200,-		
Forderungen 78.880,-		
Kasse 19.080,-		
Bank 36.560,-		
818.630,-		818.630,-

AUFGABE 43

```
 1. Postgiro        an   Forderungen
 2. Kasse           an   Forderungen
 3. Maschinen       an   Kasse
 4. Rohstoffe       an   Kasse          oder Verbindlk. an Kasse
 5. Hilfsstoffe     an   Kasse
 6. Bank            an   Kasse
 7. Bank            an   Darlehen
 8. Forderungen     an   BGA
 9. Gebäude         an   Kasse          oder Gebäude an Bank
10. Kasse           an   Maschinen
11. Darlehen        an   Bank
12. Verbindlichk.   an   Bank
13. Rohstoffe       an   Bank
14. Verbindlichk.   an   Darlehen
15. BGA             an   Kasse
16. Bank            an   Forderungen
17. Fuhrpark        an   Kasse
18. Bank            an   Fuhrpark
19. BGA             an   Verbindlichk.
20. Hilfsstoffe     an   Verbindlichk.
21. Kasse od. Bank  an   Grundstücke
22. Bank            an   Hypothekenschulden
23. Maschinen       an   Verbindlichk.
24. BGA             an   Verbindlichk.
```

AUFGABE 44

				SOLL	HABEN
1.	BGA	an	Kasse	2.200,-	2.200,-
2.	Rohstoffe	an	Verbindlichk.	34.200,-	34.200,-
3.	Bank	an	Darlehen	40.000,-	40.000,-
4.	Hypotheken	an	Bank	8.000,-	8.000,-
5.	Verbindlichk.	an	Bank	12.100,-	12.100,-
6.	Bank	an	Forderungen	8.580,-	8.580,-
7.	Verbindlichk.	an	Bank	4.180,-	4.180,-
8.	Hilfsstoffe	an	Verbindlichk.	11.000,-	11.000,-
9.	Kasse	an	Bank	5.000,-	5.000,-
10.	Forderungen	an	Fuhrpark	4.290,-	4.290,-
11.	Maschinen	an	Bank	25.300,-	25.300,-
		oder			
	Maschinen	an	Kasse	25.300,-	25.300,-
		oder			
	Maschinen	an	Verbindlichk.	25.300,-	25.300,-

AUFGABE 45

				SOLL	HABEN
1.	BGA	an	Kasse	3.300,-	3.300,-
2.	Rohstoffe	an	Verbindlichk.	45.100,-	45.100,-
3.	Bank	an	Darlehen	45.700,-	45.700,-
4.	Hypotheken	an	Bank	9.000,-	9.000,-
5.	Verbindlichk.	an	Bank	9.900,-	9.900,-
6.	Bank	an	Forderungen	7.480,-	7.480,-
7.	Verbindlichk.	an	Bank	12.100,-	12.100,-
8.	Hilfsstoffe	an	Verbindlichk.	10.450,-	10.450,-
9.	Kasse	an	Bank	1.500,-	1.500,-
10.	Forderungen	an	Fuhrpark	5.280,-	5.280,-
11.	Maschinen	an	Bank	26.400,-	26.400,-
		oder			
	Maschinen	an	Kasse	26.400,-	26.400,-
		oder			
	Maschinen	an	Verbindlichk.	26.400,-	26.400,-

AUFGABE 46

1.	Verbindlichk.	an	Bank	8.800,-	4.800,-
			Kasse		4.000,-
2.	Hilfsstoffe	an	Bank	4.400,-	2.900,-
			Kasse		1.100,-
			Verbindlichk.		400,-
3.	Bank			3.000,-	
	Kasse			800,-	
	Forderungen	an	Maschinen	1.700,-	5.500,-
4.	Bank			3.900,-	
	Bank	an	Forderungen	1.490,-	5.390,-
5.	Fuhrpark	an	Bank	124.300,-	80.000,-
			Kasse		9.000,-
			Verbindlichk.		35.300,-
6.	Rohstoffe			23.830,-	
	Hilfsstoffe			6.810,-	
	Betriebsstoffe	an	Verbindlichk.	2.300,-	33.000,-
7.	Rohstoffe	an	Darlehen	48.400,-	30.000,-
			Verbindlichk.		14.000,-
			Bank		4.400,-
8.	Hypothekenschld.	an	Bank	50.555,-	12.005,-
			Bank		24.050,-
			Kasse		14.500,-
9.	BGA	an	Verbindlichk.	253.000,-	205.600,-
			Bank		44.300,-
			Kasse		3.110,-
10.	Darlehen	an	Bank	30.000,-	24.000,-
			Rohstoffe		6.000,-
11.	Hilfsstoffe			3.400,-	
	Bank	an	Rohstoffe	1.000,-	4.400,-
12.	Bank			4.590,-	
	Kasse	an	BGA	690,-	5.280,-

AUFGABE 47

1. Barabhebung vom Bankkonto
2. Zielkauf 1 KFZ
3. Barkauf eines neuen Gegenstandes der BGA
4. Kunde begleicht Forderung über 31.000,-
   bar: 13.200,- durch Bankscheck/Überweisung 17.800,-
5. Zielkauf von Rohstoffen für 13.000,- und Hilfsst. für 4.000,-
6. Ausgleich von Schulden bei Lieferanten in Höhe von 23.200,-
   durch Barzahlung 12.000,- und Bankscheck/Überweisung 11.200,-
7. Bareinzahlung auf das Bankkonto 3.000,-
8. Aufnahme eines Darlehens über 40.000,- sowie einer Hypothek
   über 50.000,-. Beide Beträge werden dem Bankkonto
   gutgeschrieben.
9. Siehe 3. Zusätzlich: Ein Teil des Kaufpreises wird durch
   Bankscheck beglichen.
10. Überweisung vom Postgirokonto auf das Bankkonto.
11. Ausgleich einer Lieferschuld in Höhe von 45.000,- DM durch
    a) Teilumwandlung in ein Darlehen 30.000,-
    b) Bankscheck/Überweisung   10.000,-
    c) Barzahlung   5.000,
12. Ein Kunde begleicht eine Forderung gegen ihn durch
    a) Überweisung auf das Postgirokonto 3.900,-
    b) Banküberweisung/Scheck 12.000,-
    c) Bar 2.100,-

AUFGABE 48 u. 49

Aktiva	Eröffnungsbilanz zu Aufgabe 48/49 S.56	Passiva

Aktiva			Passiva	
I. Anlagevermögen		I. Eigenkapital	568.970,-
Grundstücke	249.000,-	II.Fremdkapital	
Gebäude	140.000,-	A) Langfr.FK	
Maschinen	128.760,-	Hypotheken	145.000,-
BGA	39.500,-	Darlehen	179.900,-
Fuhrpark	78.400,-	B) Kurzfr.FK	
II.Umlaufvermögen		Verbindlk.	109.214,-
Rohstoffe	87.900,-		
Hilfsstoffe	23.690,-		
Betriebsssstoffe	7.500,-		
Unf.Erzeugn.	23.800,-		
Fert.Erzeugn.	98.240,-		
Forderungen	69.300,-		
Kasse	2.214,-		
Bank	54.780,-		
	1.003.084,-		1.003.084,-

AUFGABE 48

				SOLL	HABEN
1.	Bank	an	Forderungen	31.900,-	
2.	Rohstoffe	an	Verbindlichk.	14.300,-	
3.	Kasse			5.000,-	
	Bank	an	Maschinen	11.500,-	16.500,-
4.	Fuhrpark	an	Verbindlichk.	27.500,-	
5.	Bank	an	Darlehen	30.000,-	
6.	Grundstücke	an	Bank	44.050,-	
7.	Verbindlichk.	an	Darlehen	42.900,-	
8.	Verbindlichk.	an	Bank	12.100,-	
9.	Bank	an	Kasse	1.500,-	

AUFGABE 48

Aktiva	Schlußbilanz zu Aufgabe 48	Passiva

Aktiva			Passiva	
I. Anlagevermögen		I. Eigenkapital	568.970,-
Grundstücke	293.050,-	II.Fremdkapital	
Gebäude	140.000,-	A) Langfr.FK	
Maschinen	112.260,-	Hypotheken	145.000,-
BGA	39.500,-	Darlehen	252.800,-
Fuhrpark	105.900,-	B) Kurzfr.FK	
II.Umlaufvermögen		Verbindlk.	96.104,-
Rohstoffe	102.200,-		
Hilfsstoffe	23.690,-		
Betriebsssstoffe	7.500,-		
Unf.Erzeugn.	23.800,-		
Fert.Erzeugn.	98.240,-		
Forderungen	37.400,-		
Kasse	5.714,-		
Bank	73.530,-		
	1.062.784,-		1.062.784,-

AUFGABE 49

				SOLL	HABEN
1.	Bank	an	Forderungen	29.700,-	
2.	Rohstoffe	an	Verbindlichk.	15.400,-	
3.	Kasse			4.500,-	
	Bank	an	Maschinen	12.000,-	16.500,-
4.	Fuhrpark	an	Verbindlichk.	34.100,-	
5.	Bank	an	Darlehen	35.000,-	
6.	Grundstücke	an	Bank	31.900,-	
7.	Verbindlichk.	an	Darlehen	49.500,-	
8.	Verbindlichk.	an	Bank	9.680,-	
9.	Bank	an	Kasse	1.800,-	

Aktiva	Schlußbilanz zu Aufgabe 49		Passiva
I. Anlagevermögen		I. Eigenkapital	568.970,-
Grundstücke	280.900,-	II.Fremdkapital	
Gebäude	140.000,-	A) Langfr.FK	
Maschinen	112.260,-	Hypotheken	145.000,-
BGA	39.500,-	Darlehen	264.400,-
Fuhrpark	112.500,-	B) Kurzfr.FK	
II.Umlaufvermögen		Verbindlk.	99.534,-
Rohstoffe	103.300,-		
Hilfsstoffe	23.690,-		
Betriebsssstoffe	7.500,-		
Unf.Erzeugn.	23.800,-		
Fert.Erzeugn.	98.240,-		
Forderungen	39.600,-		
Kasse	4.914,-		
Bank	91.700,-		
	1.077.904,-		1.077.904,-

AUFGABE 50 u. 51

Aktiva	Eröffnungsbilanz zu Aufgabe 50/51		Passiva
I. Anlagevermögen		I. Eigenkapital	738.559,-
Grundstücke	357.400,-	II.Fremdkapital	
Gebäude	142.600,-	A) Langfr.FK	
Maschinen	177.650,-	Hypotheken	245.000,-
BGA	83.200,-	Darlehen	216.700,-
Fuhrpark	109.760,-	B) Kurzfr.FK	
II.Umlaufvermögen		Verbindlk.	165.412,-
Rohstoffe	108.009,-		
Hilfsstoffe	52.960,-		
Betriebsssstoffe	17.600,-		
Unf.Erzeugn.	56.700,-		
Fert.Erzeugn.	100.000,-		
Forderungen	99.600,-		
Kasse	5.412,-		
Bank	54.780,-		
	1.365.671,-		1.365.671,-

AUFGABE 50

				SOLL	HABEN
1.	Rohstoffe			49.500,-	
	Betriebsstoffe			5.390,-	
	Hilfsstoffe	an	Verbindlichk.	17.600,-	72.490,-
2.	Forderungen	an	Fuhrpark	9.735,-	9.735,-
3.	Bank	an	Forderungen	14.960,-	14.960,-
4.	Hypothekenschld.	an	Bank	32.000,-	30.000,-
			Kasse		2.000,-
5.	Maschinen	an	Bank	13.250,-	
6.	Bank	an	Maschinen	2.090,-	
7.	BGA	an	Verbindlichk.	85.800,-	

Aktiva	Schlußbilanz zu Aufgabe 50		Passiva
I. Anlagevermögen		I. Eigenkapital	738.559,-
Grundstücke	357.400,-	II.Fremdkapital	
Gebäude	142.600,-	A) Langfr.FK	
Maschinen	188.810,-	Hypotheken	213.000,-
BGA	169.000,-	Darlehen	216.700,-
Fuhrpark	100.025,-	B) Kurzfr.FK	
II.Umlaufvermögen		Verbindlk.	323.702,-
Rohstoffe	157.509,-		
Hilfsstoffe	70.560,-		
Betriebssstoffe	22.990,-		
Unf.Erzeugn.	56.700,-		
Fert.Erzeugn.	100.000,-		
Forderungen	94.375,-		
Kasse	3.412,-		
Bank	28.580,-		
	1.491.961,-		1.491.961,-

AUFGABE 51

				SOLL	HABEN
1.	Rohstoffe			52.800,-	
	Betriebsstoffe			6.380,-	
	Hilfsstoffe	an	Verbindlichk.	14.300,-	73.480,-
2.	Forderungen	an	Fuhrpark	7.194,-	
3.	Bank	an	Forderungen	13.794,-	
4.	Hypothekenschld.	an	Bank	41.200,-	40.000,-
			Kasse		1.200,-
5.	Maschinen	an	Bank	15.972,-	
6.	Bank	an	Maschinen	1.765,-	
7.	BGA	an	Verbindlichk.	75.130,-	

```
Aktiva          Schlußbilanz zu Aufgabe 51          Passiva
I. Anlagevermögen                     I. Eigenkapital    738.559,-
   Grundstücke        357.400,-       II.Fremdkapital
   Gebäude            142.600,-       A) Langfr.FK
   Maschinen          191.857,-          Hypotheken     203.800,-
   BGA                158.330,-          Darlehen       216.700,-
   Fuhrpark           102.566,-       B) Kurzfr.FK
II.Umlaufvermögen                        Verbindlk.     314.022,-
   Rohstoffe          160.809,-
   Hilfsstoffe         67.260,-
   Betriebsssstoffe    23.980,-
   Unf.Erzeugn.        56.700,-
   Fert.Erzeugn.      100.000,-
   Forderungen         93.000,-
   Kasse                4.212,-
   Bank                14.367,-
                    1.473.081,-                        1.473.081,-
```

AUFGABE 52 u. 53

```
Aktiva      Eröffnungsbilanz zu Aufgabe 52/53         Passiva
I. Anlagevermögen                     I. Eigenkapital    329.058,-
   Grundstücke        205.500,-       II.Fremdkapital
   Gebäude            125.700,-       A) Langfr.FK
   Maschinen           97.780,-          Hypotheken     125.000,-
   BGA                 45.600,-          Darlehen       121.500,-
   Fuhrpark                           B) Kurzfr.FK
II.Umlaufvermögen                        Verbindlk.      85.662,-
   Rohstoffe           48.860,-
   Forderungen         88.900,-
   Kasse                4.330,-
   Bank                44.550,-
                     661.220,-                          661.220,-
```

AUFGABE 52

Nr.	Text/Buchungssatz	Betrag Soll	Haben
1	Kasse an Grundstücke	25.000,-	-
2	Verbindlichkeiten an Kasse	8.000,-	-
3	Rohstoffe an Kasse	15.450,-	-
4	Bank an Kasse	3.000,-	-
5	Verbindlichkeiten an Darlehen	12.000,-	-
6	Forderungen an BGA	275,-	-

```
Aktiva          Schlußbilanz zu Aufgabe 52          Passiva
I. Anlagevermögen                     I. Eigenkapital    329.058,-
   Grundstücke        180.500,-       II.Fremdkapital
   Gebäude            125.700,-       A) Langfr.FK
   Maschinen           97.780,-          Hypotheken     125.000,-
   BGA                 45.325,-          Darlehen       133.500,-
   Fuhrpark                           B) Kurzfr.FK
II.Umlaufvermögen                        Verbindlk.      65.662,-
   Rohstoffe           64.310,-
   Forderungen         89.175,-
   Kasse                2.880,-
   Bank                47.550,-
                     653.220,-                          653.220,-
```

AUFGABE 53

Nr	Text/Buchungssatz	Betrag Soll	Haben
1	Kasse an Grundstücke	28.000,-	–
2	Verbindlichkeiten an Kasse	7.000,-	–
3	Rohstoffe an Kasse	13.240,-	–
4	Bank an Kasse	4.000,-	–
5	Verbindlichkeiten an Darlehen	23.000,-	–
6	Forderungen an BGA	363,-	–

Aktiva		Schlußbilanz zu Aufgabe 53		Passiva
I. Anlagevermögen			I. Eigenkapital	329.058,-
Grundstücke	177.500,-		II.Fremdkapital	
Gebäude	125.700,-		A) Langfr.FK	
Maschinen	97.780,-		Hypotheken	125.000,-
BGA	45.237,-		Darlehen	144.500,-
Fuhrpark			B) Kurzfr.FK	
II.Umlaufvermögen			Verbindlk.	55.662,-
Rohstoffe	62.100,-			
Forderungen	89.263,-			
Kasse	8.090,-			
Bank	48.550,-			
	654.220,-			654.220,-

AUFGABE 54

Nr	Text/Buchungssatz
a)	Zinsaufwand an Bank
b)	Wechselsteuern an Kasse
c)	Löhne an Bank
d)	Kfz-Kosten an Verbindlichkeiten
e)	Zinsaufwand an Verbindlichkeiten
f)	Mietaufwand an Bank
g)	Porti an Kasse
h)	Grundsteuern an Bank
i)	Werbekosten an Verbindlichkeiten
j)	Forderungen an Umsatzerlöse
k)	Bürobedarf an Kasse
l)	Provisionsaufwand an Bank
m)	Bank an Zinserlöse
n)	Verpackungsmaterial an Verbindlichkeiten
o)	Beratungskosten an Verbindlichkeiten
p)	Werbekosten an Verbindlichkeiten (22,80)
q)	Reparaturkosten an Kasse
r)	Beratungskosten an Verbindlichkeiten
s)	Verbindlichkeiten an Bank
t)	Bank an Mieterlöse
u)	Forderungen an Zinserlöse
v)	Telefonkosten an Kasse
w)	Rohstoffe an Verbindlichkeiten
x)	Rohstoffaufwand an Rohstoffe
y)	Beratungskosten an Bank
z)	Transportkosten an Kasse
ä)	Kasse an Umsatzerlöse
ö)	Bank an Umsatzerlöse
ü)	Kasse an Fuhrpark

AUFGABE 55

```
S          G + V              H    S            EK                H
Aufw. 278.432,-│Erl. 309.678,-     SBK 235.246,-│EBK 204.000,-
EK     31.246,-│                                │G+V  31.246,-
      309.678,-│     309.678,-         235.246,-│    235.246,-
```

G + V an EK   31.246,-   EK   an SBK   235.246,-

Gewinn = 31.246,-   EK   = 235.246,-

AUFGABE 56

```
S          G + V              H    S            EK                H
Aufw. 288.876,-│Erl. 268.345,-     G+V  20.531,-│EBK 302.400,-
               │EK    20.531,-     SBK 281.869,-│
      288.876,-│     288.876,-         302.400,-│    302.400,-
```

EK an G + V = 20.531,-   EK an SBK   = 281.869,-
Verlust = 20.531,-   EK = 281.869,-

Buchhalterisch = Verluste in G + V mindern das EK.
                 Minderungem im EK stets auf der Sollseite, da EK
                 ein Passivkonto ist.

Rechnerisch   = 302.400,- Anf.Best.   -   20.531,- Verlust
                = 281.869,- neues EK

AUFGABE 57

```
S          G + V              H    S            EK                H
Aufw. 199.662,-│     102.394,-     SBK  305.687,-│EBK 198.366,-
EK    107.321,-│U-Erl. 204.589,-                 │G+V 107.321,-
      306.983,-│     306.983,-          305.687,-│    305.687,-
```

G + V   an EK   107.321,-   EK an SBK 305.687,-
Gewinn = 107.321,-   EK neu = 305.687,-
EK   am Gesch.-Jahresanfang = 198.366,-

AUFGABE 58

G + V

Soll			Haben
Löhne	49.250,-	M-E	8.900,-
Geh.	82.900,-	Z-E	1.380,-
Porti	1.200,-	U-E	450.342,-
Benzink.	8.200,-	a.o.E.	42.690,-
Z-A	870,-		
M-A	12.500,-		
GSt	2.400,-		
Prov.	4.000,-		
WK	8.450,-		
St.-Ber.	12.000,-		
AS-A	103.240,-		
HS-A	26.897,-		
BS-A	9.700,-		
Tel.-K.	12.800,-		
Werbek.	600,-		
AfA	43.798,-		
a.o.A.	19.400,-		
Rechtsb.	8.345,-		
Fachlit.	5.400,-		
EK	91.362,-		
	503.312,-		503.312,-

EK

SBK	222.222,-	EBK	130.860,-
		G+V	91.362,-
	222.222,-		222.222,-

AUFGABE 59

G + V

Aufw.	477.498,-	Erl.	455.275,-
		EK	22.223,-
	477.498,-		477.498,-

EK

G+V	22.223,-	EBK	222.222,-
SBK	199.999,-		
	222.222,-		222.222,-

AUFGABE 60

G + V

Aufw.	541.615,-	Erl.	597.171,-
EK	55.556,-		
	597.171,-		597.171,-

EK

SBK	255.555,-	EBK	199.999,-
		G+V	55.556,-
	255.555,-		255.555,-

AUFGABE 61

G + V

Aufw.	593.210,50,-	Erl.	518.521,-
		EK	74.689,50,-
	593.210,50,-		593.210,50,-

EK

G+V	74.689,50,-	EBK	255.555,-
SBK	180.869,50,-		
	255.555,-		255.555,-

AUFGABE 62/63

Aktiva	Eröffnungsbilanz zu Aufgabe 62/63 S.76		Passiva
I. Anlagevermögen		I. Eigenkapital	158.866,-
Grundstücke		II.Fremdkapital	
Gebäude	155.838,-	A) Langfr.FK	
Maschinen	130.500,-	Hypotheken	
BGA		Darlehen	298.708,-
Fuhrpark	85.000,-	B) Kurzfr.FK	
II.Umlaufvermögen		Verbindlk.	209.800,-
Rohstoffe	44.870,-		
Unf.Erzeugn.	28.600,-		
Fert.Erzeugn.	59.300,-		
Forderungen	49.560,-		
Kasse	10.706,-		
Bank	103.000,-		
	667.374,-		667.374,-

AUFGABE 62

Nr.	Text/Buchungssatz	Soll	Haben
		Betrag	
1	Rohstoffe an Verbindlichkeiten	13.201,-	
2	Bank an Zins-E.	2.390,-	
3	Mietaufwand an Kasse	1.300,-	
4	Bank an Forderungen	18.750,-	
5	Verbindlichkeiten an Bank	28.000,-	5.600,-
	Kasse		4.000,-
	Darlehen		18.400,-
6	Zinsaufwand an Verbindlichkeiten	1.000,-	
7	Löhne	5.800,-	
	Gehälter an Bank	8.290,-	14.090,-
8	Forderungen an Umsatzerlöse	39.600,-	39.600,-

AUFGABE 62 :

Gewinn- und Verlustkonto

Rohstoffaufwand		Umsatzerlöse	39.600,-
BeSt-Aufwand		Zinserlöse	2.390,-
HiSt-Aufwand		Mieterlöse	
Löhne	5.800,-	BeSt-Veränd.	
Gehälter	8.290,-	a.o.Erlöse	
Telefon	440,-		
Miet-Aufw.	1.300,-		
Zins-Aufw.	1.000,-		
EK	25.600,-		
	41.990,-		41.990,-

AUFGABE 62

Aktiva	Schlußbilanz zu Aufgabe 62		Passiva
I. Anlagevermögen		I. Eigenkapital	184.466,-
Grundstücke		II. Fremdkapital	
Gebäude	155.838,-	A) Langfr.FK	
Maschinen	130.500,-	Hypotheken	
BGA		Darlehen	317.108,-
Fuhrpark	85.000,-	B) Kurzfr.FK	
II. Umlaufvermögen		Verbindlk.	196.001,-
Rohstoffe	58.071,-		
Unf.Erzeugn.	28.600,-		
Fert.Erzeugn.	59.300,-		
Forderungen	70.410,-		
Kasse	5.406,-		
Bank	104.450,-		
	697.575,-		697.575,-

AUFGABE 63

Nr.	Text/Buchungssatz	Betrag Soll	Haben
1	Rohstoffe an Verbindlichkeiten	11.001,-	
2	Bank an Zins-E.	1.801,-	
3	Mietaufwand an Kasse	1.590,-	
4	Bank an Forderungen	21.500,-	
5	Verbindlichkeiten an Bank	34.500,-	11.200,-
	Kasse		4.900,-
	Darlehen		18.400,-
6	Zinsaufwand an Verbindlichkeiten	1.010,-	1.010,-
7	Löhne	6.100,-	
	Gehälter an Bank	9.230,-	15.330,-
8	Forderungen an Umsatzerlöse	44.000,-	

AUFGABE 63 :

Gewinn- und Verlustkonto

Rohstoffaufwand		Umsatzerlöse	44.000,-
BeSt-Aufwand		Zinserlöse	1.801,-
HiSt-Aufwand		Mieterlöse	
Löhne	6.100,-	BeSt-Veränd.	
Gehälter	9.230,-	a.o.Erlöse	
Telefon	440,-		
Miet-Aufw.	1.590,-		
Zins-Aufw.	1.010,-		
EK	27.871,-		
	45.801,-		45.801,-

AUFGABE 63

Aktiva	Schlußbilanz zu Aufgabe 63		Passiva
I. Anlagevermögen		I. Eigenkapital	186.737,-
Grundstücke		II. Fremdkapital	
Gebäude	155.838,-	A) Langfr.FK	
Maschinen	130.500,-	Hypotheken	
BGA		Darlehen	317.108,-
Fuhrpark	85.000,-	B) Kurzfr.FK	
II. Umlaufvermögen		Verbindlk.	187.311,-
Rohstoffe	55.871,-		
Unf.Erzeugn.	28.600,-		
Fert.Erzeugn.	59.300,-		
Forderungen	72.060,-		
Kasse	4.216,-		
Bank	99.771,-		
	691.156,-		691.156,-

AUFGABE 64/65

Aktiva	Eröffnungsbilanz zu Aufgabe 64/65 S. 77		Passiva
I. Anlagevermögen		I. Eigenkapital	242.585,-
Grundstücke		II. Fremdkapital	
Gebäude	175.342,-	A) Langfr.FK	
Maschinen	145.340,-	Hypotheken	
BGA		Darlehen	302.458,-
Fuhrpark	93.500,-	B) Kurzfr.FK	
II. Umlaufvermögen		Verbindlk.	199.400,-
Rohstoffe	48.490,-		
Unf.Erzeugn.	36.800,-		
Fert.Erzeugn.	72.600,-		
Forderungen	48.690,-		
Kasse	11.205,-		
Bank	112.476,-		
	744.443,-		744.443,-

AUFGABE 64

		Betrag	
Nr	Text/Buchungssatz	Soll	Haben
1	Darlehen an Bank	10.200,-	
2	Kfz-Kosten an Verbindlichkeiten	1.320,-	
3	Kasse an Mieterlöse	800,-	
4	Forderungen an Umsatzerlöse	15.400,-	
5	Bank an Forderungen	4.290,-	
6	Löhne an Kasse	3.000,-	
7	Gehälter an Bank	4.800,-	
8	Zinsaufwand an Bank	130,-	
9	Bank an Umsatzerlöse	26.400,-	

Gewinn- und Verlustkonto

Rohstoffaufwand		Umsatzerlöse	41.800,-
BeSt-Aufwand		Zinserlöse	
HiSt-Aufwand		Mieterlöse	800,-
Löhne	3.000,-	BeSt-Veränd.	
Gehälter		a.o.Erlöse	
Zins-Aufw.	130,-		
Kfz-Kosten	1.320,-		
EK	33.350,-		
	42.600,-		42.600,-

AUFGABE 64

Aktiva	Schlußbilanz zu Aufgabe 64		Passiva
I. Anlagevermögen		I. Eigenkapital	275.935,-
Grundstücke		II.Fremdkapital	
Gebäude	175.342,-	A) Langfr.FK	
Maschinen	145.340,-	Hypotheken	
BGA		Darlehen	292.258,-
Fuhrpark	93.500,-	B) Kurzfr.FK	
II.Umlaufvermögen		Verbindlk.	200.720,-
Rohstoffe	48.490,-		
Unf.Erzeugn.	36.800,-		
Fert.Erzeugn.	72.600,-		
Forderungen	59.800,-		
Kasse	9.005,-		
Bank	128.036,-		
	768.913,-		768.913,-

AUFGABE 65

		Betrag	
Nr	Text/Buchungssatz	Soll	Haben
1	Darlehen an Bank	11.200,-	
2	Kfz-Kosten an Verbindlichkeiten	1.430,-	
3	Kasse an Mieterlöse	980,-	
4	Forderungen an Umsatzerlöse	22.000,-	
5	Bank an Forderungen	5.390,-	
6	Löhne an Kasse	2.800,-	
7	Gehälter an Bank	6.300,-	
8	Zinsaufwand an Bank	90,-	
9	Bank an Umsatzerlöse	30.800,-	

AUFGABE 65 :

Gewinn- und Verlustkonto

Rohstoffaufwand		Umsatzerlöse	52.800,-
BeSt-Aufwand		Zinserlöse	
HiSt-Aufwand		Mieterlöse	980,-
Löhne	2.800,-	BeSt-Veränd.	
Gehälter	6.300,-	a.o.Erlöse	2.000,-
Zins-Aufw.	90,-		
Kfz-Kosten	1.430,-		
EK	43.160,-		
	53.780,-		53.780,-

Aktiva	Schlußbilanz zu Aufgabe 65		Passiva
I. Anlagevermögen		I. Eigenkapital	285.745,-
Grundstücke		II.Fremdkapital	
Gebäude	175.342,-	A) Langfr.FK	
Maschinen	145.340,-	Hypotheken	
BGA		Darlehen	291.258,-
Fuhrpark	93.500,-	B) Kurzfr.FK	
II.Umlaufvermögen		Verbindlk.	200.830,-
Rohstoffe	48.490,-		
Unf.Erzeugn.	36.800,-		
Fert.Erzeugn.	72.600,-		
Forderungen	65.300,-		
Kasse	9.835,-		
Bank	131.076,-		
	777.833,-		777.833,-

AUFGABE 66

Nr	Text/Buchungssatz	Betrag Soll	Haben
1	Mietaufwand an Bank	3.300,-	
2	Zinsaufwand an Bank	100,-	
3	Löhne an Kasse	4.000,-	
4	Kasse an Umsatzerlöse	45.400,-	

Gewinn- und Verlustkonto

Rohstoffaufwand		Umsatzerlöse	45.400,-
Löhne	4.000,-	BeSt-Veränd.	
Miet-Aufw.	3.300,-		
Zins-Aufw.	100,-		
EK	38.000,-		
	45.400,-		45.400,-

AUFGABE 67

Nr	Text/Buchungssatz	Betrag Soll	Haben
1	Mietaufwand an Bank	3.200,-	
2	Zinsaufwand an Bank	80,-	
3	Löhne an Kasse	3.000,-	
4	Löhne an Umsatzerlöse	63.800,-	

Gewinn- und Verlustkonto

Rohstoffaufwand		Umsatzerlöse	63.800,-
Löhne	3.000,-	BeSt-Veränd.	
Miet-Aufw.	3.200,-		
Zins-Aufw.	80,-		
EK	57.520,-		
	63.800,-		63.800,-

AUFGABE 68

Nr	Text/Buchungssatz	Betrag Soll	Haben
1	Rohstoffaufwand an Rohstoffe	13.900,-	
2	Hilfsstoffaufwand an Hilfsstoffe	1.100,-	
3	Betriebsstoffaufwand an BeSt	460,-	
4	Rohstoffe an Verbindlichkeiten	209,-	

AUFGABE 69

Nr	Text/Buchungssatz	Betrag Soll	Haben
1	Rohstoffaufwand an Rohstoffe	24.500,-	
2	Hilfsstoffaufwand an Hilfsstoffe	2.300,-	
3	Betriebsstoffaufwand an BeSt	920,-	
4	Rohstoffe an Verbindlichkeiten	319,-	

AUFGABE 70

Rohstoffaufwand				Hilfsstoffaufwand			
RSt	304.589,-	G+V	304.589,-	HiSt	85.984,-	G+V	85.984,-
	304.589,-		304.589,-		85.984,-		85.984,-

Betriebsstoffaufwand				G + V		
BeSt	12.345,-	G+V	12.345,-	RS-A	304.589,-	
	12.345,-		12.345,-	HS-A	85.984,-	
				BS-A	12.345,-	

AUFGABE 71

Rohstoffaufwand				Hilfsstoffaufwand			
RSt	237.836,-	G+V	237.836,-	HiSt	99.222,-	G+V	99.222,-
	237.836,-		337.836		99.222,-		99.222,-

Betriebsstoffaufwand				G + V		
BS	23.456,-	G+V	23.456,-	RS-A	237.836,-	
	23.456,-		23.456,-	HS-A	99.222,-	
				BS-A	23.456,-	

AUFGABE 72

		Betrag	
Nr	Text/Buchungssatz	Soll	Haben
1	Rohstoffe an EBK	39.980,-	
2	Rohstoffe an Verbindlichkeiten	44.500,-	
3	Rohst.- Aufw. an Rohstoffe	12.000,-	
4	Rohstoffe an Kasse	17.600,-	
5	Rohst.- Aufw. an Rohstoffe	43.700,-	

Rohstoffe				Rohstoffaufwand			
EBK	39.980,-	RS-A	12.000,-	RS	12.000,-	G+V	55.700,-
Vb	44.500,-	RS-A	43.700,-	RS	43.700,-		
Ka	17.600,-	SBK	46.380,-		55.700,-		55.700,-
	102.080,-		102.080,-				

SBK an Rohstoffe	46.380,-	
G + V an Rohstoffaufwand	55.700,-	

AUFGABE 73

		Betrag	
Nr	Text/Buchungssatz	Soll	Haben
1	Rohstoffe an EBK	42.436,-	
2	Rohstoffe an Verbindlichkeiten	32.400,-	
3	Rohst.- Aufw. an Rohstoffe	23.700,-	
4	Rohstoffe an Kasse	9.800,-	
5	Rohst.- Aufw. an Rohstoffe	28.790,-	

Rohstoffe				Rohstoffaufwand			
EBK	42.436,-	RS-A	23.700,-	RS	23.700,-	G+V	52.490,-
Vb	32.400,-	RS	28.790,-	RS	28.790,-		
Ka	9.800,-	SBK	32.146,-		52.490,-		52.490,-
	84.636,-		84.636,-				

SBK an Rohstoffe	32.146,-	
G + V an Rohstoffaufwand	52.490,-	52.490,-

AUFGABE 74

Nr	Text/Buchungssatz	Betrag Soll	Haben
1	Rohstoffe an EBK	27.920,-	
2	Rohstoffe an Verbindlichkeiten	27.920,-	
3	Rohst.- Aufw. an Rohstoffe	15.840,-	
4	Rohstoffe an Kasse	26.689,-	
5	Rohst.- Aufw. an Rohstoffe	29.400,-	

Rohstoffe				Rohstoffaufwand			
EBK	27.920,-	RS-A	15.840,-	RS	15.840,-	G+V	45.240,-
Vb	27.920,-	RS-A	29.400,-	RS	29.400,-		
Ka	26.689,-	SBK	37.289,-		45.240,-		45.240,-
	85.529,-		85.529,-				

```
SBK     an Rohstoffe            37.289,-
G + V   an Rohstoffaufwand      45.240,-
```

AUFGABE 75

Hilfsstoffe			
EBK	12.300,-	Entn.	87.589,-
Zug	86.400,-		11.111,-
	98.700,-		98.700,-

AUFGABE 76

Hilfsstoffe			
EBK	18.500,-	Entn.	75.107,-
Zug	66.606,-	SBK	9.999,-
	85.106,-		85.106,-

AUFGABE 77

Hilfstoffe			
EBK	44.300,-	Entn.	99.999,-
Zug	75.500,-	SBK	19.801,-
	119.800,-		119.800,-

AUFGABE 78

Hilfsstoffe
EBK 22.222,-
Nicht lösbar, da mehr
entnommen wurde, als zur
Verfügung stand.

AUFGABE 79

Betriebsstoffe					SBK	
EBK	11.400,-	SBK	15.900,-	Betr.-St.	15.900,-	
Zug	44.500,-	BS-A	40.000,-			
	55.900,-		55.900,-			

AUFGABE 80

Betriebsstoffe					SBK	
EBK	9.200,-	SBK	11.535,-	Betr.-St.	11.535,-	
Zug	57.890,-	BS-A	55.555,-			
	67.090,-		67.090,-			

AUFGABE 81

Betriebsstoffe					SBK	
EBK	18.200,-	SBK	2.056,-	Betr.-St.	2.056,-	
Zug	28.300,-	BS-A	44.444,-			
	46.500,-		46.500,-			

AUFGABE 82

Betriebsstoffe					SBK	
EBK	12.121,-	SBK	6.733,-	Betr.-St.	6.733,-	
Zug	72.390,-	BS-A	77.738,-			
	84.511,-		84.511,-			

AUFGABE 83

Rohstoffe
Zug	88.900,-	SBK	22.800,-
AB	12.345,-	RS-A	78.445,-
	101.245,-		101.245,-

AUFGABE 84

Hilfsstoffe
Zug	64.740,-	SBK	13.579,-
AB	11.111,-	HS-A	62.272,-
	75.851,-		75.851,-

AUFGABE 85

Betriebsstoffe
Zug	58.600,-	SBK	24.680,-
AB	10.000,-	BS-A	43.920,-
	68.600,-		68.600,-

AUFGABE 86

Handelswaren
Zug	66.700,-	SBK	12.456,-
	22.334,-	W-E	76.578,-
	89.034		89.034,-

W-E = Wareneinsatz

AUFGABE 87

Fertig-Erzeugnisse
EBK	102.300,-	SBK	97.600,-
		BV	6.700,-
	102.300,-		102.300,-

Unfertige Erzeugnisse
EBK	55.400,-	SBK	39.500,-
		BV	15.900,-
	55.400,-		55.400,-

Bestandsveränderungen
F-E	6.700,-	G+V	22.600,-
U-E	15.900,-		
	22.600,-		22.600,-

SBK
F-E	95.600,-	
U-E	39.500,-	

AUFGABE 88

Fertig-Erzeugnisse
EBK	148.590,-	SBK	155.300,-
BV	6.710,-		
	155.300,-		155.300,-

Unfertige Erzeugnisse
EBK	62.900,-	SBK	77.889,-
BV	14.989,-		
	77.889,-		77.889,-

Bestandsveränderungen
G+V	21.699,-	F-E	6.710,-
		U-E	14.989,-
	21.669,-		21.669,-

SBK
F-E	155.300,-	
U-E	77.889,-	

AUFGABE 89

Fertig-Erzeugnisse
EBK	99.843,-	SBK	79.500,-
		BV	20.343,-
	99.843,-		99.843,-

Unfertige Erzeugnisse
EBK	11.258,-	SBK	14.420,-
BV	3.162,-		
	14.420,-		14.420,-

Bestandsveränderungen
F-E	20.343,-	U-E	3.162,-
		G*V	17.181,-
	20.343,-		20.343,-

SBK
F-E	79.500,-	
U-E	14.420,-	

AUFGABE 90

			SOLL	HABEN
F-Erz.	an	EBK	122.100,–	–
U-Erz.	an	EBK	44.500,–	–
SBK	an	U-Erz.	204.400,–	–
SBK	an	U-Erz.	53.500,–	–
F-Erz.	an	Bestandsveränd.	82.300,–	–
BV	an	G+V	91.300,–	–

Fertigerzeugnisse				Unfertige Erzeugn.			
EBK	122.100,–	SBK	204.400,–	EBK	44.500,–	SBK	53.500,–
BV	82.300,–			BV	9.000,–		
	204.400,–		204.400,–		53.500,–		53.500,–

BV				SBK			
G+V	91.300,–	F-E	82.300,–	F-E	204.400,–		
		U-E	9.000,–	U-E	53.500,–		
	91.300,–		91.300,–				

AUFGABE 91

			SOLL	HABEN
EBK	an	F-Erz.	234.567,–	–
EBK	an	U-Erz.	96.200,–	–
SBK	an	F-Erz.	102.505,–	–
SBK	an	U-Erz.	42.300,–	–
BV	an	F-Erz.	132.062,–	–
BV	an	U-Erz.	53.900,–	–
G+V	an	BV	185.562,–	–

Fertigerzeugnisse				Unfertige Erzeugn.			
EBK	234.567,–	SBK	102.505,–	EBK	96.200,–	SBK	42.300,–
		BV	132.062,–			BV	53.900,–
	234.567,–		234.567,–		96.200,–		96.200,–

BV				SBK			
F-E	132.062,–	G+V	185.562,–	F-E	102.505,–		
U-E	53.900,–			U-E	42.300,–		
	185.562,–		185.562,–				

AUFGABE 92

			SOLL	HABEN
EBK	an	F-Erz.	103.348,–	–
EBK	an	U-Erz.	44.852,–	–
SBK	an	F-Erz.	77.900,–	–
SBK	an	U-Erz.	70.300,–	–
BV	an	F-Erz.	25.448,–	–
U-Erz.	an	BV	25.448,–	–

Fertigerzeugnisse				Unfertige Erzeugn.			
EBK	103.348,–	SBK	77.900,–	EBK	44.852,–	SBK	70.300,–
		BV	25.448,–	BV	25.448,–		
	103.348,–		103.348,–		70.300,–		70.300,–

BV				SBK			
F-E	25.448,–	U-E	25.448,–	F-E	77.900,–		
				U-E	70.300,–		

AUFGABE 93

Fertigerzeugnissse			
EBK	203.494,-	SBK	190.800,-
		BV	12.694,-
	203.494,-		203.494,-

Unfertige Erzeugnisse			
EBK	123.949,-	SBK	103.380,-
		BV	20.569,-
	123.949,-		123.949,-

BV			
F-E	12.694,-	G+V	33.263,-
U-E	20.569,-		
	33.263,-		33.263,-

G + V			
Aufw.	406.790,-	Ert.	426.790,-
BV	33.263,-	EK	13.263,-
	440.053,-		440.053,-

SBK			
F-E	190.800,-		
U-E	103.380,-		

AUFGABE 94

Fertigerzeugnissse			
EBK	99.400,-	SBK	89.400,-
		BV	10.000,-
	99.400,-		99.400,-

Unfertige Erzeugnisse			
EBK	44.900,-	SBK	34.800,-
		BV	10.100,-
	44.900,-		44.900,-

BV			
F-E	10.000,-	G+V	20.100,-
U-E	10.100,-		
	20.100,-		20.100,-

G + V			
Aufw.	209.840,-	Ert.	199.300,-
BV	20.100,-	EK	30.640,-
	229.940,-		229.940,-

SBK			
F-E	89.400,-		
U-E	34.800,-		

AUFGABE 93/94

Nr.	Text/Buchungssatz		Betrag Zahlen 93	Zahlen 94
1	F-Erz.	an EBK	203.494,-	99.400,-
2	U-Erz.	an EBK	123.949,-	44.900,-
3	SBK	an F-Erz.	190.800,-	89.400,-
4	SBK	an U-Erz.	103.380,-	34.800,-
5	BV	an F-Erz.	12.694,-	10.000,-
6	BV	an U-Erz.	20.569,-	10.100,-
7	G + V	an BV	33.263,-	20.100,-
8	EK	an G + V	13.263,-	30.640,-

AUFGABE 95

Fertigerzeugnissse			
EBK	109.800,-	SBK	99.800,-
		BV	10.000,-
	109.800,-		109.800,-

Unfertige Erzeugnisse			
EBK	81.900,-	SBK	90.430,-
BV	8.530,-		
	90.430,-		90.430,-

BV			
F-E	10.000,-	U-E	8.530,-
		G+V	1.470,-
	10.000,-		10.000,-

G + V			
Aufw.	803.479,-	Ert.	935.600,-
BV	1.470,-		
EK	130.651,-		
	935.600,-		935.600,-

SBK			
F-E	99.800,-		
U-E	90.430,-		

AUFGABE 96

Fertigerzeugnissse				Unfertige Erzeugnisse			
EBK	277.840,-	SBK	303.400,-	EBK	27.084,-	SBK	34.300,-
BV	25.560,-			BV	7.216,-		
	303.400,-		303.400,-		34.300,-		34.300,-

BV				G + V			
G+V	32.776,-	F-E	25.560,-	Aufw.	405.869,-	Ert.	399.400,-
		U-E	7.216,-	EK	26.307	BV	32.776,-
	32.776,-		32.776,-		432.176,-		432.176,-

SBK		
F-E	303.400,-	
U-E	34.300,-	

AUFGABE 95/96

Zu 95				Betrag	
Nr.	Text/Buchungssatz			Soll	Haben
1	EBK	an	F-Erz.	109.800,-	
2	EBK	an	U-Erz.	81.900,-	
3	SBK	an	F-Erz.	99.800,-	
4	SBK	an	U-Erz.	90.430,-	
5	BV	an	F-Erz.	10.000,-	
6	U-Erz.	an	BV	8.530,-	
7	G + V	an	BV	1.470,-	
8	G + V	an	EK	130.651,-	

Zu 96				Betrag	
Nr.	Text/Buchungssatz			Soll	Haben
1	EBK	an	F-Erz.	277.840,-	
2	EBK	an	U-Erz.	27.084,-	
3	SBK	an	F-Erz.	303.400,-	
4	SBK	an	U-Erz.	34.300,-	
5	F-Erz.	an	BV	25.560,-	
6	U-Erz.	an	BV	7.216,-	
7	BV	an	G + V	32.776,-	
8	G + V	an	EK	26.307,-	

AUFGABE 97/98

Aktiva	Eröffnungsbilanz zu Aufgabe 97/98		Passiva
I. Anlagevermögen		I. Eigenkapital	1.236.155,-
Grundstücke	245.900,-	II.Fremdkapital	
Gebäude	300.000,-	A) Langfr.FK	
Maschinen	288.900,-	Hypotheken	202.500,-
BGA	88.700,-	Darlehen	303.200,-
Fuhrpark	99.300,-	B) Kurzfr.FK	
II.Umlaufvermögen		Verbindlk.	305.600,-
Rohstoffe	219.800,-		
Hilfsstoffe	88.700,-		
Betriebsssstoffe	22.300,-		
Unf.Erzeugn.	112.860,-		
Fert.Erzeugn.	256.700,-		
Forderungen	212.100,-		
Kasse	12.495,-		
Bank	99.700,-		
	2.047.455,-		2.047.455,-

Nr	Text/Buchungssatz		Betrag Soll	Haben
1	Rohstoffe		55.000,-	
	Hilfsstoffe		12.000,-	
	Betriebsstoffe an Verbindl.		8.690,-	75.790,-
2	Mietaufw.	an Bank	1.400,-	
3	Zinsaufw.	an Bank	210,-	
4	Forderungen		46.200,-	
	Bank	an Umsatzerlöse	88.020,-	134.220,-
5	Bürokosten	an Kasse	22,-	
6	Darlehen	an Bank	11.000,-	
7	BeSt-A	an BeSt	2.000,-	
8	Bank	an Forderungen	32.400,-	
9	Gehälter	an Bank	8.700,-	
10	Maschinen	an Verbindl.	22.000,-	
11	Kasse	an Fupa	11.050,-	

Gewinn- und Verlustkonto

Rohstoffaufwand	72.348,-	Umsatzerlöse	134.220,-
BeSt-Aufwand	2.000,-		
HiSt-Aufwand	32.934,-		
Gehälter	8.700,-		
Miet-Aufw.	1.400,-		
Zins-Aufw.	210,-		
BeSt-Veränd.	9.120,-		
Bürokosten	22,-		
EK	7.486,-		
	134.220,-		134.220,-

AUFGABE 97

Aktiva	Schlußbilanz zu Aufgabe 97		Passiva
I. Anlagevermögen		I. Eigenkapital	1.243.641,-
Grundstücke	245.900,-	II.Fremdkapital	
Gebäude	300.000,-	A) Langfr.FK	
Maschinen	310.900,-	Hypotheken	202.500,-
BGA	88.700,-	Darlehen	292.200,-
Fuhrpark	88.250,-	B) Kurzfr.FK	
II.Umlaufvermögen		Verbindlk.	403.390,-
Rohstoffe	202.452,-		
Hilfsstoffe	67.866,-		
Betriebssstoffe	28.990,-		
Unf.Erzeugn.	129.840,-		
Fert.Erzeugn.	230.600,-		
Forderungen	225.900,-		
Kasse	23.523,-		
Bank	198.810,-		
	2.141.731,-		2.141.731,-

AUFGABE 98

Nr	Text/Buchungssatz		Betrag Soll	Haben
1	Rohstoffe		44.000,-	
	Hilfsstoffe		11.000,-	
	Betriebsstoffe	an Verbindl.	9.790,-	64.790,-
2	Mietaufw.	an Bank	4.300,-	
3	Zinsaufw.	an Bank	320,-	
4	Forderungen		74.800,-	
	Bank	an Umsatzerlöse	97.800,-	172.600,-
5	Bürokosten	an Kasse	44,-	
6	Darlehen	an Bank	17.000,-	
7	BeSt-A	an BeSt	4.000,-	
8	Bank	an Forderungen	44.300,-	
9	Gehälter	an Bank	9.300,-	
10	Maschinen	an Verbindl.	20.900,-	
11	Kasse	an Fupa	14.300,-	

Gewinn- und Verlustkonto

Rohstoffaufwand	61.348,-	Umsatzerlöse	172.600,-
BeSt-Aufwand	4.000,-		
HiSt-Aufwand	31.834,-		
Gehälter	9.300,-		
Miet-Aufw.	4.300,-		
Zins-Aufw.	320,-		
BeSt-Veränd.	9.120,-		
Bürokosten	44,-		
EK	52.334,-		
	172.600,-		172.600,-

Aktiva	Schlußbilanz zu Aufgabe 98		Passiva
I. Anlagevermögen		I. Eigenkapital	1.288.489,-
Grundstücke	245.900,-	II.Fremdkapital	
Gebäude	300.000,-	A) Langfr.FK	
Maschinen	309.800,-	Hypotheken	202.500,-
BGA	88.700,-	Darlehen	286.200,-
Fuhrpark	85.000,-	B) Kurzfr.FK	
II.Umlaufvermögen		Verbindlk.	391.290,-
Rohstoffe	202.452,-		
Hilfsstoffe	67.866,-		
Betriebsssstoffe	28.090,-		
Unf.Erzeugn.	129.840,-		
Fert.Erzeugn.	230.600,-		
Forderungen	242.600,-		
Kasse	26.751,-		
Bank	210.880,-		
	2.168.479,-		2.168.479,-

AUFGABE 99

lin. AfA-Tabelle

Jahr	AW/ Restbuchwert	AfA-DM	Restbuchwert am Jahresende
1	151.000,-	je	131.250,-
2	131.250,-	Jahr	112.500,-
3	112.500,-	18.750,-	93.750,-
4	93.750,-		75.000,-
5	75.000,-		56.250,-
6	56.250,-		37.500,-
7	37.500,-		18.750,-
8	18.750,-	18749,-	1,-

degr. AfA-Tabelle
100% : 8 = 12,5%
12,5% x 3 = 37,5 - AfA - % = 30%

Jahr	AW/ Restbuchwert	AfA%	AfA-DM	Restbuchwert am Jahresende
1	150.000,-		45.000,-	105.000,-
2	105.000,-		31.500,-	73.500,-
3	73.500,-	30%	22.050,-	51.450,-
4	51.450,-		15.435,-	36.015,-
5	36.015,-		10.804,5	25.210,50
6	25.210,5		7.563,15	17.647,35
7	17,647,35		5.294,21	12.353,14
8	12.353,14		3.705,94	8.647,20

Wechsel nach dem 5. Jahr   25.210,50 : 3 Jahre Restnutzungsdauer
= 8.403,50 lin. AfA

AUFGABE 100

AW = 180.000,-   degr. AfA-% = 30%

Jahr	AfA	Restbuchwert	AfA-DM	Restbuchwert
1		150.000,-	54.000,-	126.000,-
2	je	120.000,-	37.800,-	88.200,-
3	Jahr	90.000,-	26.460,-	61.740,-
4	30.000,-	60.000,-	18.527,-	43.218,-
5		30.000,-	12.965,40	30.252,60
6	29.999,-	1,-	9.075,78	21.176,82

Wechsel nach dem 3. Jahr

AUFGABE 101

AW = 260.000,-   degr. AfA-% =
                                  100% : 20 Jahre = 5% lin. AfA-%
                                  5% x 3   = 15% degr. AfA-%

Jahr	AfA	Restbuchwert	AfA-DM	Restbuchwert
1		247.000,-	39.000,-	221.000,-
2	je	234.000,-	33.150,-	187.150,-
3	Jahr	221.000,-	28.177,50	159.672,50
4	13.000,-	208.000,-	23.950,88	135.721,62
5		195.000,-	20.358,24	115.363,38
6		182.000,-	17.304,51	98.058,87
7		169.000,-	14.708,83	83.350.04
8		156.000,-	12.502,51	70.847,53
9		143.000,-	10.627,13	60.220,40
10		130.000,-	9.033,06	51.187,34
11		117.000,-	7.678,10	43.509,24
12		104.000,-	6.526,39	36.982,85
13		91.000,-	5.547,43	31.435,42
14		78.000,-	4.715,31	26.720,11
15		65.000,-	4.008,02	22.712,09
16		52.000,-	3.406,81	19.305,28
17		39.000,-	2.895,79	16.409,49
18		26.000,-	2.461,42	13.948,07
19		13.000,-	2.092,21	11.855,86
20		0,-	1.778,38	10.077,48

Wechsel nach dem 14. Jahr.

AUFGABE 102

lin. AfA   degr. AfA
AW = 88.000,-   AfA-% = 30%

Jahr	AfA	Restbuchwert	AfA-DM	Restbuchwert
1		77.000,-	26.400,-	61.600,-
2	je	66.000,-	18.480,-	43.120,-
3	Jahr	55.000,-	12.936,-	30.184,-
4	11.000,-	44.000,-	9.055,20	21.128,80
5		33.000,-	6.338,64	14.790,16
6		22.000,-	4.437,05	10.353,11
7		11.000,-	3.105,93	7.247,18
8	10.999,-	1,-	2.174,15	5.073,03

Wechsel nach dem 5. Jahr.

AUFGABE 103

204.000 DM
---------- = 0,84 DM je km
243.000 km

Jahr	AfA-DM
1	51.072,-
2	36.960,-
3	42.000,-
4	74.088,-

+ 120,- zuviel AfA
wegen Rundungsdifferenz

AUFGABE 104

AfA je km = 0,48 DM

Jahr	AfA-DM
1	47.520,-
2	30.000,-
3	33.600,-
4	40.800,-
5	21.264,-
6	25.056,-

+ 240,- Rundungsdifferenz

AUFGABE 105

AfA je km = 0,61 DM

Jahr	AfA-DM
1	57.828,-
2	53.070,-
3	56.730,-
4	45.140,-
5	39.101,-
6	26.901,-

- 230,- Rundungsdifferenz

AUFGABE 106

AfA je km = 0,48 DM

Jahr	AfA-DM
1	21.630,-
2	37.800,-
3	46.200,-
4	34.370,-

0,- Rundungsdifferenz

AUFGABE 107

Restbuchwert 150.000,-
a.o. Ertrag   50.000,- (200.000,- - 150.000,-)

Bank 200.000,- an Maschinen   150.000,-
                      a.o. Ertrag   50.000,-

S	Bank	H
Masch.+		
a.o.Ertrag 200.000		

S	Maschinen	H
EBK 150.000,-		

S	a.o.Ertrag	H
	Ba 50.000,-	

AUFGABE 108

```
Restbuchwert    150.000,-
Schadensfälle   an Maschinen   149.100,-
```

S	Maschinen	H
EBK 150.000,-	SF 149.100,-	

S	Schadensfälle	H
Ma 149.100,-	G+V 149.100,-	

AUFGABE 109

```
Restbuchwert    133.484,25,-
Schadensfälle   an Maschinen   132.584,25
```

S	Schadensfälle	H
Ma 132.584,25	G+V 132.584,25	

S	Maschinen	H
EBK 133.484,25	SF 132.584,25	
	Ka 900,00	

AUFGABE 110

```
Restbuchwert    235.200,-
Bank            200.000,-
a.o.Aufwand      35.200,-   an Maschinen   235.200,-
```

S	Bank	H
Ma 200.000,-		

S	Maschinen	H
EBK 235.200,-	Ba 235.200,-	

S	a.o.Aufwand	H
Ma 235.200,-		

AUFGABE 111/112/113 S. 104

Aktiva	Eröffnungsbilanz zu Aufgabe 111/112/113	Passiva
I. Anlagevermögen		I. Eigenkapital	484.300,-
Grundstücke		II.Fremdkapital	
Gebäude	250.000,-	A) Langfr.FK	
Maschinen	450.000,-	Hypotheken	
BGA		Darlehen	358.800,-
Fuhrpark	110.000,-	B) Kurzfr.FK	
II.Umlaufvermögen		Verbindlk.	222.300,-
Unf.Erzeugn.	44.600,-		
Fert.Erzeugn.	89.900,-		
Bank	120.900,-		
	1.065.400,-		1.065.400,-

AUFGABE 111

G + V

Aufw.	290.800,-	Ertr.	409.900,-
AfA	78.750,-	BV	14.400,-
EK	54.750,-		
	424.300,-		424.300,-

Fertige Erzeugnisse

EBK	89.900,-	SBK	108.900,-
BV	19.000,-		
	108.900,-		108.900,-

Unfertige Erzeugnisse

EBK	44.600,-	SBK	40.000,-
		BV	4.600,-
	44.600,-		44.600,-

Gebäude

EBK	250.000,-	AfA	6.250,-

Fupa

EBK	110.000,-	AfA	27.500,-

Maschinen

EBK	450.000,-	AfA	45.000,-

BV

U-E	4.600,-	F-E	19.000,-
G+V	14.400,-		
	19.000,-		19.000,-

SBK

F-E	108.900,-		
U-E	40.000,-		

AfA

Geb.	6.250,-	G+V	78.750,-
Fupa	27.500,-		
Ma	45.000,-		
	78.750,-		78.750,-

Gewinn = 54.750,-

AUFGABE 112

G + V

Aufw.	305.600,-	Ertr.	536.600,-
AfA	83.750,-		
BV	6.900,-		
EK	140.350,-		
	536.600,-		536.600,-

Gewinn = 140.350,-

AUFGABE 113

G + V

Aufw.	290.290,-	Ertr.	277.300,-
AfA	108.250,-	BV	27.700,-
		EK	93.540,-
	398.540,-		398.540,-

Verlust = 93.540,-

AUFGABE 114/115

Aktiva	Eröffnungsbilanz zu Aufgabe 114/115 S.110		Passiva	
I. Anlagevermögen			I. Eigenkapital	259.170,-
			II. Fremdkapital	
Gebäude	245.000,-		A) Langfr.FK	
Maschinen	156.600,-			
			Darlehen	322.500,-
Fuhrpark	112.000,-		B) Kurzfr.FK	
II. Umlaufvermögen			Verbindlk.	269.400,-
Rohstoffe	54.660,-			
Hilfsstoffe	12.300,-			
Betriebssstoffe	8.900,-			
Unf.Erzeugn.	39.700,-			
Fert.Erzeugn.	71.220,-			
Forderungen	47.890,-			
Kasse	9.800,-			
Bank	93.000,-			
	851.070,-			851.070,-

AUFGABE 114

Nr.	Text/Buchungssatz			Soll	Haben
					Betrag
1	Forderungen	an	Umsatzerlöse	33.000,-	
2	Löhne	an	Bank	2.390,-	
3	Kasse	an	Mieterlöse	900,-	
4	Bank	an	Forderungen	20.350,-	
5	Bank	an	Darlehen	30.000,-	
6	Zinsaufwand	an	Verbindlichk.	900,-	
7	Mietaufwand	an	Bank	3.200,-	
8	BeSt-aufwand	an	Betriebsstoffe	5.300,-	
9	Rohstoffe			53.900,-	
	Hilfsstoffe			22.050,-	
	BeSt	an	Verbindlichk.	10.900,-	86.850,-
10	Fupa	an	Bank	24.200,-	
11	Bank	an	Zinserträge	80,-	
12	Kasse			8.250,-	
	Bank			41.800,-	
	Forderungen	an	Umsatzerlöse	55.000,-	105.050,-
13	Maschinen	an	Bank	11.000,-	
14	Kasse	an	Gebäude	1.100,-	
	SBK	an	F-Erz.	62.390,-	
	SBK	an	U-Erz.	43.500,-	
	SBK	an	Rohstoffe	39.930,-	
	SBK	an	Hilfsstoffe	10.100,-	
	AfA	an	Gebäude	12.250,-	
	AfA	an	Fuhrpark	52.602,50	
	AfA	an	Maschinen	15.660,-	

AUFGABE 114
Gewinn- und Verlustkonto

Rohstoffaufwand	68.630,-	Umsatzerlöse	138.050,-
BeSt-Aufwand	5.380,-	Zinserlöse	80,-
HiSt-Aufwand	24.250,-	Mieterlöse	900,-
Löhne	2.390,-	BeSt-Veränd.	
Gehälter		a.o.Erlöse	
Miet-Aufw.	3.200,-		
Zins-Aufw.	900,-		
AfA	80.512,50		
BeSt-Veränd.	5.030,-		
EK		EK	51.182,50
	190.212,50		190.212,50

AUFGABE 114

Aktiva	Schlußbilanz zu Aufgabe 114		Passiva
I. Anlagevermögen		I. Eigenkapital	207.987,50
		II.Fremdkapital	
Gebäude	231.650,-	A) Langfr.FK	
Maschinen	151.940,-		
		Darlehen	352.500,-
Fuhrpark	83.597,50	B) Kurzfr.FK	
II.Umlaufvermögen		Verbindlk.	357.150,-
Rohstoffe	39.930,-		
Hilfsstoffe	10.100,-		
Betriebssstoffe	14.500,-		
Unf.Erzeugn.	43.500,-		
Fert.Erzeugn.	62.390,-		
Forderungen	115.540,-		
Kasse	20.050,-		
Bank	144.440,-		
	917.637,50		917.637,50

AUFGABE 115

Nr.	Text/Buchungssatz			Betrag Soll	Haben
1	Forderungen	an	Umsatzerlöse	31.900,-	
2	Löhne	an	Bank	1.801,-	
3	Kasse	an	Mieterlöse	1.190,-	
4	Bank	an	Forderungen	20.900,-	
5	Bank	an	Darlehen	35.000,-	
6	Zinsaufwand	an	Verbindlichk.	1.000,-	
7	Mietaufwand	an	Bank	2.820,-	
8	BeSt-aufwand	an	Betriebsstoffe	4.980,-	
9	Rohstoffe			63.800,-	
	Hilfsstoffe			25.520,-	
	BeSt	an	Verbindlichk.	11.550,-	108.870,-
10	Fupa	an	Bank	22.050,-	
11	Bank	an	Zinserträge	110,-	
12	Kasse			7.150,-	
	Bank			52.800,-	
	Forderungen	an	Umsatzerlöse	64.850,-	124.800,-
13	Maschinen	an	Bank	12.100,-	
14	Kasse	an	Gebäude	2.200,-	
	SBK	an	F-Erz.	62.390,-	
	SBK	an	U-Erz.	43.500,-	
	SBK	an	Rohstoffe	39.930,-	
	SBK	an	Hilfsstoffe	10.100,-	
	AfA	an	Gebäude	12.250,-	
	AfA	an	Fuhrpark	33.512,50	
	AfA	an	Maschinen	15.660,-	

AUFGABE 115:

Gewinn- und Verlustkonto

Rohstoffaufwand	78.530,-	Umsatzerlöse	156.700,-
BeSt-Aufwand	4.980,-	Zinserlöse	110,-
HiSt-Aufwand	27.720,-	Mieterlöse	1.180,-
Löhne	1.801,-	BeSt-Veränd.	
Miet-Aufw.	2.820,-		
Zins-Aufw.	1.000,-		
Instandhaltung			
Kfz-Kosten			
AfA	61.422,50		
BeSt-Veränd.	5.030,-		
a.o.Aufwand			
Sozialkosten			
		EK	25.303,50
	183.303,50		183.303,50

AUFGABE 115

Aktiva	Schlußbilanz zu Aufgabe 115		Passiva
I. Anlagevermögen		I. Eigenkapital	233.868,50
Grundstücke		II.Fremdkapital	
Gebäude	230.550,-	A) Langfr.FK	
Maschinen	153.040,-	Hypotheken	
BGA		Darlehen	357.500,-
Fuhrpark	100.537,50	B) Kurzfr.FK	
II.Umlaufvermögen		Verbindlk.	371.270,-
Rohstoffe	39.930,-		
Hilfsstoffe	10.100,-		
Betriebssstoffe	15.470,-		
Unf.Erzeugn.	43.500,-		
Fert.Erzeugn.	62.390,-		
Forderungen	123.740,-		
Kasse	20.340,-		
Bank	163.039,-		
	962.636,50		962.636,50

AUFGABE 116

					Betrag	
Nr.	Text/Buchungssatz				Soll	Haben
1	Verbindl.	an	Kasse		1.400,-	
2	Kfz-Kosten	an	Verbindl.		2.420,-	
3	Fupa	an	Bank		33.681,-	
4	Forderungen				15.400,-	
	Bank	an	Umsatzerlöse		44.000,-	59.400,-
5	Kasse				4.950,-	
	a.o.Aufwand	an	Fuhrpark		950,-	5.900,-
6	Gehälter	an	Bank		4.800,-	4.800,-
7	Kasse	an	Mieterlöse		775,-	
8	Maschinen				27.725,-	
	Zinsaufwand	an	Bank		495,-	28.220,-
9	Forderungen	an	Maschinen		6.820,-	4.500,-
			a.o.Erlöse			2.320,-
10	Grundstücke	an	Bank		50.000,-	50.000,-
11	Kasse				5.500,-	
	Bank	an	Umsatzerlöse		42.900,-	48.400,-
12	Rohstoffe				53.900,-	
	Hilfsstoffe				24.200,-	
	BeSt	an	Verbindl.		11.000,-	89.100,-
13	Verbindl.	an	Bank		49.800,-	
14	Bank	an	Forderungen		29.700,-	
15	Bank	an	Darlehen		100.000,-	
16	Gebäude	an	Bank		120.000,-	
17	Forderungen	an	Umsatzerlöse		57.200,-	

AUFGABE 116:

Gewinn- und Verlustkonto

Stoffaufwand	91.860,-	Umsatzerlöse	165.000,-
Gehälter	4.800,-	a.o.Erlöse	2.320,-
Zins-Aufw.	495,-	Mieterlöse	775,-
Kfz-Kosten	2.420,-		
AfA	64.188,70		
BeSt-Veränd.	1.280,-		
a.o.Aufwand	950,-		
EK	2.101,30		
	168.095,-		168.095,-

Aktiva	Schlußbilanz zu	Aufgabe 116	Passiva
I. Anlagevermögen		I. Eigenkapital	261.271,30

Aktiva			Passiva	
I. Anlagevermögen		**I. Eigenkapital**	**261.271,30**	
Grundstücke	50.000,-	II.Fremdkapital		
Gebäude	346.750,-	A) Langfr.FK		
Maschinen	161.842,50	Darlehen	422.500,-	
Fuhrpark	111.824,80	B) Kurzfr.FK		
II.Umlaufvermögen		Verbindlk.	309.720,-	
Rohstoffe	48.900,-			
Hilfsstoffe	15.250,-			
Betriebssstoffe	8.950,-			
Unf.Erzeugn.	41.290,-			
Fert.Erzeugn.	68.350,-			
Forderungen	97.610,-			
Kasse	19.625,-			
Bank	23.099,-			
	993.491,30		993.491,30	

AUFGABE 117

				Betrag	
Nr.	Text/Buchungssatz			Soll	Haben
1	Verbindl.	an	Kasse	4.500,-	
2	Kfz-Kosten	an	Verbindl.	1.980,-	
3	Fupa	an	Bank	27.310,-	
4	Forderungen			22.000,-	
	Bank	an	Umsatzerlöse	55.000,-	77.000,-
5	Kasse			3.850,-	
	a.o.Aufwand	an	Fuhrpark	3.650,-	7.450,-
6	Gehälter	an	Bank	6.300,-	
7	Kasse	an	Mieterlöse	630,-	
8	Maschinen			32.345,-	
	Zinsaufwand	an	Bank	605,-	32.950,-
9	Forderungen	an	Maschinen	8.910,-	6.200,-
			a.o.Erlöse		2.710,-
10	Grundstücke	an	Bank	57.000,-	
11	Kasse			6.490,-	
	Bank	an	Umsatzerlöse	38.500,-	44.990,-
12	Rohstoffe			62.700,-	
	Hilfsstoffe			26.400,-	
	BeSt	an	Verbindl.	14.300,-	103.400,-
13	Verbindl.	an	Bank	56.700,-	
14	Bank	an	Forderungen	31.900,-	
15	Bank	an	Darlehen	90.000,-	
16	Gebäude	an	Bank	105.000,-	
17	Forderungen	an	Umsatzerlöse	68.205,-	

Gewinn- und Verlustkonto

Stoffaufwand	106.160,-	Umsatzerlöse	190.195,-
HiSt-Aufwand		Mieterlöse	630,-
Gehälter	6.300,-	a.o.Erlöse	2.710,-
Zins-Aufw.	605,-		
Kfz-Kosten	1.980,-		
AfA	62.146,50		
BeSt-Veränd.	1.280,-		
a.o.Aufwand	3.650,-		
EK	11.413,50		
	193.535,-		193.535,-

AUFGABE 118

```
  550.000,-       AfA-DM = 528.200,- : 10 = 52.820,-
-  44.000,-       AfA an Wertberichtigung auf Maschinen 52.800,-
----------        für 81, 82....86
  506.000,-       Zum 14.08.87:
+  11.000,-       Wertberichtigung auf Maschinen an Maschinen
+   1.300,-       316.920,-
+   9.900,-       Bank  150.000,-
----------        a.o.A. 33.080,- an Maschinen  183.080,-
  528.200,-       A-Wert
```

AUFGABE 119

```
  660.000,-       AfA-DM = 61.287,-
-  66.000,-       AfA an Wertberichtigung auf Maschinen 30.643,5
----------        für 1983
  594.000,-
+   8.250,-
+   1.050,-       AfA an Wertberichtigung auf Maschinen 61.287,-
+   9.570,-       für 84, 85.
----------        Zum 06.04.86:
  612.870,-       Wertberichtigung auf Maschinen an Maschinen
                  153.217,50
                  Bank  430.000,-
                  a.o.A. 29.652,50 an Maschinen 459.652,50
```

AUFGABE 120

```
  275.000,-       AfA-DM = 34.486,25,-
-   5.500,-       Für 1980:
----------        AfA an Maschinen  17.243,13
  269.500,-       Für 81 - 86:
+   1.870,-       AfA an Maschinen  34.486,25
+     340,-       Zum 08.12.87:
+   4.180,-       Bank  2000,-
----------        a.o.A. 49.729,37 an Maschinen 51.729,37
  275.890,-
```

AUFGABE 121

AfA-Möglichkeit 1: 200.000,- : 10 = 20.000,- volle JahresAfA, da
                   Anschaffung in 1. Geschäftsjahreshälfte

AfA-Möglichkeit 2: 200.000,- : 10 = 20.000,-
                   20.000,- : 12 Monate = 1.666,6 AfA je Monat

AfA-Möglichkeit 3: 200.000 x 30% degr. AfA = 60.000,-

Differenz zwischen Möglichkeit 2 und Möglichkeit 3 = 43.333,33

AfA-Möglichkeit 1 für GWG: 40.000,- voll, da für GWG keine
Mindest AfA-Dauer gilt.

AfA-Möglichkeit 2 für GWG: 40.000 : 4 = 10.000,-
                           10.000 : 12 =   833,33 DM/Monat
                           833,3 x 5 = 4.166,66 DM
                           Differenz = 35,833,34 DM

Summe der Differenzen: 79.166,67 DM
bei 40% Steuersatz = 31.666,67 Steuerersparnis bei der richtigen
AfA-Wahl.

AUFGABE 122

```
1)   1        2        3       4      5       6        7
     16.050,-  4.268,-  194,-  963,-  369,-  1.485,-  8.771,-
```

2) 2.817,-
3) Gehälter 16.050,-   an n.a.A.   7.279,-
                               Bank   8.771,-
   Sozialkosten 2.817,-   an n.a.A.   2.817,-
   ----
4) n.a.A.   an Bank   4.462,- (F-Amt)
   n.a.A.   an Bank   5.634,- (Krankenkasse)
5) n.a.A.   an SBK   10.096,-
6) 18.867,- DM

AUFGABE 123

```
Forderungen aus Vorschüssen an Kasse 2.350,-
Gehälter 16.050,-     an   n.a.A.                            7.279,-
                           Forderungen aus Vorschüssen      2.350,-
                           Bank                              6.421,-

Sozialkosten 2.817,-  an n.a.A.                              2.817,-
```

AUFGABE 124

Text/Buchungssatz	Betrag Soll	Haben
Sonst. Personalaufw. an Kasse	1.200,-	1.200,-
Ford. aus Vorschüssen an Kasse	5.000,-	5.000,-
Löhne an n.a.A.	44.500,-	16.797,50
Mieterlöse		3.000,-
Ford. aus Vorschüssen		5.000,-
Bank		19.702,50
Sozialkosten an n.a.A.	7.809,50	7.809,50

AUFGABE 125

Text/Buchungssatz	Betrag Soll	Haben
Sonst. Personalaufw. an Kasse	600,-	600,-
Ford. aus Vorschüssen an Kasse	8.000,-	8.000,-
Löhne an n.a.A.	47.800,-	17.966,-
Mieterlöse		3.000,-
Ford. aus Vorschüssen		8.000,-
Bank		18.834,-
Sozialkosten an n.a.A.	8.389,-	8.389,-

AUFGABE 126

Text/Buchungssatz	Betrag Soll	Haben
Sonst. Personalaufw. an Kasse	-	-
Ford. aus Vorschüssen an Kasse	2.500,-	2.500,-
Löhne an n.a.A.	46.200,-	15.449,-
Mieterlöse		3.500,-
Ford. aus Vorschüssen		2.500,-
Bank		24.751,-
Sozialkosten an n.a.A.	6.108,-	6.108,-

AUFGABE 127

Text/Buchungssatz			Betrag Soll	Haben
Sonst. Personalaufw.	an	Kasse	1.800,-	1.800,-
Ford. aus Vorschüssen	an	Kasse	3.400,-	3.400,-
Löhne an n.a.A.			52.790,-	19.548,35
Mieterlöse				3.500,-
Ford. aus Vorschüssen				3.400,-
Bank				26.431,65
Sozialkosten	an	n.a.A.	9.264,64	9.264,64

BUCHUNGEN ZU 124 - 127

```
S           Löhne          H      S           n.a.A.              H
Vortr. 102.000,-|                         |Lö  16.797,50
        44.500,-|                         |SK   7.809,50
        47.800,-|                         |Lö  17.966,-
        46.200,-|                         |SK   8.389,-
        52.790,-|                         |Lö  15.449,-
                                          |SK   6.108,-
                                          |Lö  19.548,35
                                          |SK   9.264,64
```

```
S  Ford. aus Vorschüssen H      S           Bank                H
Ka  5.000,- |Lö  5.000,-        Vortr. 250.000,-|Lö  19.702,50
Ka  8.000,- |Lö  8.000,-                        |Lö  18.834,-
Ka  2.500,- |Lö  2.500,-                        |Lö  24.751,-
Ka  3.400,- |Lö  3.400,-                        |Lö  26.341,65
```

```
S           Kasse          H      S        Sozialkosten          H
Vor. 22.000,-|SP  1.200,-         Vortr.  22.400,-|
             |FaV 5.000,-         n.a.A.   7.809,50|
             |SP    600,-         n.a.A.   8.389,-  |
             |FaV 8.000,-         n.a.A.   6.108,-  |
             |FaV 2.500,-         n.a.A.   9.264,64|
             |SP  1.800,-
             |FaV 3.400,-
```

```
S   Mieterlöse            H      S   Sonst. Personalaufwand    H
              |Vor. 9.000,-      Ka  1.200,- |
              |Lö   3.000,-      Ka    600,-  |
              |Lö   3.000,-      Ka  1.800,- |
              |Lö   3.500,-
              |Lö   3.500,-
```

Vorschußzahlungen haben keine Auswirkungen auf den Personalaufwand des Unternehmens.
Gleiches gilt für Mieteinnahmen.

AUFGABE 128

Aktiva	Eröffnungsbilanz zu Aufgabe 128 S. 125		Passiva
I. Anlagevermögen		I. Eigenkapital	796.100,-
Grundstücke	350.000,-	II.Fremdkapital	
Gebäude	200.000,-	A) Langfr.FK	
Maschinen	80.000,-	Hypotheken	200.000,-
BGA	35.000,-	Darlehen	110.000,-
Fuhrpark	90.000,-	B) Kurzfr.FK	
II.Umlaufvermögen		Verbindlk.	120.000,-
Rohstoffe	75.000,-		
Hilfsstoffe	28.000,-		
Betriebsssstoffe	12.000,-		
Unf.Erzeugn.	42.800,-		
Fert.Erzeugn.	98.500,-		
Forderungen	108.000,-		
Kasse	14.000,-		
Bank	92.800,-		
	1.226.100,-		1.226.100,-

AUFGABE 129

Aktiva	Eröffnungsbilanz zu Aufgabe 129 S. 125		Passiva
I. Anlagevermögen		I. Eigenkapital	737.800,-
Grundstücke	302.000,-	II.Fremdkapital	
Gebäude	105.000,-	A) Langfr.FK	
Maschinen	90.000,-	Hypotheken	160.000,-
BGA	39.000,-	Darlehen	145.000,-
Fuhrpark	120.000,-	B) Kurzfr.FK	
II.Umlaufvermögen		Verbindlk.	138.600,-
Rohstoffe	82.800,-		
Hilfsstoffe	48.600,-		
Betriebsssstoffe	8.000,-		
Unf.Erzeugn.	52.900,-		
Fert.Erzeugn.	102.800,-		
Forderungen	112.400,-		
Kasse	14.300,-		
Bank	103.600,-		
	1.181.400,-		1.181.400,-

AUFGABE 130

Aktiva	Eröffnungsbilanz zu Aufgabe 130 S. 125		Passiva
I. Anlagevermögen		I. Eigenkapital	765.704,-
Grundstücke	333.300,-	II.Fremdkapital	
Gebäude	155.000,-	A) Langfr.FK	
Maschinen	85.000,-	Hypotheken	175.800,-
BGA	36.400,-	Darlehen	133.600,-
Fuhrpark	105.500,-	B) Kurzfr.FK	
II.Umlaufvermögen		Verbindlk.	124.800,-
Rohstoffe	79.800,-		
Hilfsstoffe	36.390,-		
Betriebsssstoffe	9.900,-		
Unf.Erzeugn.	47.800,-		
Fert.Erzeugn.	99.380,-		
Forderungen	102.300,-		
Kasse	11.489,-		
Bank	97.645,-		
	1.199.904,-		1.199.904,-

In Verbindung mit Nr. 132 Bilanzsumme: 1.204.512,10 DM
EK neu: 736.312,10 DM

AUFGABE 131

Aktiva	Eröffnungsbilanz zu Aufgabe 131	S. 125 Passiva	
I. Anlagevermögen		I. Eigenkapital	746.568,-
Grundstücke	290.000,-	II. Fremdkapital	
Gebäude	172.400,-	A) Langfr.FK	
Maschinen	87.300,-	Hypotheken	188.367,-
BGA	47.600,-	Darlehen	157.800,-
Fuhrpark	118.500,-	B) Kurzfr.FK	
II. Umlaufvermögen		Verbindlk.	188.459,-
Rohstoffe	95.864,-		
Hilfsstoffe	53.472,-		
Betriebsssstoffe	21.863,-		
Unf.Erzeugn.	53.276,-		
Fert.Erzeugn.	115.400,-		
Forderungen	105.769,-		
Kasse	13.279,-		
Bank	106.471,-		
	1.281.194,-		1.281.194,-

AUFGABE 132

Nr.	Text/Buchungssatz			Soll	Betrag Haben
1	Forderungen	an	Umsatzerlöse	34.100,-	
2	Löhne	an	n.a.A.	20.000,-	8.015,-
			Mieterlöse		1.200,-
			Bank		9.685,-
	Sozi-Kosten	an	n.a.A.	3.200,-	3.200,-
3	n.a.A.	an	Bank	11.215,-	
4	Kasse			2.000,-	
	a.o.Aufwand	an	Fupa	8.000,-	10.000,-
5	Rohstoffe			52.800,-	
	Hilfsstoffe			23.100,-	
	BeSt	an	Verbindl.	12.100,-	88.000,-
6	Bürokosten	an	Kasse	353,-	
7	Bank	an	Umsatzerlöse	96.800,-	
8	Verbindl.	an	Bank	44.000,-	
9	Darlehen	an	Bank	10.000,-	
10	Maschinen			6.589,-	
	Zins-Aufwand	an	Bank	400,-	6.989,-
11	Rohst.-Aufw.	an	Rohstoffe	57.300,-	
	HiSt.-Aufw.	an	Hilfsstoffe	30.420,-	

AUFGABE 132 i.V.mit 128

Gewinn- und Verlustkonto

Rohstoffaufwand	57.300,-	Umsatzerlöse	130.900,-
BeSt-Aufwand	9.540,-	Best-Veränd.	5.220,-
HiSt-Aufwand	30.420,-	Mieterlöse	1.200,-
Löhne	20.000,-		
Zins-Aufw.	400,-		
AfA	29.908,90		
a.o.Aufwand	8.000,-		
Sozialkosten	3.200,-		
Bürokosten	353,-	EK	21.801,90
	159.121,90		159.121,90

AUFGABE 133

Nr.	Text/Buchungssatz			Soll	Haben
1	Forderungen	an	Umsatzerlöse	46.200,-	
2	Löhne	an	n.a.A.	23.500,-	8.939,-
			Mieterlöse		2.300,-
			Bank		12.261,-
	Sozi-Kosten	an	n.a.A.	3.460,-	3.460,-
3	n.a.A.	an	Bank	12.399,-	
4	Kasse			3.500,-	
	a.o.Aufwand	an	Fupa	11.500,-	15.000,-
5	Rohstoffe			46.200,-	
	Hilfsstoffe			19.800,-	
	BeSt	an	Verbindl.	13.200,-	79.200,-
6	Bürokosten	an	Kasse	364,-	
7	Bank	an	Umsatzerlöse	84.700,-	
8	Verbindl.	an	Bank	41.800,-	
9	Darlehen	an	Bank	13.000,-	
10	Maschinen			5.885,-	
	Zins-Aufwand	an	Bank	490,-	6.375,-
11	Rohst.-Aufw.	an	Rohstoffe	43.890,-	
	HiSt.-Aufw.	an	Hilfsstoffe	16.529,-	

AUFGABE 133 i.V. mit 129

Gewinn- und Verlustkonto

Rohstoffaufwand	43.890,-	Umsatzerlöse	130.900,-
BeSt-Aufwand	6.640,-	Mieterlöse	2.300,-
HiSt-Aufwand	16.529,-		
Löhne	20.000,-		
Zins-Aufw.	490,-		
AfA	36.438,50		
BeSt-Veränd.	9.180,-		
a.o.Aufwand	11.500,-		
Sozialkosten	3.460,-		
Bürokosten	364,-	EK	15.291,50
	148.491,50		148.491,50

AUFGABE 134

Nr.	Text/Buchungssatz			Soll	Haben
1	Rohstoffe			53.900,-	
	BeSt	an	Verbindl.	14.300,-	68.200,-
2	Kasse	an	Maschinen	14.355,-	10.000,-
			a.o.Erlöse		4.355,-
3	Verbindl.	an	Bank	11.550,-	
4	For. aus Vor.	an	Kasse	1.500,-	
5	Forderungen	an	Umsatzerlöse	24.200,-	
6	Kfz-Kosten	an	Verbindl.	1.265,-	
7	Löhne	an	n.a.A. (Bank)	7.500,-	312,-
			n.a.A. (F-Amt)		1.630,-
			n.a.A. (K-Kasse)		1.125,-
			For. aus Vors.		800,-
			Kasse		3.633,-
	n.a.A.(F-Amt)	an	Kasse	71,80	71,80
	Sozi-Kosten	an	n.a.A.(K-Kasse)	1.125,-	1.125,-
8	Gehälter	an	n.a.A.	23.800,-	8.330,-
			For. aus Vors.		700,-
			Bank		14.770,-
	Sozi-Kosten	an	n.a.A.	3.570,-	3.570,-
9	Kasse			8.250,-	
	Bank	an	Umsatzerlös	34.100,-	42.350,-
10	For. aus Vor.	an	Kasse	2.500,-	
11	BGA	an	Verbindl.	264,-	
12	noch abzufü.				
	Abgaben	an	Bank		
13	Bank	an	Hypotheken	100.000,-	
14	Grundstücke	an	Bank	140.000,-	
15	Forderungen			11.000,-	
	a.o. Aufwand	an	Fupa	5.000,-	16.000,-
16	Löhne	an	noch abzufü.		
			Abgaben	22.000,-	8.690,-
			Bank		13.310,-
	Sozialkosten	an	n.a.A.	3.290,-	

AUFGABE 134 i.V. mit 130

Gewinn- und Verlustkonto

Stoffaufwand	62.560,-	Umsatzerlöse	66.550,-
BeSt-Aufwand		Zinserlöse	
HiSt-Aufwand		Mieterlöse	
Löhne	29.500,-	BeSt-Veränd.	
Gehälter	23.800,-	a.o.Erlöse	4.355,-
Kfz-Kosten	1.265,-		
AfA	31.374,-		
a.o.Aufwand	5.000,-		
Sozialkosten	7.985,-		
AfA-Maschinen	7.500,-		
		EK	98.079,-
	168.984,-		168.984,-

AUFGABE 135

Nr.	Text/Buchungssatz			Betrag Soll	Haben
1	Rohstoffe			47.300,-	
	BeSt	an	Verbindl.	15.400,-	62.700,-
2	Kasse	an	Maschinen	15.455,-	12.000,-
			a.o.Erlöse		3.455,-
3	Verbindl.	an	Bank	13.750,-	
4	For. aus Vor.	an	Kasse	2.000,-	
5	Forderungen	an	Umsatzerlöse	30.800,-	
6	Kfz-Kosten	an	Verbindl.	1.045,-	
7	Löhne	an	n.a.A. (Bank)	8.500,-	390,-
			n.a.A. (F-Amt)		2.040,-
			n.a.A. (K-Kasse)		1.275,-
			Ford. aus Vors.		1.200,-
	Sozi-Kosten	an	n.a.A	1.275,-	
8	Gehälter	an	n.a.A.	34.250,-	11.988,-
			For. aus Vors.		800,-
	Sozi-Kosten	an	n.a.A.	5.138,-	5.138,-
9	Kasse			9.350,-	
	Bank	an	Umsatzerlös	45.100,-	54.450,-
10	For. aus Vor.	an	Kasse	3.000,-	
11	BGA	an	Verbindl.	341,-	
13	Bank	an	Hypotheken	90.000,-	
14	Grundstücke	an	Bank	95.000,-	
15	Forderungen			16.500,-	
	a.o. Aufwand	an	Fupa	7.500,-	24.000,-
16	Löhne	an	noch abzufü.		
			Abgaben	43.500,-	14.764,-
			Bank		28.736,-
	Sozi-Kosten	an	n.a.A.	5.634,-	5.634,-

AUFGABE 135 i.V. mit 131

Gewinn- und Verlustkonto

Stoffaufwand	102.169,-	Umsatzerlöse	198.310,-
Löhne	52.000,-	BeSt-Veränd.	
Gehälter	34.250,-	a.o.Erlöse	3.455,-
Kfz-Kosten	1.045,-		
AfA	42.531,-		
a.o.Aufwand	7.500,-		
Sozialkosten	12.047,-	EK	162.837,-
	251.542,-		251.542,-

	AUFGABE 136	AUFGABE 137	AUFGABE 138
Summe d. W-E x 5% =	12.935,-	7.165,-	10.170,-
+ Summe d. W-E x 10% =	60.120,-	80.950,-	55.055,-
+ Inv.-Summe x 10% =	14.000,-	8.245,-	13.333,-
= Summe Vorsteuern =	87.055,-	96.360,-	78.558,-
Summe d. W-VK x 10% =	249.040,-	459.080,-	369.980,-
+ Summe d. W-VK x 5% =	42.315,-	18.000,-	21.750,-
= Summe d. MwSt	291.355,-	477.080,-	391.730,-
BERECHNUNG DER ZAHLLAST:			
Summe d. MwSt	291.355,-	477.080,-	391.730,-
- Summe d. VSt	87.055,-	96.360,-	78.558,-
= Zahllast	204.300,-	380.720,-	313.172,-

```
                      AUFGABE 139    AUFGABE 140    AUFGABE 141
   Summe d. W-EK:105x5 =     14.265,-        4.890,-        9.415,-
 + Summe d. W-EK:110x10=     59.999,-       76.000,-       48.500,-
 + Summe d. Inv.:110x10=      9.000,-        9.500,-       12.222,-
 = Summe Vorsteuern   =      83.264,-       90.490,-       70.137,-
 -------------------------------------------------------------------
   Summe d. W-VK:110x10=    255.000,-      425.000,-      346.000,-
 + Summe d. W-VK:105x 5=     42.315,-       16.500,-       22.222,-
 + Su. d. stfr.-Ums.:100x0        0,-            0,-            0,-
 = Summe d. MwSt           257.315,-      441.500,-      386.222,-

 BERECHNUNG DER ZAHLLAST:
   Summe d. MwSt
 - Summe d. VSt
 = Zahllast                214.051,-      351.010,-      298.085,-

 -------------------------------------------------------------------
```

AUFGABE 142

Unternehmen	Warenwert	Mwst.	Rechn.-Betr.	Vorst.	Zahllast
Urerzeuger	100,-	10,-	110,-	-	10,-
Fabrikant	270,-	27,-	297,-	10,-	17,-
Großhändler	440,-	44,-	484,-	27,-	17,-
Einzelhändler	990,-	99,-	1.089,-	44,-	55,-

AUFGABE 143

Buchungssatz	SOLL	HABEN
Bürokosten	50,-	
Vorsteuer an Kasse	5,-	55,-
Fuhrpark	25.000,-	
Vorsteuer an Verbindlichk.	2.500,-	27.500,-
Forderungen an Umsatzerlöse	1.210,-	1.100,-
MWST		110,-
Reparaturaufwand	80,-	
Vorsteuer an Kasse	8,-	88,-
Telefonkosten an Kasse	120,-	120,-
Rohstoffe	45.000,-	
Vorsteuer an Verbindlichk.	4.500,-	49.500,-
Hilfsstoffe	48.000,-	
Vorsteuer an Kasse	4.800,-	52.800,-
Kasse an Fuhrpark	16.500,-	15.000,-
MWST		1.500,-
Zinsaufwand an Bank	880,-	880,-
Büroaufwand	1.800,-	
Vorsteuer an Verbindlichk.	180,-	1.980,-
Forderungen an Umsatzerlöse	25.740,-	23.400,-
MWST		2.340,-
Bank an Forderungen	25.740,-	25.740,-
Löhne u. Gehälter an n.a.A.	10.000,-	2.000,-
Bank		8.000,-
Sozialkosten an n.a.A	1.500,-	1.500,-
Rohstoffe	19.000,-	
Vorsteuer an Verbindlichk.	1.900,-	20.900,-
	234.513,-	234.513,-

AUFGABE 144

Buchungssatz	SOLL	HABEN
Bürokosten	110,-	
Vorsteuer an Kasse	11,-	121,-
Fuhrpark	33.000,-	
Vorsteuer an Verbindlichk.	3.300,-	36.300,-
Forderungen an Umsatzerlöse	3.080,-	2.800,-
MWST		280,-
Reparaturaufwand	122,-	
Vorsteuer an Kasse	12,20	134,20
Telefonkosten an Kasse	240,-	240,-
Rohstoffe	53.530,-	
Vorsteuer an Verbindlichk.	5.353,-	58.883,-
Hilfsstoffe	58.000,-	
Vorsteuer an Kasse	5.800,-	63.800,-
Kasse an Fuhrpark	14.883,-	13.530,-
MWST		1.353,-
Zinsaufwand an Bank	1.100,-	1.100,-
Büroaufwand	250,-	
Vorsteuer an Verbindlichk.	25,-	275,-
Forderungen an Umsatzerlöse	52.019,-	47.290,-
MWST		4.729,-
Bank an Forderungen	52.019,-	52.019,-
Löhne u. Gehälter an n.a.A.	8.500,-	1.800,-
Bank		6.700,-
Sozialkosten an n.a.A	1.200,-	1.200,-
Rohstoffe	27.000,-	
Vorsteuer an Verbindlichk.	2.700,-	29.700,-
	322.254,20	322.254,20

AUFGABE 145

Buchungssatz	SOLL	HABEN
Bürokosten	30,-	
Vorsteuer an Kasse	3,-	33,-
Fuhrpark	68.000,-	
Vorsteuer an Verbindlichk.	6.800,-	74.800,-
Forderungen an Umsatzerlöse	5.690,-	
MWST	569,-	6.259,-
Reparaturaufwand	803,-	
Vorsteuer an Kasse	80,30	883,30
Telefonkosten an Kasse	360,-	360,-
Rohstoffe	78.965,-	
Vorsteuer an Verbindlichk.	7.896,50	86.861,50
Hilfsstoffe	68.000,-	
Vorsteuer an Kasse	6.800,-	74.800,-
Kasse an Fuhrpark	11.110,-	10.110,-
MWST		1.010,-
Zinsaufwand an Bank	1.100,-	1.100,-
Büroaufwand	4.350,-	
Vorsteuer an Verbindlichk.	435,-	4.785,-
Forderungen an Umsatzerlöse	36.663,-	33.300,-
MWST		3.333,-
Bank an Forderungen	36.663,-	36.663,-
Löhne u. Gehälter an n.a.A.	15.000,-	3.300,-
Bank		11.700,-
Sozialkosten an n.a.A	2.200,-	2.200,-
Rohstoffe	42.000,-	
Vorsteuer an Verbindlichk.	4.200,-	46.200,-
	396.907,80	396.907,80

AUFGABE 146

Aktiva	Eröffnungsbilanz zu Aufgabe 146 S. 139		Passiva
I. Anlagevermögen		I. Eigenkapital	1.082.817,-
Grundstücke	200.000,-	II.Fremdkapital	
Gebäude	300.000,-	A) Langfr.FK	
Maschinen	800.000,-	Hypotheken	100.000,-
BGA	28.000,-	Darlehen	360.800,-
Fuhrpark	85.600,-	B) Kurzfr.FK	
II.Umlaufvermögen		Verbindlk.	244.600,-
Rohstoffe	82.800,-	USt	17.800,-
Hilfsstoffe	35.500,-	n.a.A.	21.400,-
Betriebsssstoffe	25.000,-		
Unf.Erzeugn.	48.600,-		
Fert.Erzeugn.	92.800,-		
Forderungen	32.600,-		
Kasse	8.223,-		
Bank	88.294,-		
	1.827.417,-		1.827.417,-

AUFGABE 147

Aktiva	Eröffnungsbilanz zu Aufgabe 147 S. 139		Passiva
I. Anlagevermögen		I. Eigenkapital	1.261.111,-
Grundstücke	254.400,-	II.Fremdkapital	
Gebäude	320.000,-	A) Langfr.FK	
Maschinen	900.000,-	Hypotheken	120.000,-
BGA	43.600,-	Darlehen	388.940,-
Fuhrpark	93.500,-	B) Kurzfr.FK	
II.Umlaufvermögen		Verbindlk.	272.800,-
Rohstoffe	97.240,-	USt	14.500,-
Hilfsstoffe	34.890,-	n.a.A.	20.800,-
Betriebsssstoffe	26.300,-		
Unf.Erzeugn.	39.780,-		
Fert.Erzeugn.	103.249,-		
Forderungen	42.890,-		
Kasse	9.733,-		
Bank	112.569,-		
	2.078.151,-		2.078.151,-

AUFGABE 148

Aktiva	Eröffnungsbilanz zu Aufgabe 148 S.139	Passiva	
I. Anlagevermögen		I. Eigenkapital	971.650,-
Grundstücke	222.222,-	II.Fremdkapital	
Gebäude	254.500,-	A) Langfr.FK	
Maschinen	780.000,-	Hypotheken	109.500,-
BGA	37.280,-	Darlehen	499.370,-
Fuhrpark	96.700,-	B) Kurzfr.FK	
II.Umlaufvermögen		Verbindlk.	199.450,-
Rohstoffe	93.489,-	USt	11.490,-
Hilfsstoffe	36.460,-	n.a.A.	33.450,-
Betriebssstoffe	23.500,-		
Unf.Erzeugn.	49.560,-		
Fert.Erzeugn.	86.543,-		
Forderungen	36.720,-		
Kasse	10.286,-		
Bank	97.650,-		
	1.824.910,-		1.824.910,-

AUFGABE 149

Aktiva	Eröffnungsbilanz zu Aufgabe 149 S. 139	Passiva	
I. Anlagevermögen		I. Eigenkapital	981.433,-
Grundstücke	243.680	II.Fremdkapital	
Gebäude	355.300,-	A) Langfr.FK	
Maschinen	875.500,-	Hypotheken	110.000,·
BGA	26.400,-	Darlehen	608.700,·
Fuhrpark	76.400,-	B) Kurzfr.FK	
II.Umlaufvermögen		Verbindlk.	344.429,·
Rohstoffe	102.480,-	USt	9.275,·
Hilfsstoffe	37.534,-	n.a.A.	26.150,·
Betriebssstoffe	27.540,-		
Unf.Erzeugn.	52.398,-		
Fert.Erzeugn.	97.320,-		
Forderungen	83.290,-		
Kasse	8.674,-		
Bank	93.471,-		
	2.079.987,-		2.079.987,-

AUFGABE 150

Nr.	Text/Buchungssatz			Soll	Haben
1	n.a.A.	an	Bank	lt. Nr. 146, 147, 148, 149	
2	MwSt	an	Bank	"	"
3	Rohstoffe			22.400,-	
	VSt	an	Verbindl.	2.240,-	24.640,-
4	BGA			1.400,-	
	VSt	an	Kasse	140,-	1.540,-
	Rep.-Kosten			1.300,-	
	VSt	an	Verbindl.	130,-	1.430,-
6	Forderungen	an	Umsatzerlöse	50.380,-	45.800,-
			MwSt		4.580,-
7	Bank	an	Forderungen	15.400,-	
8	Löhne	an	n.a.A.	14.200,-	5.300,-
			Bank		8.900,-
	Sozi-Kosten	an	n.a.A.	2.130,-	2.130,-
	n.a.A.	an	Bank	90,-	90,-
9	Fupa			44.520,-	
	VSt	an	Bank	4.452,-	48.972,-
10*	Löhne	an	n.a.A.	2.500,-	400,-
			Kasse		2.100,-
	Sozi-Kosten	an	n.a.A.	370,-	370,-
11	Darlehen	an	Bank	5.000,-	
12	For. aus Vors.	an	Kasse	500,-	
13	Kasse			3.630,-	
	a.o.Aufwand	an	Fupa	1.200,-	4.500,-
			MwSt		330,-
14	Mietaufwand	an	Bank	2.200,-	
	auch möglich:				
	Mietaufwand			2.000,-	
	Vorsteuer	an	Bank	200,-	2.200,-
15	Bank			50.000,-	
	Kasse	an	Umsatzerlöse	41.949,-	83.590,-
			MwSt		8.359,-
16	Rohstoffe			65.000,-	
	Hilfsstoffe			29.800,-	
	Betriebsstoffe			15.000,-	
	Vorsteuer	an	Verbindl.	10.980,-	120.780,-
17	Gehälter	an	n.a.A.	18.500,-	5.250,-
			For. aus Vors.		500,-
			Bank		12.750,-
	Sozi-Kosten	an	n.a.A.	1.359,-	1.359,-

* Unter bestimmten Voraussetzungen trägt der Arbeitgeber von
Azubis die Beiträge zur Sozialversicherung in voller Höhe.

AUFGABE 150 i.V. mit 146

Gewinn- und Verlustkonto

Stoffaufwand	95.240,-	Umsatzerlöse	129.390,-
Löhne	16.700,-	BeSt-Veränd.	3.504,-
Gehälter	18.500,-	a.o.Erlöse	
Miet-Aufw.	2.200,-		
Reparaturen	1.300,-		
Kfz-Kosten			
AfA	130.605,-		
BeSt-Veränd.			
a.o.Aufwand	1.200,-		
Sozialkosten	3.859,-		
		EK	136.710,-
	269.604,-		269.604,-

AUFGABE 151

Nr.	Text/Buchungssatz			Betrag Soll	Haben
1	n.a.A.	an	Bank	lt. Nr. 146, 147, 148, 149	
2	MwSt	an	Bank	"	"
3	Rohstoffe			54.600,-	
	VSt	an	Verbindl.	5.460,-	60.060,-
4	BGA			825,-	
	VSt	an	Kasse	82,50	82,50
	Rep.-Kosten			1.790,-	
	VSt	an	Verbindl.	179,-	1.969,-
6	Forderungen	an	Umsatzerlöse	57.563,-	52.330,-
			MwSt		5.233,-
7	Bank	an	Forderungen	18.700,-	
8	Löhne	an	n.a.A.	16.300,-	6.210,-
			Bank		10.090,-
	Sozi-Kosten	an	n.a.A.	2.450,-	2.450,-
	n.a.A.	an	Bank	104,-	104,-
9	Fupa			50.500,-	
	VSt	an	Bank	5.050,-	55.550,-
10	Löhne	an	n.a.A.	3.200,-	480,-
			Kasse		2.720,-
	Sozi-Kosten	an	n.a.A.	475,-	475,-
11	Darlehen	an	Bank	8.000,-	8.000,-
12	For. aus Vors.	an	Kasse	650,-	650,-
13	Kasse			6.292,-	
	a.o.Aufwand	an	Fupa	280,-	6.000,-
			MwSt		572,-
14	Mietaufwand	an	Bank	2.705,-	2.705,-
	auch möglich:				
	Mietaufwand			2.459,09	
	Vorsteuer	an	Bank	245,91	2.705,-
15	Bank			62.500,-	
	Kasse	an	Umsatzerlöse	44.761,-	97.510,-
			MwSt		9.751,-
16	Rohstoffe			34.700,-	
	Hilfsstoffe			36.100,-	
	Betriebsstoffe			14.500,-	
	Vorsteuer	an	Verbindl.	8.530,-	93.830,-
17	Gehälter	an	n.a.A.	22.690,-	6.139,-
			For. aus Vors.		650,-
			Bank		15.901,-
	Sozi-Kosten	an	n.a.A.	1.890,-	1.890,-

Gewinn- und Verlustkonto

Stoffaufwand	140.570,-	Umsatzerlöse	149.840,-
Löhne	19.500,-	BeSt-Veränd.	1.875,-
Gehälter	22.690,-	a.o.Erlöse	
Miet-Aufw.	2.705,-		
Reparaturen	1.790,-		
AfA	147.040,-		
a.o.Aufwand	280,-		
Sozialkosten	4.815,-	EK	187.675,-
	339.390,-		339.390,-

AUFGABE 152

				Betrag	
Nr.	Text/Buchungssatz			Soll	Haben
1	Löhne	an	n.a.A.	5.790,-	1.909,-
			Kasse		3.881,-
	Sozi-Kosten	an	n.a.A.	789,-	789,-
2	Maschinen			11.200,-	
	VSt	an	Bank	1.120,-	12.320,-
3	Forderungen	an	Umsatzerlöse	108.779,-	98.890,-
			MwSt		9.889,-
4	Rohstoffe			19.000,-	
	Hilfsstoffe			12.000,-	
	Betriebsstoffe			8.390,91	
	VSt	an	Verbindl.	3.939,09	43.330,-
5	Instandhalt.			4.500,-	
	VSt	an	Verbindl.	450,-	4.950,-
6	Ford. aus Vor.	an	Bank	300,-	300,-
7	Bank	an	Forderungen	11.000,-	11.000,-
8	Kasse			16.500,-	
	a.o.Aufwand	an	Gebäude	19.000,-	34.000,-
			MwSt		1.500,-
9	Umsatzerlöse			1.500,-	
	MwSt	an	Forderungen	150,-	1.650,-
10	Forderungen	an	Umsatzerlöse	47.960,-	43.600,-
			MwSt		4.360,-
11	Instandhalt.			2.800,-	
	VSt	an	Verbindl.	280,-	3.080,-

AUFGABE 152 i.V. mit 148

Gewinn- und Verlustkonto

Stoffaufwand	35.079,91	Umsatzerlöse	140.990,-
Löhne	5.790,-	BeSt-Veränd.	8.801,-
Instandhaltung	7.300,-		
AfA	119.887,-		
a.o.Aufwand	19.000,-		
Sozialkosten	789,-	EK	38.054,91
	187.845,91		187.845,91

AUFGABE 153

Nr.	Text/Buchungssatz			Betrag Soll	Haben
1	Löhne	an	n.a.A.	6.270,-	2.215,-
			Kasse		4.055,-
	Sozi-Kosten	an	n.a.A.	925,-	925,-
2	Maschinen			13.480,-	
	VSt	an	Bank	1.348,-	14.828,-
3	Forderungen	an	Umsatzerlöse	97.262,-	88.420,-
			MwSt		8.842,-
4	Rohstoffe			25.000,-	
	Hilfsstoffe			14.181,82	
	Betriebsstoffe			10.354,55	
	VSt	an	Verbindl.	4.953,63	54.490,-
5	Instandhalt.			5.900,-	
	VSt	an	Verbindl.	590,-	6.490,-
6	Ford. aus Vor.	an	Bank	800,-	800,-
7	Bank	an	Forderungen	9.680,-	9.680,-
8	Kasse			20.790,-	
	a.o.Aufwand	an	Gebäude	23.700,-	42.600,-
			MwSt		1.890,-
9	Umsatzerlöse			2.300,-	
	MwSt	an	Forderungen	230,-	2.530,-
10	Forderungen	an	Umsatzerlöse	58.190,-	52.900,-
			MwSt		5.290,-
11	Instandhalt.			3.890,91	
	VSt	an	Verbindl.	389,09	4.280,-

AUFGABE 153 i.V.1 mit 149

Gewinn- und Verlustkonto

Rohstoffaufwand	59.330,37	Umsatzerlöse	139.020,-
Löhne	6.270,-		
Instandhaltung	9.790,91		
AfA	127.593,-		
BeSt-Veränd.	4.814,-		
a.o.Aufwand	23.700,-		
Sozialkosten	925,-	EK	93.403,28
	232.324,80		232.423,80

AUFGABE 154/155

Aktiva	Eröffnungsbilanz zu Aufgabe 154/155		Passiva
I. Anlagevermögen		I. Eigenkapital	746.603,-
Grundstücke	300.000,-	II.Fremdkapital	
Gebäude	218.000,-	A) Langfr.FK	
Maschinen	195.600,-	Hypotheken	258.000,-
BGA	140.000,-	Darlehen	397.800,-
Fuhrpark	105.000,-	B) Kurzfr.FK	
II.Umlaufvermögen		Verbindlk.	133.280,-
Rohstoffe	86.931,-	USt	17.500,-
Hilfsstoffe	57.230,-		
Betriebssstoffe	18.329,-		
Unf.Erzeugn.	83.490,-		
Fert.Erzeugn.	177.600,-		
Forderungen	64.819,-		
Kasse	27.890,-		
Bank	78.294,-		
	1.553.183,-		1.553.183,-

AUFGABE 154

Nr.	Text/Buchungssatz			Betrag Soll	Haben
1	Löhne u. Geh.	an	n.a.A.	35.800,-	10.640,-
			Bank		25.160,-
	Sozi-Kosten	an	n.a.A.	5.370,-	5.370,-
2	Rohstoffe			40.000,-	
	Hilfsstoffe			19.000,-	
	Betriebsstoffe			8.500,-	
	VSt	an	Verbindl.	6.750,-	74.250,-
3	Bank	an	Umsatzerlöse	68.640,-	78.000,-
	Kasse		MwSt	17.160,-	7.800,-
4	Rohstoffaufw.	an	Rohstoffe	67.800,-	67.800,-
	BeSt.-Aufw.	an	BeSt	12.490,-	12.490,-
	HiSt.-Aufw.	an	Hilfsstoffe	22.000,-	22.000,-
5	Rohstoffe			900,-	
	VSt	an	Verbindl.	90,-	990,-

Gewinn- und Verlustkonto

Rohstoffaufwand	67.800,-	Umsatzerlöse	78.000,-
BeSt-Aufwand	12.490,-	Zinserlöse	
HiSt-Aufwand	22.000,-	Mieterlöse	
Löhne	35.800,-	BeSt-Veränd.	
AfA	72.460,-		
BeSt-Veränd.	34.746,-		
Sozialkosten	5.370,-	EK	172.666,-
	250.666,-		250.666,-

AUFGABE 155

Nr.	Text/Buchungssatz			Betrag Soll	Haben
1	Löhne u. Geh.	an	n.a.A.	48.700,-	14.510,-
			Bank		34.190,-
	Sozi-Kosten	an	n.a.A.	7.305,-	7.305,-
2	Rohstoffe			38.000,-	
	Hilfsstoffe			28.000,-	
	Betriebsstoffe			7.200,-	
	VSt	an	Verbindl.	7.320,-	80.520,-
3	Bank	an	Umsatzerlöse	76.780,-	87.250,-
	Kasse		MwSt	19.195,-	8.725,-
4	Rohstoffaufw.	an	Rohstoffe	78.329,-	78.329,-
	BeSt.-Aufw.	an	BeSt	9.740,-	9.740,-
	HiSt.-Aufw.	an	Hilfsstoffe	44.000,-	44.000,-
5	Rohstoffe			1.200,-	
	VSt	an	Verbindl.	120,-	1.320,-

AUFGABE 155:

Gewinn- und Verlustkonto

Rohstoffaufwand	78.329,-	Umsatzerlöse	87.250,-
BeSt-Aufwand	9.740,-	Zinserlöse	
HiSt-Aufwand	44.000,-	Mieterlöse	
Löhne	48.700,-	BeSt-Veränd.	
AfA	72.460,-		
BeSt-Veränd.	34.746,-		
Sozialkosten	7.305,-	EK	208.130,-
	295.380,-		295.380,-

AUFGABE 156

G + V		Privat	
76.940,-	98.367,-	8.900,-	1.500,-
EK 21.427,-			7.400,-
---------	---------	---------	---------
98.367,-	98.367,-	8.900,-	8.900,-

Eigenkapital			oder:	89.000,-
Pr. 7.400,-	EBK	89.000,-	-	8.900,-
SBK 103.027,-	G+V	21.427,-	+	1.500,-
---------	---------	---------	-	76.940,-
110.427,-		110.427,-	+	98.367,-

---------	---------	---------		103.027,-

Neues Eigenkapital = 103.027,-

AUFGABE 157   454.682,-

AUFGABE 158   433.610,-

AUFGABE 159 445.062,-

AUFGABE 160

```
Privat
36.792,-    |    5.500,-
            | EK 31.292,-
------------|------------
36.792,-    |   36.792,-
```

```
G + V
          | 101.199,- | 157.820,-
       EK |  56.621,- |
----------|-----------|----------
          | 157.820,- | 157.820,-
```

```
Eigenkapital
SBK 277.900,- | G+V  56.621,-
Pr.  31.292,- | EBK 252.571,-
--------------|--------------
    309.192,- |     309.192,-
--------------|--------------
------------------------------
```

```
oder:  277.900,-
     +  36.792,-
     -   5.500,-
     + 101.199,-
     - 157.820,-
       ----------
       252.571,-
```

AUFGABE 161 436.471,-

AUFGABE 162 554.093,-

AUFGABE 163

```
EK
SBK 466.200,- | EBK 394.580,-
              | G+V  38.500,-
              | Pr.  33.120,-
--------------|--------------
    466.200,- |     466.200,-
```

```
Privat
Entn. 46.869,- | Einl. 79.989,-
EK    33.120,- |
---------------|---------------
      79.989,- |       79.989,-
```

AUFGABE 164 135.860,-

AUFGABE 165 5.610,-

AUFGABE 166

Aktiva	Eröffnungsbilanz zu Aufgabe 166 S. 148	Passiva	
I. Anlagevermögen		I. Eigenkapital	888.111,-
Grundstücke	243.000	II. Fremdkapital	
Gebäude	328.000,-	A) Langfr.FK	
Maschinen	444.000,-	Hypotheken	200.000,-
BGA		Darlehen	350.000,-
Fuhrpark	87.200,-	B) Kurzfr.FK	
II. Umlaufvermögen		Verbindlk.	109.649,-
Rohstoffe	88.600,-	USt	54.600,-
Hilfsstoffe	41.620,-	n.a.A.	12.600,-
Betriebssstoffe	22.410,-		
Unf.Erzeugn.	47.600,-		
Fert.Erzeugn.	92.430,-		
Forderungen	108.300,-		
Kasse	14.500,-		
Bank	97.300,-		
	1.614.960,-		1.614.960,-

AUFGABE 167

Aktiva	Eröffnungsbilanz zu Aufgabe 167		S. 148	Passiva
I. Anlagevermögen		I. Eigenkapital		999.222,-
Grundstücke	330.000,-	II.Fremdkapital		
Gebäude	380.000,-	A) Langfr.FK		
Maschinen	420.000,-	Hypotheken		260.000,-
BGA		Darlehen		229.000,-
Fuhrpark	108.000,-	B) Kurzfr.FK		
II.Umlaufvermögen		Verbindlk.		251.698,-
Rohstoffe	83.800,-	USt		43.890,-
Hilfsstoffe	47.600,-	n.a.A.		10.900,-
Betriebssstoffe	18.200,-			
Unf.Erzeugn.	58.600,-			
Fert.Erzeugn.	97.890,-			
Forderungen	112.000,-			
Kasse	14.820,-			
Bank	123.800,-			
	1.794.710,-			1.794.710,-

AUFGABE 168

Aktiva	Eröffnungsbilanz zu Aufgabe 168		S. 148	Passiva
I. Anlagevermögen		I. Eigenkapital		899.333,-
Grundstücke	210.000,-	II.Fremdkapital		
Gebäude	425.800,-	A) Langfr.FK		
Maschinen	610.000,-	Hypotheken		205.000,-
BGA		Darlehen		550.000,-
Fuhrpark	92.900,-	B) Kurzfr.FK		
II.Umlaufvermögen		Verbindlk.		190.277,-
Rohstoffe	77.620,-	USt		35.788,-
Hilfsstoffe	51.200,-	n.a.A.		14.600,-
Betriebssstoffe	26.700,-			
Unf.Erzeugn.	62.900,-			
Fert.Erzeugn.	83.920,-			
Forderungen	97.800,-			
Kasse	19.220,-			
Bank	136.938,-			
	1.894.998,-			1.894.998,-

AUFGABE 169

Aktiva	Eröffnungsbilanz zu Aufgabe 169		S. 148	Passiva
I. Anlagevermögen		I. Eigenkapital		777.445,-
Grundstücke	200.000,-	II.Fremdkapital		
Gebäude	275.000,-	A) Langfr.FK		
Maschinen	400.000,-	Hypotheken		180.000,-
BGA		Darlehen		360.000,-
Fuhrpark	118.700,-	B) Kurzfr.FK		
II.Umlaufvermögen		Verbindlk.		98.165,-
Rohstoffe	92.900,-	USt		32.620,-
Hilfsstoffe	63.920,-	n.a.A.		8.360,-
Betriebssstoffe	28.830,-			
Unf.Erzeugn.	37.600,-			
Fert.Erzeugn.	66.700,-			
Forderungen	77.900,-			
Kasse	9.830,-			
Bank	85.210,-			
	1.456.590,-			1.456.590,-

Nr.	Text/Buchungssatz				Betrag Soll	Haben
1	Löhne	an	n.a.A.		7.800,–	2.730,–
			Kasse		·	5.070,–
	Sozi-Kosten	an	n.a.A.		1.170,–	1.170,–
2	MwSt	an	Bank	bei 166	54.600,–	54.600,–
				bei 167	43.890,–	43.890,–
				bei 168	35.788,–	35.788,–
				bei 169	32.670,–	32.670,–
3	Rohstoffe				48.000,–	
	Hilfsstoffe				21.960,–	
	Betriebsstoffe				12.100,–	
	Vorsteuer				8.206,–	90.266,–
4	Privat	an	Umsatzerlöse		1.210,–	1.100,–
			MwSt			110,–
5	Forderungen	an	Umsatzerlöse		96.657,–	87.870,–
			MwSt			8.787,–
6	Kasse	an	Umsatzerlöse		26.400,–	24.000,–
			MwSt			2.400,–
7	Verbindl.				18.700,–	
	Privat				800,–	
	Telefonkosten				440,–	
	Mietaufwand	an	Bank		1.200,–	21.140,–
8	Darlehen	an	Bank		10.000,–	10.000,–
9	Bank	an	Forderungen		22.000,–	20.900,–
			Mieterlöse			500,–
			Zinserlöse			600,–
10	Kasse	an	Fupa		15.400,–	12.000,–
			a.o.Erlöse			2.000,–
			MwSt			1.400,–
11	Ford. aus Vor.	an	Kasse		8.000,–	8.000,–
12	Privat	an	Kasse		2.500,–	2.500,–
13	Fupa				17.000,–	
	VSt	an	Bank		1.700,–	18.700,–
14	Kfz-Kosten				12.400,–	
	VSt	an	Verbindl.		1.240,–	13.640,–
15	Forderungen	an	Umsatzerlöse		93.874,–	85.340,–
			MwSt			8.534,–
16	Rohst.-Aufw.	an	Rohstoffe		22.000,–	22.000,–
	HiSt.-Aufw.	an	Hilfsstoffe		12.100,–	12.100,–
	BeSt.-Aufw.	an	Betriebsstoffe		9.680,–	9.680,–
17	Privat	an	Bank		846,–	846,–

AUFGABE 171

Nr.	Text/Buchungssatz				Betrag Soll	Haben
1	Löhne	an	n.a.A.		6.200,-	2.170,-
			Kasse			4.030,-
	Sozi-Kosten	an	n.a.A.		930,-	930,-
2	MwSt	an	Bank	bei 166	54.600,-	54.600,-
				bei 167	43.890,-	43.890,-
				bei 168	35.788,-	35.788,-
				bei 169	32.620,-	32.620,-
3	Rohstoffe				52.000,-	
	Hilfsstoffe				28.720,-	
	Betriebsstoffe				14.300,-	
	Vorsteuer				9.502,-	104.522,-
4	Privat	an	Umsatzerlöse		1.197,90	1.089,-
			MwSt			108,90
5	Forderungen	an	Umsatzerlöse		87.769,-	79.790,-
			MwSt			7.979,-
6	Kasse	an	Umsatzerlöse		28.600,-	26.000,-
			MwSt			2.600,-
7	Verbindl.				18.590,-	
	Privat				900,-	
	Telefonkosten				528,-	
	Mietaufwand	an	Bank		1.300,-	21.318,-
8	Darlehen	an	Bank		20.000,-	20.000,-
9	Bank	an	Forderungen		23.060,-	23.060,-
			Mieterlöse			690,-
			Zinserlöse			480,-
10	Kasse	an	Fupa		20.900,-	14.000,-
			a.o.Erlöse			5.000,-
			MwSt			1.900,-
11	Ford. aus Vor.	an	Kasse		10.000,-	10.000,-
12	Privat	an	Kasse		3.200,-	3.200,-
13	Fupa				19.000,-	
	VSt	an	Bank		1.900,-	20.900,-
14	Kfz-Kosten				13.480,-	
	VSt	an	Verbindl.		1.348,-	14.828,-
15	Forderungen	an	Umsatzerlöse		89.430,-	81.300,-
			MwSt			8.130,-
16	Rohst.-Aufw.	an	Rohstoffe		20.900,-	20.900,-
	HiSt.-Aufw.	an	Hilfsstoffe		11.000,-	11.000,-
	BeSt.-Aufw.	an	Betriebsstoffe		8.570,-	8.570,-
17	Privat	an	Bank		846,-	846,-

AUFGABE 170 i.V. mit 166

Gewinn- und Verlustkonto

Rohstoffaufwand	22.000,-	Umsatzerlöse	198.310,-
BeSt-Aufwand	9.680,-	Zinserlöse	600,-
HiSt-Aufwand	12.100,-	Mieterlöse	500,-
Löhne	7.800,-	BeSt-Veränd.	3.820,-
Telefon	440,-		
Miet-Aufw.	1.200,-		
Kfz-Kosten	11.160,-		
AfA	79.240,-		
BeSt-Veränd.	2.665,-		
Sozialkosten	1.170,-		
EK	57.775,-		
	205.230,-		205.230,-

AUFGABE 171 i.V. mit 167

Gewinn- und Verlustkonto

Rohstoffaufwand	20.900,-	Umsatzerlöse	188.179,-
BeSt-Aufwand	8.570,-	Zinserlöse	480,-
HiSt-Aufwand	11.000,-	Mieterlöse	690,-
Löhne	6.200,-	a.o. Erlöse	5.000,-
Telefon	528,-		
Miet-Aufw.	1.300,-		
Kfz-Kosten	12.132,-		
AfA	83.600,-		
BeSt-Veränd.	9.845,-		
Sozialkosten	930,-		
EK	39.344,-		
	194.349,-		194.349,-

AUFGABE 172

Nr.	Text/Buchungssatz			Betrag Soll	Haben
1	Fupa			85.000,-	
	VSt	an	Bank	8.500,-	93.500,-
2	Bank	an	Forderungen	58.930,-	58.930,-
3	Kasse	an	Umsatzerlöse	16.500,-	15.000,-
			MwSt		1.500,-
4	For. aus Vors.	an	Kasse	1.200,-	1.200,-
5	Rohstoffe			43.500,-	
	VSt	an	Verbindl.	4.350,-	47.850,-
6	Darlehen	an	Bank	10.000,-	10.000,-
7	-				
8	Postgirokonto	an	Kasse	5.000,-	5.000,-
9	Forderungen	an	Umsatzerlöse	73.700,-	67.000,-
			MwSt		6.700,-
10	Löhne			26.000,-	
	n.a.A.	an	n.a.A.	162,-	9.802,-
			Bank		16.360,-
	Sozi-Kosten	an	n.a.A.	3.900,-	3.900,-
11	Bank	an	Zinserlöse	33.050,-	250,-
			Forderungen		32.800,-
12	MwSt	an	VSt		
13	MwSt	an	Bank		

AUFGABE 173

Nr.	Text/Buchungssatz			Soll	Haben
1	Fupa			92.300,-	
	VSt	an	Bank	9.230,-	101.530,-
2	Bank	an	Forderungen	62.380,-	62.380,-
3	Kasse	an	Umsatzerlöse	14.300,-	13.000,-
			MwSt		1.300,-
4	For. aus Vors.	an	Kasse	2.000,-	2.000,-
5	Rohstoffe			31.690,-	
	VSt	an	Verbindl.	3.169,-	34.859,-
6	Darlehen	an	Bank	12.000,-	12.000,-
7	-				
8	Postgirokonto	an	Kasse	7.000,-	7.000,-
9	Forderungen	an	Umsatzerlöse	92.400,-	84.000,-
			MwSt		8.400,-
10	Löhne			36.100,-	
	n.a.A.	an	n.a.A.	234,-	13.649,-
			Bank		22.451,-
	Sozi-Kosten	an	n.a.A.	5.415,-	5.415,-
11	Bank	an	Zinserlöse	41.998,-	198,-
			Forderungen		41.800,-
12	MwSt	an	VSt		
13	MwSt	an	Bank		

Betrag (über Soll/Haben)

AUFGABE 172 i.V. mit 168

Gewinn- und Verlustkonto

Rohstoffaufwand	38.720,-	Umsatzerlöse	82.000,-
BeSt-Aufwand	17.780,-	Zinserlöse	250,-
HiSt-Aufwand	28.800,-	Mieterlöse	
Löhne	26.000,-	BeSt-Veränd.	
AfA	167.910,-		
BeSt-Veränd.	8.888,-		
Sozialkosten	3.900,-	EK	209.748,-
	291.998,-		291.998,-

AUFGABE 173 i.V. mit 169

Gewinn- und Verlustkonto

Rohstoffaufwand	42.190,-	Umsatzerlöse	97.000,-
BeSt-Aufwand	19.910,-	Zinserlöse	198,-
HiSt-Aufwand	41.520,-	Mieterlöse	
Löhne	36.100,-	BeSt-Veränd.	33.632,-
AfA	133.375,-		
Sozialkosten	5.415,-	EK	147.680,-
	278.510,-		278.510,-

AUFGABE 174 I

```
Rohstoffe
EBK    45.600,-│SBK    41.500,-
Vb     83.590,-│RS-A   90.190,-
BK      2.500,-│
----------------│----------------
      131.690,-│      131.690,-
```

```
Bes.-K.
Ka      2.500,-│RS      2.500,-
----------------┼----------------
        2.500,-│        2.500,-
```

```
S         SBK          H
RS     41.500,-│
```

```
G + V
Aufw. 122.400,-│Erl. 421.900,-
RS-A   90.190,-│
EK    209.310,-│
----------------┼----------------
      421.900,-│      421.900,-
```

```
Rohstoffaufwand
RS     90.190,-│G+V    90.190,-
----------------│----------------
       90.190,-│       90.190,-
```

AUFGABE 174 II

```
G + V
Aufw.  122.400,-│Erl. 421.900,-
RS-A    87.690,-│
Bes.-K.  2.500,-│
EK     209.310,-│
-----------------┼----------------
       421.900,-│      421.900,-
```

AUFGABE 175   267.731,-

AUFGABE 176   51.310,-

AUFGABE 177   1,-

AUFGABE 178

```
U-Erlöse
TK     22.800,-│       108.700,-
G+V    85.900,-│
----------------┼----------------
      108.700,-│       108.700,-
```

```
Transportkosten
      22.800,-│U-E    22.800,-
---------------│----------------
      22.800,-│       22.800,-
```

```
              G + V
      475.750,-│       539.840,-
EK    149.990,-│        85.900,-
----------------┼----------------
      625.740,-│       625.740,-
```

AUFGABE 179   34.333,-

AUFGABE 180   37.722,-

AUFGABE 181 106.130,-

AUFGABE 182

Nr.	Text/Buchungssatz			Betrag Soll	Haben
1	Rohst.			40.000,-	
	VSt	an	Verbindl.	4.000,-	44.000,-
2	Bes.-K			150,-	
	VSt	an	Kasse	15,-	165,-
3	For. aus Vors.	an	Kasse	500,-	500,-
4	Forderungen	an	Umsatzerlöse	93.049,-	84.590,-
			MwSt		8.459,-
5	Transp.-Kosten			80,-	
	VSt	an	Kasse	8,-	88,-
6	Kasse	an	Bank	5.600,-	5.600,-
7	Löhne	an	For. aus Vor.	13.500,-	500,-
			n.a.A.		4.715,-
			Kasse		8.215,-
	Sozi-Kosten	an	n.a.A.	2.025,-	2.025,-
8	MwSt	an	Bank	54.600,-	54.600,-
9	Bank	an	Forderungen	77.000,-	77.000,-
10	Transp.-Kosten			5.300,-	
	Bezugskosten			4.600,-	
	VSt	an	Verbindl.	990,-	10.890,-
11	Postgirokonto	an	Kasse	1.000,-	1.000,-
12 a)	MwSt	an	VSt		
b)	MwSt	an	Bank		
13	HiSt-Aufw.	an	Hilfsstoffe	10.000,-	10.000,-
	BeSt-Aufw.	an	Betriebsstoffe	2.500,-	2.500,-

AUFGABE 183

Nr.	Text/Buchungssatz			Betrag Soll	Haben
1	Rohst.			45.900,-	
	VSt	an	Verbindl.	4.590,-	50.490,-
2	Bes.-K			130,-	
	VSt	an	Kasse	13,-	143,-
3	For. aus Vors.	an	Kasse	400,-	400,-
4	Forderungen	an	Umsatzerlöse	84.150,-	76.500,-
			MwSt		7.650,-
5	Transp.-Kosten			40,-	
	VSt	an	Kasse	4,-	44,-
6	Kasse	an	Bank	7.200,-	7.200,-
7	Löhne	an	For. aus Vor.	14.700,-	400,-
			n.a.A.		5.155,-
			Kasse		9.145,-
	Sozi-Kosten	an	n.a.A.	2.205,-	2.205,-
8	MwSt	an	Bank	54.600,-	54.600,-
9	Bank	an	Forderungen	73.700,-	73.700,-
10	Transp.-Kosten			4.600,-	
	Bezugskosten			5.900,-	
	VSt	an	Verbindl.	1.050,-	11.550,-
11	Postgirokonto	an	Kasse	900,-	900,-
12 a)	MwSt	an	VSt		
b)	MwSt	an	Bank		
13	HiSt-Aufw.	an	Hilfsstoffe	9.500,-	9.500,-
	BeSt-Aufw.	an	Betriebsstoffe	3.200,-	3.200,-

Gewinn- und Verlustkonto

Rohstoffaufwand	6.200,-	Umsatzerlöse	84.590,-
BeSt-Aufwand	13.490,-	Zinserlöse	
HiSt-Aufwand	19.220,-	Mieterlöse	
Löhne	13.500,-	BeSt-Veränd.	
AfA	113.000,-		
BeSt-Veränd.	2.098,-		
Bezugskosten	4.750,-		
Transportkosten	5.380,-		
Sozialkosten	2.025,-	EK	95.073,-
	179.663,-		179.663,-

AUFGABE 183 i.V. mit 166

Gewinn- und Verlustkonto

Rohstoffaufwand	6.200,-	Umsatzerlöse	76.500,-
BeSt-Aufwand	13.490,-	Zinserlöse	
HiSt-Aufwand	19.220,-	Mieterlöse	
Löhne	14.700,-	BeSt-Veränd.	
AfA	113.000,-		
BeSt-Veränd.	2.098,-		
Bezugskosten	6.030,-		
Transportkosten	4.640,-		
Sozialkosten	2.205,-	EK	105.083,-
	181.583,-		181.583,-

AUFGABE 184

Die genannten Preisnachlässe mindern den Erlös.
Ob nun im G+V-Konto höhere Erlöse zusammen mit höheren Aufwendungen geltend gemacht werden, oder ob die Erlöse um die Vergünstigungen an Kunden bereinigt in das G+V-Konto einfließen, führt zum selben Ergebnis.

AUFGABE 185 Rabatt-Aufwand an So.Verb.
MwSt an Rabatt-Aufwand
Bank
So. Verb. an Forderungen

AUFGABE 186 Boniaufwand
VSt an So. Verbindlichkeiten

AUFGABE 187

Das Konto Boni-Aufwand landet stets im G+V-Konto.
Entweder direkt, oder über das Konto Umsatzerlöse. Dort als Erlösschmälerung.

AUFGABE 188

Nr.	Text/Buchungssatz			Soll	Haben
1	Rohst.			33.750,-	
	VSt	an	Verbindl.	3.375,-	37.125,-
2	Bez.-K			220,-	
	VSt	an	Kasse	22,-	242,-
3	Verbindl.			37.125,-	
	Skto.-Aufw.	an	Bank	742,50	36.382,50
	MwSt	an	Skto.-Aufw.	67,50	67,50
4	So. Forder.	an	Boni-Erträge	990,-	900,-
			MwSt		90,-
5	Forderungen	an	Umsatzerlöse	74.800,-	68.000,-
			MwSt		6.800,-
6	Transp.-Kosten			250,-	
	VSt	an	Kasse	25,-	275,-
7	Bank			73.304,-	
	Skto-Aufw.	an	Forderungen	1.496,-	74.800,-
8	Boni-Aufw.	an	So. Verbindl.	1.870,-	1.870,-
	VSt	an	Boni-Aufw.	170,-	170,-
9	Umsatzerlöse			1.200,-	
	MwSt	an	So. Verbindl.	120,-	1.320,-
10	Forderungen	an	Umsatzerlöse	3.025,-	2.750,-
			MwSt		275,-
11	So. Ford.	an	Rohstoffe	715,-	650,-
			VSt		65,-
12	Verbindl.	an	So. Forderungen	9.680,-	715,-
			Bank		8.965,-

AUFGABE 189

Nr.	Text/Buchungssatz			Soll	Haben
1	Rohst.			48.450,-	
	VSt	an	Verbindl.	4.845,-	53.295,-
2	Transp.-Kosten			330,-	
	VSt	an	Kasse	33,-	363,-
3	Verbindl.	an	Bank	53.295,-	52.229,10
			Skto.-Ertr.		969,-
			VSt		96,90
4	So. Forder.	an	Boni-Erträge	1.421,20	1.421,20
	Boni-Ertr.	an	MwSt		142,12
5	Forderungen	an	Umsatzerlöse	57.200,-	52.000,-
			MwSt		5.200,-
6	Transp.-Kosten			330,-	
	VSt	an	Kasse	33,-	363,-
7	Bank			56.056,-	
	Skto-Aufw.			1.040,-	
	MwSt	an	Forderungen	104,-	57.200,-
8	Boni-Aufw.			1.700,-	
	VSt	an	So. Verbindl.	170,-	1.870,-
9	Umsatzerlöse			2.100,-	
	MwSt	an	So. Verbindl.	210,-	2.310,-
10	"Siehe 188"				
11	So. Ford.	an	Rohstoffe	2.002,-	1.820,-
			VSt		182,-
12	Verbindl.	an	Bank	14.278,-	12.276,-
			So. Forderungen		2.002,-

AUFGABE 190

Aktiva	Eröffnungsbilanz zu Aufgabe 190 S. 170		Passiva
I. Anlagevermögen		I. Eigenkapital	409.731,-
Grundstücke	280.000,-	II. Fremdkapital	
Gebäude	150.000,-	A) Langfr.FK	
Maschinen	80.000,-	Hypotheken	140.000,-
BGA		Darlehen	283.000,-
Fuhrpark	87.600,-	B) Kurzfr.FK	
II. Umlaufvermögen		Verbindlk.	145.612,-
Rohstoffe	85.200,-	USt	12.800,-
Hilfsstoffe	42.600,-	n.a.A.	4.600,-
Betriebsssstoffe	21.300,-		
Unf.Erzeugn.	29.750,-		
Fert.Erzeugn.	68.500,-		
Forderungen	97.565,-		
Kasse	14.628,-		
Bank	38.600,-		
	995.743,-		995.743,-

AUFGABE 191

Aktiva	Eröffnungsbilanz zu Aufgabe 191 S. 170		Passiva
I. Anlagevermögen		I. Eigenkapital	400.000,-
Grundstücke	310.000,-	II. Fremdkapital	
Gebäude	180.000,-	A) Langfr.FK	
Maschinen	110.000,-	Hypotheken	200.000,-
BGA		Darlehen	269.000,-
Fuhrpark	100.000,-	B) Kurzfr.FK	
II. Umlaufvermögen		Verbindlk.	204.700,-
Rohstoffe	88.400,-	USt	24.600,-
Hilfsstoffe	44.200,-	n.a.A.	12.811,-
Betriebsssstoffe	22.100,-		
Unf.Erzeugn.	30.100,-		
Fert.Erzeugn.	67.850,-		
Forderungen	85.400,-		
Kasse	18.341,-		
Bank	54.720,-		
	1.111.111,-		1.111.111,-

AUFGABE 192

Aktiva	Eröffnungsbilanz zu Aufgabe 192 S. 170		Passiva
I. Anlagevermögen		I. Eigenkapital	334.680,-
Grundstücke	200.000,-	II. Fremdkapital	
Gebäude	170.000,-	A) Langfr.FK	
Maschinen	95.000,-	Hypotheken	160.000,-
BGA		Darlehen	278.000,-
Fuhrpark	96.900,-	B) Kurzfr.FK	
II. Umlaufvermögen		Verbindlk.	180.000,-
Rohstoffe	90.800,-	USt	20.520,-
Hilfsstoffe	46.900,-	n.a.A.	26.800,-
Betriebsssstoffe	23.920,-		
Unf.Erzeugn.	18.150,-		
Fert.Erzeugn.	79.800,-		
Forderungen	74.520,-		
Kasse	8.600,-		
Bank	95.410,-		
	1.000.000,-		1.000.000,-

AUFGABE 194

Nr.	Text/Buchungssatz			Betrag Soll	Haben
1	Löhne	an	noch abzuf.		
			Abgaben	6.000,-	2.120,-
			Kasse		3.880,-
	Sozi-Kosten	an	n.a.A.	900,-	900,-
2	Kasse			6.468,-	
	Skto.-Aufw.			120,-	
	MwSt	an	Forderungen	12,-	6.600,-
3	Forderungen	an	Umsatzerlöse	8.800,-	8.000,-
			MwSt		800,-
4	Verbindl.	an	Bank	18.700,-	18.326,-
			Skto.-Erl.		340,-
			VSt		34,-
5	Kasse	an	Umsatzerlöse	24.750,-	22.500,-
			MwSt		2.250,-
6	Bank	an	Kasse	15.000,-	15.000,-
7	Hypothek	an	Bank	10.000,-	10.000,-
8	Rohstoffe			14.000,-	
	VSt	an	Verbindl.	1.400,-	15.400,-
9	Hilfsstoffe			8.200,-	
	VSt	an	Bank	820,-	9.020,-
10	BeSt			4.230,-	
	VSt	an	Verbindl.	423,-	4.653,-
11	Zins-Aufw.			200,-	
	Privat		Bank	1.500,-	5.801,-
	Miet-Aufw.		SK-Erlöse	900,-	90,-
	Verbindl.	an	VSt	3.300,-	9,-
12	Kasse	an	Fupa	7.150,-	5.000,-
			a.o.Erl.		1.500,-
			MwSt		650,-
13	For. aus Vors.	an	Kasse	1.000,-	1.000,-
14	Boni-Aufw.			400,-	
	VSt	an	So. Verbindl.	40,-	440,-15
n.a.A.		an	Bank	lt. Angaben 190 -	193
16	Bank			49.302,-	
	Skonto-Aufw.			680,-	
	MwSt	an	Zinserlöse	68,-	650,-
			Forderungen		37.400,-
			Forderungen		12.000,-
17	Transp-Kosten			1.300,-	
	Bezugskosten			500,-	
	VSt	an	Verbindl.	180,-	1.980,-

AUFGABE 195

Nr.	Text/Buchungssatz			Betrag Soll	Haben
1	Löhne	an	noch abzuf.		
			Abgaben	5.500,-	1.995,-
			Kasse		3.505,-
	Sozi-Kosten	an	n.a.A.	850,-	850,-
2	Kasse			7.546,-	
	Skto.-Aufw.			140,-	
	MwSt	an	Forderungen	14,-	7.700,-
3	Forderungen	an	Umsatzerlöse	11.000,-	10.000,-
			MwSt		1.000,-
4	Verbindl.	an	Bank	17.600,-	17.248,-
			Skto.-Erl.		320,-
			VSt		32,-
5	Kasse	an	Umsatzerlöse	31.680,-	28.800,-
			MwSt		2.880,-
6	Bank	an	Kasse	20.000,-	20.000,-
7	Hypothek	an	Bank	15.000,-	15.000,-
8	Rohstoffe			14.800,-	
	VSt	an	Verbindl.	1.480,-	16.280,-
9	Hilfsstoffe			9.400,-	
	VSt	an	Bank	940,-	10.340,-
10	BeSt			5.550,-	
	VSt	an	Verbindl.	555,-	6.105,-
11	Zins-Aufw.			240,-	
	Privat		Bank	2.000,-	5.474,-
	Miet-Aufw.		SK-Erlöse	1.100,-	60,-
	Verbindl.	an	VSt	2.200,-	6,-
12	Kasse			7.480,-	
	a.o.Aufw.	an	Fupa	200,-	7.000,-
			MwSt		680,-
13	For. aus Vors.	an	Kasse	850,-	850,-
14	Boni-Aufw.			550,-	
	VSt	an	So. Verbindl.	55,-	605,-
15	n.a.A.	an	Bank	lt. Angaben	190 - 193
16	Bank			50.338,-	
	Skonto-Aufw.			620,-	
	MwSt	an	Zinserlöse	62,-	420,-
			Forderungen		34.100,-
			Forderungen		16.500,-
17	Transp-Kosten			950,-	
	Bezugskosten			1.100,-	
	VSt	an	Verbindl.	205,-	2.255,-

AUFGABE 194 i.V. mit 190

Gewinn- und Verlustkonto

Rohstoffaufwand	23.300,-	Umsatzerlöse	30.500,-
BeSt-Aufwand	8.130,-	Zinserlöse	
HiSt-Aufwand	15.510,-	Mieterlöse	
Löhne	6.000,-	BeSt-Veränd.	
Gehälter		a.o.Erlöse	1.500,-
Porti		Skonto-Erlöse	430,-
Miet-Aufw.	900,-		
Zins-Aufw.	200,-		
AfA	32.020,-		
BeSt-Veränd.	2.930,-		
Sozialkosten	900,-		
Skonto-Aufwand	800,-		
Boni-Aufwand	400,-		
Transportkosten	1.300,-		
Bezugskosten	500,-	EK	60.460,-
	92.890,-		92.890,-

AUFGABE 195 i.V. mit 191

Gewinn- und Verlustkonto

Rohstoffaufwand	27.300,-	Umsatzerlöse	38.800,-
BeSt-Aufwand	10.250,-	Zinserlöse	420,-
HiSt-Aufwand	18.310,-	Mieterlöse	
Löhne	5.500,-	BeSt-Veränd.	
Porti		Skonto-Erlöse	380,-
Miet-Aufw.	1.100,-		
Zins-Aufw.	240,-		
AfA	38.600,-		
BeSt-Veränd.	2.630,-		
a.o.Aufwand	200,-		
Sozialkosten	850,-		
Skonto-Aufwand	760,-		
Boni-Aufwand	550,-		
Transportkosten	950,-		
Bezugskosten	1.100,-	EK	68.740,-
	108.340,-		108.340,-

Nr.	Text/Buchungssatz			Betrag Soll	Haben
1	For. aus Vors.	an	Kasse	500,-	500,-
2	noch abzuf.				
	Abgaben	an	Bank	Betr. lt. Nr. 190-193	
3	MwSt	an	Bank	"	"
4	Forderungen	an	Umsatzerlöse	10.780,-	9.800,-
			MwSt		980,-
5	Kasse			.35.574,-	
	Skto.-Aufw.			660,-	
	MwSt	an	Forderungen	66,-	36.300,-
6	Fupa			24.500,-	
	VSt	an	Kasse	2.450,-	26.950,-
7	Kasse			8.000,-	
	Bank	an	Umsatzerlöse	41.500,-	45.000,-
			MwSt		4.500,-
8	Gehälter	an	For. aus Vors.	10.800,-	500,-
			noch abzuf. Abg.		3.770,-
			Bank		6.530,-
	Sozi-Kosten	an	noch abzuf. Abg.	1.620,-	1.620,-
9	So. Forder.	an	Boni-Erträge	5.280,-	4.800,-
			MwSt		480,-
10	Telefonkosten	an	Kasse	418,-	418,-
11	Porti	an	Kasse	44,-	
12	Bank	an	Darlehen	5.000,-	5.000,-
13	Verbindl.	an	Darlehen	2.200,-	2.200,-
14	Zinsaufwand	an	Verbindl.	100,-	100,-
15	Rohstoffe			18.450,-	
	VSt	an	Verbindl.	1.845,-	20.295,-
16	Hilfsstoffe			8.400,-	
	VSt	an	Verbindl.	840,-	9.240,-
17	BeSt			6.500,-	
	VSt	an	Verbindl	650,-	7.150,-
18	So. Forder.	an	Rohstoffe	660,-	600,-
			VSt		60,-
19	Kasse			9.500,-	
	Bank			47.800,-	
	Forderungen	an	Umsatzerlöse	47.200,-	95.000,-
			MwSt		9.500,-
20	Verbindl.	an	Bank	24.200,-	21.890,-
			So. Forderungen		2.310,-

AUFGABE 197

Nr.	Text/Buchungssatz			Betrag Soll	Haben
1	For. aus Vors.	an	Kasse	600,-	600,-
2	noch abzuf.				
	Abgaben	an	Bank	Betr. lt. Nr. 190-193	
3	MwSt	an	Bank	"	"
4	Forderungen	an	Umsatzerlöse	16.170,-	16.170,-
			MwSt		1.470,-
5	Kasse			30.723,-	
	Skto.-Aufw.			570,-	
	MwSt	an	Forderungen	57,-	31.350,-
6	Fupa			21.560,-	
	VSt	an	Kasse	2.156,-	23.716,-
7	Kasse			11.000,-	
	Bank	an	Umsatzerlöse	40.700,-	47.000,-
			MwSt		4.700,-
8	Gehälter	an	For. aus Vors.	12.300,-	600,-
			noch abzuf. Abg.		4.315,-
			Bank		7.385,-
	Sozi-Kosten	an	noch abzuf. Abg.	1.845,-	1.845,-
9	So. Forder.	an	Boni-Erträge	4.510,-	4.100,-
			MwSt		410,-
10	Telefonkosten	an	Kasse	451,-	451,-
11	Porti	an	Kasse	66,-	66,-
12	Bank	an	Darlehen	5.000,-	5.000,-
13	Verbindl.	an	Darlehen	2.200,-	2.200,-
14	Zinsaufwand	an	Verbindl.	150,-	150,-
15	Rohstoffe			18.750,-	
	VSt	an	Verbindl.	1.875,-	20.625,-
16	Hilfsstoffe			9.200,-	
	VSt	an	Verbindl.	920,-	10.120,-
17	BeSt			7.250,-	
	VSt	an	Verbindl	725,-	7.975,-
18	So. Forder.	an	Rohstoffe	990,-	900,-
			VSt		90,-
19	Kasse			10.000,-	
	Bank			32.700,-	
	Forderungen	an	Umsatzerlöse	54.980,-	88.800,-
			MwSt		8.880,-
20	Verbindl.	an	Bank	25.300,-	23.320,-
			So. Forderungen		1.980,-

AUFGABE 196 i.V. mit 192

Gewinn- und Verlustkonto

Rohstoffaufwand	26.950,-	Umsatzerlöse	149.800,-
BeSt-Aufwand	17.590,-	Zinserlöse	
HiSt-Aufwand	24.380,-	Mieterlöse	
Gehälter	10.800,-	a.o.Erlöse	
Porti	44,-	Boni-Erträge	4.800,-
Telefon	418,-		
Zins-Aufw.	100,-		
AfA	48.000,-		
BeSt-Veränd.	6.220,-		
Skonto-Aufwand	660,-		
Sozialkosten	1.620,-		
EK	17.818,-		
	154.600,-		154.600,-

AUFGABE 197 i.V. mit93

Gewinn- und Verlustkonto

Rohstoffaufwand	14.400,-	Umsatzerlöse	150.500,-
BeSt-Aufwand	14.020,-	Zinserlöse	
HiSt-Aufwand	22.080,-	Mieterlöse	
Gehälter	12.300,-	a.o.Erlöse	
Porti	66,-	Boni-Erträge	4.100,-
Telefon	451,-		
Zins-Aufw.	150,-		
AfA	43.015,-		
BeSt-Veränd.	17.970,-		
Skonto-Aufwand	570,-		
Sozialkosten	1.845,-		
EK	27.733,-		
	154.600,-		154.600,-

AUFGABE 198

Nr.	Text/Buchungssatz			Betrag Soll	Betrag Haben
1	Verbindl.	an	Skto.-Erlöse	53.900,-	980,-
			VSt		98,-
			So. Forderungen		1.540,-
			Bank		51.252,-
2	So. Forder.	an	Rohstoffe	3.300,-	3.000,-
			VSt		300,-
3	Bezugskosten			3.400,-	
	Transp-Kosten			800,-	
	VSt	an	Verbindl.	420,-	4.620,-
4	Verbindl.	an	Bank	4.620,-	4.620,-
5	Rohstoffe			3.250,-	
	VSt	an	Verbindl.	325,-	3.575,-
6	Boni-Aufwand			3.500,-	
	VSt	an	So. Verbindl.	350,-	3.850,-

Nr.	Text/Buchungssatz			Betrag Soll	Haben
a)	Grothkopp: Forderungen	an	Umsatzerlöse MwSt	22.000,-	20.000,- 2.000,-
	Amsel: Rohstoffe VSt	an	Verbindl.	20.000,- 2.000,-	22.000,-
b)	Grothkopp: Umsatzerlöse MwSt	an	So. Verbindl.	1.000,- 100,-	1.100,-
	Amsel: So. Forder.	an	Rohstoffe VSt	1.100,-	1.000,- 100,-
c)	Grothkopp: Besitzwechsel So. Verbindl.	an	Forder.	20.900,- 1.100,-	22.000,-
	Amsel: Verbindl.	an	So. Forder. Schuldwechsel	22.000,-	1.100,- 20.900,-
d)	Kosten des Geldverkehrs	an	Kasse	31,35	31,35
e)	Grothkopp: Forderungen	an	Zinserlöse MwSt	88,-	80,- 8,-
	Amsel: Zins-Aufwand VSt	an	Verbindl.	80,- 8,-	88,-
f)	Grothkopp: Verbindl.	an	Besitzwechsel	20.900,-	20.900,-
	Baumwech: Besitzwechsel	an	Forderungen	20.900,-	20.900,-
g)	Grothkopp: Zins-Aufw. VSt	an	Verbindl.	50,- 5,-	55,-
	Baumwech: Forderungen	an	Zinserlöse MwSt	55,-	50,- 5,-
h)	Baumwech: Kasse	an	Besitzwechsel	20.900,-	20.900,-
	Amsel: Schuldwechsel	an	Kasse	20.900,-	20.900,-

Nr.	Text/Buchungssatz			Betrag Soll	Haben
	Zinsaufwand	an	Bank	360,-	360,-
	Akt. RA	an	Zinsaufwand	180,-	180,-
	SBK	an	Akt. RA	180,-	180,-
	ARA	an	EBK	180,-	180,-
	Zinsaufwand	an	ARA	180,-	180,-

AUFGABE 202

Nr.	Text/Buchungssatz			Betrag Soll	Haben
	Zinsaufwand	an	Bank	420,-	420,-
	Akt. RA	an	Zinsaufwand	280,-	280,-
	SBK	an	Akt. RA	280,-	280,-
	ARA	an	EBK	280,-	280,-
	Zinsaufwand	an	ARA	280,-	280,-

AUFGABE 203

1.Jahr:

Nr.	Text/Buchungssatz			Betrag Soll	Haben
	Disagio	an	Bank	6.500,-	6.500,-
	ARA	an	Disagio	6.000,-	6.000,-
	G + V	an	Disagio	500,-	500,-

Folgejahr:

ARA		an	EBK	6.000,-	6.000,-
Disagio		an	ARA	6.000,-	6.000,-
ARA		an	Disagio	5.000,-	5.000,-
G + V		an	Disagio	1.000,-	1.000,-
SBK		an	ARA	5.000,-	5.000,-

Folgejahre wie vor! Jeweils um 1.000,- DM verringert.

AUFGABE 204   Wie vor.

AUFGABE 205

Buchungen im Jahr der Entstehung:

Mietaufwand		an	So. Verbindl.	1.050,-	1.050,-
G + V		an	Mietaufwand	1.050,-	1.050,-
So. Verbindl.		an	SBK	1.050,-	1.050,-

Buchungen im Folgejahr:

EBK		an	So. Verbindl.	1.050,-	

Zahlung:

So. Verbindl.				1.050,-	
Mietaufwand		an	Bank	1.050,-	2.100,-

AUFGABE 206

Buchungen im Jahr der Entstehung:

Mietaufwand		an	So. Verbindl.	1.600,-	1.600,-
G + V		an	Mietaufwand	1.600,-	1.600,-
So. Verbindl.		an	SBK	1.600,-	1.600,-

Buchungen im Folgejahr:

EBK		an	So. Verbindl.	1.600,-	

Zahlung

So. Verbindl.				1.600,-	
Mietaufwand		an	Bank	800,-	2.400,-

AUFGABE 207

Buchungen im Jahr der Entstehung

So. Forder.		an	Umsatzerlöse	275,-	250,-
			MwSt		25,-
SBK		an	So. Forder.	275,-	275,-
Umsatzerlöse		an	G + V	250,-	250,-

Buchungen im Folgejahr

So. Forder.		an	EBK	275,-	275,-

Zahlung

Bank		an	So. Forderungen	825,-	825,-
			Umsatzerlöse		500,-
			MwSt		50,-

AUFGABE 208
Buchungen im Jahr der Entstehung

So. Forder.	an	Umsatzerlöse	704,-	640,-
		MwSt		64,-
SBK	an	So. Forder.	704,-	704,-
Umsatzerlöse	an	G + V	640,-	640,-

Buchungen im Folgejahr

So. Forder.	an	EBK	704,-	704,-

Zahlung

Bank	an	So. Forder.	2.112,-	704,-
		Umsatzerlöse		1.280,-
		MwSt		128,-

AUFGABE 201 S.198

Bilanzkontinuität
Werte der Eröffnungsbilanz gleich den Werten der Schlußbilanz des Vorjahres.

Annahme der Unternehmensfortführung
Es wird davon ausgegangen, daß das Unternehmen fortgeführt werden soll.

Einzelbewertung
Jedes WG soll einzeln bewertbar sein.

Vorsichtsgrundsatz
Ausweis nicht realisierter Verluste.
Nichtausweis von nicht realisierten Gewinnen.

Periodengerechte Erfassung
Erfassung von Aufwendungen und Erlösen für die Periode, in die diese gehören.

Stetigkeit der Bewertungsmethode
Beibehaltung einer Bewertungsmethode, die im 1. Jahr der Nutzung gewählt wurde, für Folgeperioden.

AUFGABE 202 S. 198

	A	B
Untergrenze	168.000,-	291.000,-
Obergrenze	219.800,-	293.000,-

AUFGABE 203 S. 198

Teilwert Siehe Seite 185

Wertaufholungwahlrecht
Möglichkeit der Zuschreibung eines außerordentlich abgeschriebenen WG nach Wegfall des Grundes der a.o. Abschreibung.

Wertaufholungsgebot
Wie vor, jedoch bindend vorgeschrieben bei Kapitalgesellschaften.

AUFGABE 204 S.198

Entweder Anschaffungs- bzw. Herstellungswert oder Kurswert.
Grundsätzlich findet der niedrigere Wert Anwendung.

AUFGABE 205 S. 198
Nach dem Höchstwertprinzip.

AUFGABE 206 S. 199

Diese müssen abgegrenzt werden, so daß gewährleistet ist, daß diese für das Jahr erfaßt werden, in das sie wirtschaftlich gehören.

AUFGABE 207 S. 199
Siehe Schaubild Seite 188.

AUFGABE 208 S. 199
Altes Jahr:

Kasse	2.400,-	an	Mieterlöse	600,-	
			Passive R-A	1.800,-	
Passive R-A	1.800,-	an	SBK	1.800,-	

Folgejahr:

EBK	1.800,-	an	Passive R-A	1.800,-
Passive R-A	1.800,-	an	Zinserlöse	1.800,-

AUFGABE 209

			S	H
Vers.-Aufw.	an	Bank	2.520,-	2.520,-
ARA	an	Vers.-Aufw.	1.260	1.260,-
Im Folgejahr:				
Vers.-Aufw.	an	ARA	1.260,-	1.260,-

AUFGABE 210

			Betrag	
Zum 31.12. Vorjahr				
Text/Buchungssatz			Soll	Haben
Vers.-Aufw.	an	So. Verb.	360,-	360,-
Folgejahr:				
Vers.-Aufw.			1.080,-	
So. Verbindl.	an	Bank	360,-	1.440,-

AUFGABE 211

So. Forder.	an	Zinserlöse	200,-	200,-
Folgejahr:				
Gehälter	an	So. Forder.	200,-	200,-

AUFGABE 212
Einzelbewertung
Pauschalbewertung
Mischform
Grundsätzlich ist die Einbringbarkeit zu beachten.

AUFGABE 213

			Betrag	
Buchungssatz			Soll	Haben
Zweifelhafte Forder.	an	Forder.	33.000,-	33.000,-
SBK	an	zweif. Ford.	33.000,-	33.000,-
Zweifelhafte Forder.	an	EBK	33.000,-	33.000,-
Bank	an	zweif. Ford.	9.900,-	9.900,-
Abschr. auf Forder.			21.000,-	
MwSt	an	zweif. Ford.	2.100,-	23.100,-

AUFGABE 214

In diesem Jahr sind 16.500,- in die Pauschalwertberichtigungen einzustellen.
Summe der Forderungen = 363.000,- incl. USt.
Netto = 330.000,- x 5% = 16.500,-

AUFGABE 215

Ja. Immer dann, wenn die Summe der Forderungen abnimmt.

AUFGABE 216

a)

Abschr. auf Forder.	an	Pauschalwertbe.		
		auf Forderungen	10.000,-	10.000,-

b)

Abschr. auf Forder.	an	Pauschalwertbe.		
		auf Forderungen	6.000,-	6.000,-

c)

Pauschalwertber. auf Forderungen	an	a.o.Erlöse	2.500,-	2.500,-

AUFGABE 217

a)

Abschr. auf Forder.	an	zweifelh. Forder.

b)

Pauschalwertber. auf Forder.	an	zweifelh. Forder.

AUFGABE 218

Pauschalwertber. auf Forder.	an	a.o. Erlöse	400,-	400,-

AUFGABE 219

Es besteht eine Abhängigkeit vom Risiko des Forderungsausfalls.

AUFGABE 220

Wenn der endgültige Ausfall feststeht.

AUFGABEN ZUR KOSTENRECHNUNG

S. 214

I. Gesamtergebnis   = 792.610,- Gewinn
    Betriebsergebnis   = 785.110,- Gewinn
    Neutrales Ergebnis =   7.500,- Gewinn

II. Gesamtergebnis   = 1.305.900,- Gewinn
    Betriebsergebnis   = 1.293.400,- Gewinn
    Neutrales Ergebnis =   12.500,- Gewinn

III.

Aufwand	Ertrag	Kosten	Leistungen
			2.785.900,-
	550.000,-		
	80.000,-		
	29.000,-		
		275.600,-	
		41.600,-	
		890.800,-	
		112.000,-	
12.500,-			
1.500,-			
11.000,-			
		1.210,-	
		14.500,-	
		23.390,-	
25.000,-	659.000,-	1.361.100,-	2.785.900,-
634.000,-		1.424.800,-	
659.000,-	659.000,-	2.785.900,-	2.785.900,-

Unternehmensergebnis: 2.058.800,-

S. 215

I. Herstellkosten des Umsatzes = 679.200,-
    Mat.-Gemeink.-Zuschlagssatz = 5%
    Fert.- "   "   = 105%
    Verw.- "   "   = 11,04%
    Vertr.-"   = 4,79%

    Anm.: Wenn die Best.-Veränderungen schon vorliegen, sollten
          sie auch berücksichtigt werden.

II.

	Material	Fertigung	Verwaltung	Vertrieb
M	1.900,-	9.500,-	855,-	1.425,-
A	71.500,-	578.500,-	130.000,-	32.500,-
H	5.000,-	140.000,-	0,-	1.000,-
B	2.500,-	18.400,-	5.000,-	28.350,-
G	20.000,-	27.000,-	54.500,-	8.500,-
H	4.000,-	12.500,-	300,-	1.200,-
S-K	3.600,-	56.925,-	8.220,-	1.455,-
So.A.	9.500,-	38.000,-	19.000,-	28.500,-
	118.000,-	880.825,-	217.875,-	102.930,-
	26,82	129,53	10,28	4,86

S. 216

I. Hamburger   = 0,75 DM
   Hot Dogs   = 0,43 DM
   Hähnchenkeulen = 1,89 DM

II.
1) 12.500 x 1   = 12.500,-
2) 8.900 x 1,4 = 12.460,-
3) 14.320 x 0,9 = 12.888,-
4) 2.500 x 2,3 =   5.750,-
5) 7.600 x 1,2 =   9.120,-
6) 19.000 x 1,7 = 32.300,-

                    85.018,-

148.781,50 : 85018 = 1,75

1) 1   x 1,75 = 1,75
2) 1,4 x 1,75 = 2,45
3) 0,9 x 1,75 = 1,58
4) 2,3 x 1,75 = 4,03
5) 1,2 x 1,75 = 2,10
6) 1,7 x 1,75 = 2,98

Durch Rundungsdifferenzen ergibt sich bei dieser Aufgaben eine
Kostenüberdeckung von 179,10 DM.

Seite 217

		A	B	C
1	F-Mat.	45.000,-	86.700,-	23.300,-
2	MGK	5.625,-	10.837,50	2.912,50
3	Mat-K	50.625,-	97.537,50	26.212,50
4	F-Löhne	85.000,-	97.000,-	38.000,-
5	FGK	97.750,-	111.550,-	43.700,-
6	Fert.-K.	182.750,-	208.550,-	81.700,-
7 +	Rüstk.	8.000,-	8.000,-	6.000,-
8 +	sonst. EK	17.890,-	22.000,-	15.710,-
9		208.640,-	238.550,-	103.410,-
10	HK d. P. 3+9	259.265,-	336.087,50	129.622,50
11	BV UE	+ 5.000,-	+ 2.000,-	+ 8.500,-
12	BV FE	+ 6.500,-	- 9.500,-	+ 4.000,-
13	HK d. Ums.	270.765,-	347.587,50	142.122,50
14	Verw. GK	31.137,98	39.972,56	16.344,09
15	Vertr. GK			
16	Selbstk. d. U.	301.902,98	387.560,06	158.466,59
17	Verk.-Erlös	204.500,-	305.200,-	365.300,-
18	Kalk.-Ers.	- 97.402,98	- 82.360,06	+ 206.833,41

```
Kalk. U.-Ergebnis: 27.070,37
Tats. U.-Ergebnis: 98,778,-

neuer MGK-Z:   10,49%
neuer FGK-Z:   98,49%
neuer Vertr.-Z: 5,85%
neuer Verw.-Z:  3,9%
```

Vorteil ist die Erfolgsrechnung je Produkt.

STICHPUNKTE ZU DEN ANTWORTEN AUF DIE FRAGEN:
==

FRAGE 1 Vorgang in einem Unternehmen, das einen Geldfluß auslöst oder ausgelöst hat.

FRAGE 2   Kauf von Rohstoffen; Rückgabe von Rohstoffen; Vorgänge mit Barzahlung; Bankzahlungen oder Kreditkäufe/ - verkäufe.

FRAGE 3 Von Größe und Art des Unternehmens.

FRAGE 4 S. Aufgaben der Buchführung Seite 3.

FRAGE 5 Nr. 3 + 4

FRAGE 6 HGB/AO/Nebengesetze

FRAGE 7 Umsatz > 500.000,- oder Gewinn > 36.000,- p.a. oder Betriebsvermögen > 125.000,-

FRAGE 9   Siehe Seite 6, 2. Absatz.

FRAGE 10   HGB

FRAGE 11   1 + 5

FRAGE 12 Tätigkeit der Aufnahme aller Vermögens- und Schulden- posten eines Unternehmens.

FRAGE 13 Erfassung aller Positionen. Vermeidung von Mehrfachzäh- lung. Unternehmensabläufe dürfen nicht gestört werden.

FRAGE 14 Übersichtlichkeitsgründe

FRAGE 15
AV: Gegenst. zum längerfristigen Verbleib im Unternehmen.
UV: Gegenst. zum kurzfristigen Verbleib im Unternehmen.
FK: Aufgenommenes Geld der Unternehmung.

FRAGE 16 Dokumentation der Eigenfinanzierung und Ausgleichsposten in der Bilanz.

```
FRAGE 17    EK am Jahresende
          - EK am Jahresanfang
          + Entnahmen
          - Einlagen
          --------------------
          = Unternehmenserfolg
```

FRAGE 18 Geschäftsfall, bei dem nur Positionen der Aktivseite berührt werden.

FRAGE 19 Kauf von Rohstoffen gegen bar oder Banksch. etc.

FRAGE 20 Wenn 2 Aktivposten berührt werden, kann sich nur einer mehren und einer mindern.

FRAGE 21 Aktiv-Passiv-Minderung.

FRAGE 22 Ausgleich von Verbindlichkeiten durch Banksch. Rückzahlung eines Darlehens bar. w.l.m.

FRAGE 23 Aktiv-Passiv-Mehrung (Bilanzverlängerung)

FRAGE 24 Kauf von Hilfsstoffen auf Rechnung. Darlehensaufnahme mit Gutschrift des Betrages auf dem Bankkonto. w.l.m.

FRAGE Eigenkapital/Reinvermögen.

FRAGE 26 Zur Vereinfachung der Erfassung der Geschäftsfälle.

FRAGE 27 Weil diese auf der Aktivseite der Bilanz stehen.

FRAGE 28 Siehe Seite 28

FRAGE 29 Siehe Seite 29

FRAGE 30 Umwandlung einer Verbindlichkeit in ein Darlehen.

FRAGE 31 34.503,- Saldo.

FRAGE 32 45.000,- Kontensumme.

FRAGE 33 13.000,-

FRAGE 34 Sinkt auf 38.003,-

FRAGE 35 4.450,- Saldo

FRAGE 36 Keine

FRAGE 37 54.003,- Saldo.

FRAGE 38 Haben.

FRAGE 39 Wenn mehr Belastungen vorliegen, als zur Verfügung stand.

FRAGE 40 Aktivkonten mehren sich nun mal im Soll.

FRAGE 41 Ja, weil Passivkonten sich nun mal im Haben mehren.

FRAGE 42 Die Bilanz wäre ungleichgewichtig. (Aktiva > Passiva)

FRAGE 43 Ford. Aktiv Mind. Haben

           Bank Aktiv Mehr. Soll

      c) Verb. Passiv Mind. Soll

           Bank Aktiv Mind. Haben

FRAGE 44 Mehrung im Soll, da Aktivkonto.

FRAGE 45 Weil nur diese einen Bestand ausweisen, der effektiv vorhanden sein kann.

FRAGE 46 Kasse = Aktivkonto   Minderung = Haben

FRAGE 47 siehe Seite 44 im 2. Absatz.

FRAGE 48 Aus der Eröffnungsbilanz.

FRAGE 49 Siehe Seite 28 + 29

FRAGE 50 Voller Betrag wird auf dem Konto Rohstoffe im Soll gebucht. Die beiden Teilbeträge werden jeweils auf Bank und Kasse im Haben gebucht.

FRAGE 51 Sollseite.

FRAGE 52 Verbindlichkeiten = Passivkonto - Mehrung im Haben

FRAGE 53 Forderungen = Aktivkonto - Mehrung im Haben

FRAGE 54 Bank = Aktivkonto - Minderung im Haben

FRAGE 55 Unter normalen Umständen nie!

FRAGE 56 1. Welche Kontenart?
2. Minderung/Mehrung
3. Welche Kontenseite?

FRAGE 57 Kontinuierliche Erfassung u. Inventurmäßige Erfassung

FRAGE 58 Bestandsminderung = Anfangsbestand > Endbestand
Bestandsmehrung   = Anfangsbestand < Endbestand

FRAGE 59
Bestandsminderung: Bestandsveränderungen an Erzeugniskonto
Bestandsmehrung: Erzeugniskonto an Bestandsveränderungen

FRAGE 60 Weil diese Berücksichtigung finden muß bei der genauen Gewinnberechnung.

FRAGE 61 AW/HW bis 800,- und eigenständige Nutzung.

FRAGE 62 AW/HW > 800,-

FRAGE 63 Degressive Abschreibung.

FRAGE 64 Keine Möglichkeit des Wechsels erlaubt.

FRAGE 65 Möglichkeit besteht.Wechsel möglichst dann, wenn der sich ergebende neue lin. AfA-Betrag > degressiver AfA-Betrag des Folgejahres.

FRAGE 66 Leistungsbezogene AfA.

FRAGE 67 a) Direkte Buchung: AfA an Bestandskonto
b) Indirekte Buchung: AfA an Wertberichtigungskonto

FRAGE 68 Dem Teil des AW/HW, der noch nicht abgeschrieben wurde.

FRAGE 69 Bestandskonto und Wertberichtigungskonto.

FRAGE 70 Differenzbetrag auf a.o.Erlöse. Siehe Aufgabe 116 Nr. 9

FRAGE 71 Differenzbetrag auf a.o.Aufwand oder Abschreibung.
Siehe Aufgabe 116 Nr. 5

FRAGE 72 AfA-Betrag - 1,- DM (Erinnerungswert)

FRAGE 73 Bei direkter AfA erfolgt die Gegenbuchung des AfA-
Betrages auf dem Bestandskonto. Bei indirekter AfA hingegen auf
einem Wertberichtigungskonto.

FRAGE 74 Steuerlicher Anreiz für bestimmte Unternehem durch 10%
Zusatz-AfA. Siehe Seite 108.

FRAGE 75 AfA an Bestandskonto (Fupa, Maschinen, etc.)

FRAGE 76 500.000,- x 10% = 50.000 :12 = 4.166,67 p. Monat.
April - Dezember = 9 Monate (incl. April) 9 x 4.166,67 = 37.500,-

FRAGE 77 6.250,-

FRAGE 78 Da die V-Regel nur auf bewegliche Wirtschaftsgüter
angewandt werden kann.

FRAGE 79 Nein.

FRAGE 80 Abschreibungen mindern den Unternehmenserfolg.

FRAGE 81 Lohnsteuer, Sozialversicherungen.

FRAGE 82 Ja; Je nach Versicherungsträger.

FRAGE 83 Erhöhung.

FRAGE 84 Absicherung vor den wirtschaftlichen und sozialen
Folgen der Arbeitslosigkeit.

FRAGE 85 Von seinem zu versteuernden Einkommen.

FRAGE 86 Nach Vertragsart und Zahl der Kinder.

FRAGE 87 Der Staat.

FRAGE 88 Zusammen mit dem Lohn.

FRAGE 89 Noch abzuführende Abgaben an SBK.

FRAGE 90 An den Krankenversicherungsträger. Dieser leitet die
Beträge entsprechend weiter.

FRAGE 91 Daß die arbeitende Generation die sich im Ruhestand
befindliche Generation versorgt.

FRAGE 92 Umsatzsteuergesetz.

FRAGE 93 Siehe Seite 129 i.V. mit § 1 UStG.

FRAGE 94 In § 1 UStG

FRAGE 95 14%